教育教学
高质量发展与实践创新
案例丛书

总主编 任胜洪 杜尚荣

智能时代教育教学
创新实践案例集

贵州师范大学智慧教育研究中心 ◎主编

西南大学出版社

图书在版编目(CIP)数据

智能时代教育教学创新实践案例集 / 贵州师范大学智慧教育研究中心主编. -- 重庆：西南大学出版社，2024.1

ISBN 978-7-5697-1948-2

Ⅰ.①智… Ⅱ.①贵… Ⅲ.①信息技术－应用－多媒体教学－教学研究 Ⅳ.①G434

中国国家版本馆CIP数据核字(2023)第174088号

智能时代教育教学创新实践案例集
ZHINENG SHIDAI JIAOYU JIAOXUE CHUANGXIN SHIJIAN ANLI JI

贵州师范大学智慧教育研究中心　主编

责任编辑：郑先俐
责任校对：张浩宇
装帧设计：魏显锋
排　　版：陈智慧
出版发行：西南大学出版社(原西南师范大学出版社)
　　　　　地址：重庆市北碚区天生路2号
　　　　　邮编：400715
　　　　　网址：http://www.xdcbs.com
　　　　　市场营销部电话：023-68868624
印　　刷：重庆华数印务有限公司
成品尺寸：170mm×240mm
印　　张：20.75
字　　数：399千字
版　　次：2024年1月　第1版
印　　次：2024年1月　第1次印刷
书　　号：ISBN 978-7-5697-1948-2
定　　价：78.00元

国家自然科学基金项目

"人工智能助力乡村教师新型研修模式构建及应用策略研究"

（项目编号：72164004）

教育部人文社会科学研究青年基金项目

"在线教学中教师言语对教学存在感的作用及优化策略研究"

（项目编号：21YJC880032）

贵州省教育科学规划重点课题

"乡村教师智能教学胜任力框架构建及应用研究"

（项目编号：2023A006）

贵州师范大学学术新苗基金项目

"教育数字化赋能乡村教师专业发展研究"

（黔师新苗〔2022〕32号）

总 序

新时代、新篇章,立德树人是根本。在新时代中国特色社会主义理论的指引下,中国教育发生了翻天覆地的变化。创新与质量仍然是新时代的发展主题,接续推进教育教学创新、助力教育高质量发展任重而道远。

本科师范生和教育硕士专业学位研究生的教育教学质量水平不仅关乎我国高等教育教学所能达到的至高状态,同时也是惠及基础教育、解决教育教学现实问题的关键所在。尤其是教育硕士专业学位研究生的培养,更是直接服务于基础教育,为基础教育培养高质量的研究型教师,不断补充和更新基础教育的新鲜"血液"。

德国著名教育家瓦根舍因(Martin Wagenschein, 1896—1988)等人创立的被誉为现代教学理论三大流派之一的范例教学理论,主张选取一些最具有代表性、最基础、最典型的例子,帮助学生从特殊到一般,实现知识的迁移,掌握这一类知识的一般规律。其通过范例方式进行教学的认识揭示了教学活动中学生学习的本质规律,开启了案例教学的先河。目前,案例教学法已然成为本科师范生和专业学位研究生培养的主要方法之一,深受师生的青睐,在提高课堂教学质量、突显本科师范生和教育硕士专业学位研究生培养的实践指向性特点等方面发挥着独到的效用。

本套丛书致力于帮助高校教师解决本科师范生和教育硕士专业学位研究生培养过程中的教育教学实际问题,结合不同学科方向和专业领域,分专题收集极有代表性、基础、典型的案例,从案例设计、案例分析、案例使用等方面切入,为教师从事本科师范生和教育硕士专业学位研究生培养的教育教学活动提供一个个鲜活的案例。书中案例的选择和呈现具有问题解决的独立性、经验形成的系统性、内容选择的时代性、呈现方式的多样性和案例设计的创新性等特点,着力于在知识的结构性、教学的逻辑性和使用的便捷性之间寻求合适的结合点和平衡点。

本套丛书由贵州师范大学教育学院院长任胜洪教授和副院长杜尚荣教授主编，包括系列案例集，每一本案例集又根据专题特色，设有单本的主编和副主编，由此形成专业的编委会。尽管我们在编写过程中尽责尽力、层层把关，但由于本专业团队认知视域和能力水平所限，书中难免出现疏漏，敬请同行批评指正。

任胜洪　杜尚荣

2023年6月于照壁山书苑

前言

苟日新,日日新,又日新。如今,我国正在推进"数字中国"战略,人工智能、大数据、5G等各类新信息技术驱动社会快速进入以数字化应用为基础的智能时代,数字化成为催生教育结构变革的重要力量,开展教学创新实践活动是促进教师专业发展和提升教学质量的重要路径。2018年,《中共中央 国务院关于全面深化新时代教师队伍建设改革的意见》提出:"教师主动适应信息化、人工智能等新技术变革,积极有效开展教育教学。"从《教育信息化2.0行动计划》提出的"开展智慧教育探索与实践""探索积累可推广的先进经验与优秀案例",到《教育部办公厅关于开展人工智能助推教师队伍建设行动试点工作的通知》要求的"创新教育教学,提高教师工作效能,探索开展智能教育",再到《教育部等六部门关于推进教育新型基础设施建设 构建高质量教育支撑体系的指导意见》明确的"普及新技术条件下的混合式、合作式、体验式、探究式等教学,探索新型教学方式",国家政策对智能时代教师的教育教学活动提出了新要求,倡导教师将技术转化为提升教育质量、提高教学水平、增进教学效率的方法和工具,在提质增效的同时,解决时代发展带来的学生社会性培养逐渐弱化、学习的思维惰性、教学中技术应用不规范等现实问题。

信息技术课程标准明晰了由信息意识、计算思维、数字化学习与创新、信息社会责任四个核心要素组成的学科核心素养的内涵与重大意义。教师要想运用新技术探索新型教学方式以提高学生核心素养,急需思考如何将新兴技术和信息技术课程深度融合,而提升信息化教学能力是解决问题的关键所在。随着智能时代的发展,除了信息技术课程教育教学创新实践外,编程教育、人工智能教育也受到国内外基础教育领域的广泛关注。例如,美国、新加坡分别面向中小学推出人工智能计划,构建人工智能终身教育体系;英国作为人工智能领域的传统强国,将编程列入中小学必修课程中,并聘请高校教师到中小学开展人工智能教育;越南亦将编程纳入小学正规课程中;等等。我国也高度重视编程教育、人工智能教育，完善了课程方案和课程标准，充实了适应信息时代、智能时代发展需要的人工智能和编程课程内容。推动落实各级各类学校的信息技术课程，并将信息技术纳入初、高中学业水平考试。全面提升学生信息素养。此外，还在高中信息技术课程标准中设置"人工智能初步"等内容，以培养智能时代高中学生的计算思维和编程等素养，从而推进新课程改革。

近年来，贵州师范大学智慧教育研究中心从学科课程教学需求出发，聚焦智能时代教育教学创新实践，对新技术赋能教育教学创新进行积极的探索和实践。该中心成立于2017年，是贵州省目前唯一的智慧教育研究中心，具有高性能服务器、云存储、直录播课堂等先进的软硬件设备，主要开展智慧教育系统规划与设计、资源集成与开发、区域教育信息化方案设计和咨询、智慧教育教学活动等方面的研究，积累了宝贵的教学、科研及实践经验。本书收录了由贵州师范大学智慧教育研究中心教师团队面向高校及一线中小学开展的教学创新实践案例，从智能时代教育教学的目标和需求出发，以技术和教育教学深度融合创新为主线，全面介绍了智能时代新技术赋能教育教学创新实践探索的典型案例，注重反映智能时代教育教学的新理论与新方法，强调实用性和可操作性。本书旨在通过展示丰富的教学创新案例，帮助各级教师了解智能时代的教育教学方法革新和应用，更新教育教学理念，提升教学设计、活动实施、教学评价和反思能力。

本书共29个案例，分为四篇，包括中小学、高校教师及研究者普遍关注的信息课程教学、信息化教学、编程教学及人工智能教学等四个方面的创新实践，以贴近课堂为导向，分别从教学目标和内容、实施对象、教学环境和工具、教学过程、教学评价和反思等多个方面对教学案例进行具体讲解和展示。第一篇是"信息课程教学创新篇"，聚焦智能时代新兴技术和信息课程深度融合的过程和方法；第二篇是"信息化教学实践篇"，展示不同环境下多种信息化教育教学模式的探索和实践；第三篇是"编程教学创新实践篇"，介绍新理念和新技术融合的中小学编程教学创新的思路、方法和应用；第四篇是"人工智能教学实践篇"，呈现人工智能教育教学活动的探索与实践。本书可以作为普通高校教育技术学、现代教育技术等相关专业研究生、本科生的教材，也可以作为一线中小学教师、高校相关学科教师及信息化教育教学工作者的参考用书。

本书由贵州师范大学智慧教育研究中心张妮教授和朱毅副教授统筹组稿，案例作者包括张妮教授、刘军教授、陈俊教授、朱毅副教授、黄威荣副教授、李高祥副教授、王毅副教授、阮志红副教授、张俊峰副教授、冉怀敏副教授、黄琰博士、张浩博士、陈捷老师、多名研究生以及部分一线学科教师。章敏、谢林易、刘绘绘、李玲玲等四位研究生参与了本书的编校工作。本书是贵州师范大学智慧教育研究中心成员辛勤耕耘的成果，在此，感谢团队的各位老师和研究生的辛苦付出！感谢贵州师范大学教育学院为团队提供的支持！感谢引领我们前进的教育前辈！感谢一直帮助我们成长的各位一线学科教师！

路漫漫其修远兮，吾将上下而求索。由于时间、精力所限，书中难免有错漏或不妥，敬请各位专家和读者批评指正。

编者

2023年2月

目 录
CONTENTS

第一篇
< **信息课程教学创新篇**   1

  面向信息素养提升的初中信息技术游戏化教学实践 ………… 3
  基于STEAM的高中"3D打印"校本课程教学实践 ………… 12
  基于学本课堂的小学信息科技课程教学实践研究 ………… 24
  主题式教学在小学信息技术课程中的实践探索 ………… 32
  学生参与式教学评价的设计与实施
    ——以中职信息技术课程为例 ………… 41
  深度学习:抽象的数据与具体的生活 ………… 50
  面向核心素养提升的高中信息技术课程活动设计
    ——以"用枚举算法解决问题"为例 ………… 63

第二篇
< **信息化教学实践篇**   73

  项目式协作学习教学实践
    ——以"教育电视节目制作"为例 ………… 75
  密室逃脱——基于加密与解密算法的教学设计与实践 ………… 85
  基于纸笔系统的数字化作业平台应用案例探索 ………… 97
  基于智慧教室促进学生个性化学习的教学实践探索 ………… 105
  技术支持的县域乡村紧缺薄弱学科教学探索 ………… 121
  融合参与式学习的中职BOPPPS混合式教学 ………… 130
  项目式教学在教育技术学专业本科教学实践中的探索 ………… 144

智慧课堂环境下协作学习活动设计 …………………………… 154

UClass智慧教学在"摄影技术"课程教学中的实践 …………… 172

第三篇 编程教学创新实践篇 　181

CDIO框架下的高中编程教学实践 …………………………… 183

新课标下基于体验式学习的编程教育实践 …………………… 194

基于问题解决的高中Python编程教学实践探索 ……………… 203

面向计算思维培养的微项目学习实践 ………………………… 211

面向逻辑思维培养的Scratch少儿编程教育实践探索 ………… 223

面向计算思维提升的高中Python教学设计与实践 …………… 231

面向计算思维培养的图形化编程教学实践探索

——以"太空火箭发射"为例 ………………………… 238

突破思维定式，培养计算思维

——"进制转换"教学设计与实施 …………………… 249

第四篇 人工智能教学实践篇 　261

面向核心素养提升的高中人工智能教学实践 ………………… 263

"赛教结合"的高中机器人教学模式实践探索 ………………… 272

线上线下相结合的大学生人工智能课程教学 ………………… 286

基于信息加工理论的"探秘人脸识别"项目化学习实践 ……… 300

从"听"到"触"——高中人工智能教育教学设计与实践 …… 309

第一篇

信息课程教学创新篇

聚焦智能时代信息技术和课程深度融合的过程和方法

面向信息素养提升的初中信息技术游戏化教学实践

谢林易　张妮

信息素养是公民在信息化的学习、生活环境中,在意识态度、道德安全、知识技能、融合创新方面的综合体现。信息素养涉及信息意识、信息评价、信息能力、信息道德等多个方面,同时不断融入新技术与新要求,保持与时俱进。[①]我国高度重视基础教育阶段的信息素养教育工作,鼓励创新活动的内容和形式,全面提升学生信息素养,采取多方面措施加快提升国民信息素养,助力跨越"数字鸿沟",实现公共服务均等化。2018年,教育部印发的《教育信息化2.0行动计划》强调,全面提升师生信息素养,推动从技术应用向能力素质拓展,使之具备良好的信息思维,适应信息社会发展的要求。《2019年教育信息化和网络安全工作要点》强调,实施学生信息素养培育行动,完成义务教育阶段学生信息素养评价指标体系,建立评估模型,启动中小学生信息素养测评。推动在中小学阶段设置人工智能相关课程,逐步推广编程教育。2021年,《教育部等五部门关于大力加强中小学线上教育教学资源建设与应用的意见》明确指出,要充分认识提升信息素养对落实立德树人目标、培养创新人才的重要作用,将学生信息素养纳入学生综合素质评价,实施有针对性的培养和培训。可见,信息技术课程的开展对提升学生信息素养具有重要意义,教师应当努力通过信息技术课程的教学来实现提升学生信息素养的目的。

游戏化是在非游戏情境中使用游戏或游戏的元素、机制。[②]当前,游戏化在教育领域受到众多关注与讨论,已有研究者发现游戏化具有提高学生学习积极性、提供学习反馈、满足学生对认可的需要以及促进学生设立学习目标等作用。

---

① 钱冬明,周雨萌,廖白舸,等.大学生信息素养评价标准研究——以上海市为例[J].中国高教研究,2022(9):53-59.

② 朱云,裴蕾丝,尚俊杰.游戏化与MOOC课程视频的整合途径研究——以《游戏化教学法》MOOC为例[J].远程教育杂志,2017,35(6):95-103.

游戏化教学主要有两种方式：一种是把游戏化教学作为一种教学活动类型，即将游戏应用于教学活动，在教学活动中加入游戏或游戏元素；另一种是把游戏化教学作为一种教学模式，依照游戏理念对教学活动整体进行游戏化设计，使教学活动以游戏活动的形式呈现。本教学案例中的游戏化教学是指将游戏及游戏元素应用到教学情境中，帮助初中信息技术课程教学更好地开展。

现有游戏化教学相关研究与实践的主要对象为外语、语文、音乐等学科，在信息技术学科中的实践有待进一步加强。信息技术课堂教学中存在学生学习兴趣不浓、参与度不高、爱玩游戏、教学效率低等问题，学生的学习效果有待提高。游戏化教学可以将技术与游戏相结合，为信息技术课堂注入新活力，提升学生对信息技术教学的热情，提高教师的教学效果。本案例结合初中信息技术课堂中存在的问题，改变传统教学模式，针对初中信息技术学科进行游戏化教学实践，吸引学生产生兴趣，提高教学效果，以期推动初中信息技术游戏化教学的进一步发展，提升学生的信息素养及数字化学习与创新能力。

一、教学目标和内容

（一）教学目标

本节课的总目标是学生能够描述超链接的概念，在完成任务的过程中主动地检索搜集音频、图片等游戏制作素材，并插入到游戏作品中，探索、运用有关超链接的知识完成游戏作品，提高制作演示文稿的水平和信息素养。具体包括信息意识、计算思维、数字化学习与创新能力、信息社会责任四个方面的目标。

1. 信息意识

掌握超链接、动作按钮的概念，了解超链接、动作按钮的作用，具有使用超链接、动作按钮来制作演示文稿的意识；通过搜集、筛选、组织等课堂实践操作，增强信息处理与表达能力。

2. 计算思维

通过体验游戏设计流程，计算游戏关卡的对应幻灯片跳转页码，培养逻辑思维能力；能够根据播放效果调整跳转页码，反思、优化作品的播放效果。

3.数字化学习与创新

通过个人操作尝试，培养探索精神和创造能力，能够充满自信地运用信息技术解决问题；通过小组合作练习，能根据要求设计制作出属于自己小组的小游戏，将本节课教学内容与之前的学习内容进行联系、融合，在批判思考和问题解决过程中共同完成游戏作品。

4.信息社会责任

通过游戏化教学感受演示文稿的播放顺序被控制后的便利及用途；在小组活动中培养运用信息技术解决生活中实际问题的责任感，乐于运用超链接和动作按钮完成作品制作，积极共享小组作品信息，形成良好的信息道德品质。

（二）教学内容

本节课教学内容选自人教版初中信息技术教材，具体内容为七年级上册第二单元第八课中的"设置超链接与动作按钮"。本节课的"超链接、动作按钮"知识点，对学生演示文稿的制作具有重要作用，可以帮助学生实现作品的浏览、交互操作，提高学生的信息素养，提升学生以信息科技的方法解决问题的能力。本节课内容难易程度适中，基于制作各种演示文稿的常用软件PowerPoint进行教学，具有较强的趣味性以及较高的实用性和可操作性，易于被学生接受。本节课的重点是使学生理解超链接和动作按钮的概念与作用，掌握超链接和动作按钮的使用方法，培养学生探索和驾驭信息科技的能力。教学难点在于使学生掌握超链接和动作按钮的使用方法，并学会在自己设计的游戏作品的适当位置应用超链接和动作按钮，培养学生对信息的组织、处理能力。

二 实施对象

本节课的实施对象是贵州省S中学初中一年级某班的学生。该年级的学生已经有了一定的计算机基础和信息素养，对信息技术这门课有了一定的认识和兴趣。同时，该年级学生具有制作演示文稿的经验，对演示文稿的制作软件PowerPoint较熟悉。这节课在学生原有的PowerPoint软件学习基础上加大难度，通过游戏化的方式增加初中一年级学生的学习兴趣，帮助这一阶段的孩子在演示文稿中实现超链接的使用，进行小组作品的设计与制作；同时，增强初一学生对信息的搜集、组织、分享能力，提升其信息素养。

三 教学环境和工具

本案例在计算机教室开展教学活动,教室配有投影仪、教师电脑及与学生人数对应的学生电脑,电脑均已连接网络。本案例中使用的教学平台为"红蜘蛛"多媒体网络教学软件,教学工具为PowerPoint软件及基于PowerPoint软件的小游戏。教师运用"红蜘蛛"多媒体网络教学软件来实现教师电脑与学生电脑的屏幕同步教学演示与示范、练习素材的分发、学生作品的提交、对学生电脑的集中控制与管理等,以更方便地完成教学任务。

本案例运用演示文稿制作工具PowerPoint软件进行演示教学,在教学中使用基于PowerPoint软件的小游戏进行游戏化教学,小游戏设计了游戏元素包括但不限于游戏规则、关卡选择、闯关、奖励、任务挑战、竞争和反馈等。游戏化设计能够满足学生三个基本心理需求:胜任、自主和归属。例如,为了满足学生的自主需求,游戏化设计提供了多个关卡供学生选择(如图1)。

图1 游戏关卡选择

为了激起学生的胜负欲,游戏中有答案的揭晓环节并设置了闯关成功的效果。为了满足学生的归属需求,游戏化设计鼓励学生之间的交流,并强调了学生作为学习共同体的组成部分,所分享的每一个观点和材料都为学生共同体的成长作出了努力。学生之间会进行匿名打分。

四 教学过程

(一)抛出游戏前的侦探任务

本案例运用小游戏进行教学导入,增加导入环节的趣味性,吸引学生的兴趣,激发学生的内在动力。在导入环节,教师让学生成为侦探家,游戏开始前抛给学生"侦探任务",让学生观察鼠标的变化以及游戏进展是由谁控制的,学生接受任务,带着问题进行游戏,在游戏实践中寻找答案。此环节旨在锻炼学生观察信息的能力,培养学生探索信息的能力。教师为学生介绍游戏规则,使学生明确游戏如何操作,为学生进行游戏设计与制作奠定基础。

(二)游戏中的挑战与思考

教师向学生发起游戏闯关挑战,学生受到教师鼓励主动举手参与游戏。教师引导学生进行游戏关卡的选择,学生调动自己脑海中的知识信息进行思考并选择对应内容,选择正确则进入下一关,选择错误则为挑战失败。当学生闯关成功时,教师邀请学生单击小兔子表情看看计算机会有什么反应。学生单击后听见了游戏中的掌声反馈音效,其他学生也对此充满兴趣。教师也及时给予学生闯关成功奖励。在游戏过程中,教师提醒学生思考游戏开始前教师给出的侦探任务,培养学生的问题意识。教师结合学生的具体游戏情况,决定在几轮游戏过后结束游戏。游戏结束后,学生主动举手回答侦探问题,教师给回答正确的学生颁发侦探家徽章。

随后,教师对侦探问题进行补充解释,说明鼠标的变化、单击关卡数字可以去对应关卡、闯关成功之后单击小兔子表情会发出鼓掌声音等都是因为进行了超链接设置,给学生介绍超链接的概念。通过此过程学生了解了超链接的概念,知道了设置超链接可以实现什么样的效果。接着,教师引导学生思考自己会如何进行游戏设计,从哪里搜集素材,希望设计什么样的跳转及效果,鼓励学生进行构思。该阶段旨在激发学生的兴趣,增加教学内容的趣味性和交互性,培养学生根据需求运用信息解决问题的能力。

(三)游戏制作示范

本案例在学生有了制作游戏的思考的基础上,教师为学生进行游戏制作中的文本超链接设置演示,借助"红蜘蛛"多媒体网络教学软件的屏幕同步教学演示功能,学生能够清楚地看到教师设置超链接的教学过程,教师进行逐步的细致讲解。学生通过教师的讲解逐渐掌握超链接设置的方法,为后面自己动手制作小游戏打下基础,使完成设计、制作小游戏成为可能。同时,学生在教师的引导下进行仔细观察,并主动质疑,提出发现的问题,即文字颜色的改变会影响美观。有学生举手向教师提问:"开始游戏"几个字在进行文本超链接之后怎么变色了?教师对学生提出问题的行为进行肯定,并询问学生:"我们能不能不让它变色但又实现指定的跳转功能?"以此引导学生思考解决问题的办法,培养学生的问题意识,并在学生的思考中引出动作按钮的概念与功能。

教师为学生打开电脑网络,让学生利用互联网搜索演示文稿中设置动作按钮的方法,在不断尝试中建构知识。教师要求学生能够用设置动作按钮的方法,使关卡选项1和2分别链接到对应的关卡幻灯片,然后邀请设置成功的学生借助"红蜘蛛"多媒体网络教学软件的示范功能进行设置动作按钮的操作展示,其他学生观看学习,并举手说明疑惑之处。随后,教师对学生的示范内容进行补充讲解,使学生进一步掌握设置动作按钮的具体步骤。此环节让学生能够主动地思考问题并进行检索,在筛选信息、尝试操作与分享示范中掌握设置动作按钮的方法,旨在培养学生获取信息并利用信息解决问题的能力,使学生能够对学到的方法进行组织,将新信息与原有的知识体系进行融合,在批判思考和问题解决的过程中使用信息,同时学会交流信息。

(四)游戏设计与制作

此环节基于最近发展区理论,具有小小的挑战性。最近发展区指"现有发展水平"和"潜在发展水平"之间的区域,其中,"现有发展水平"指学生已有的发展水平,"潜在发展水平"指学生正在形成和发展的水平,表示学生需要在教师或同伴的引导及帮助下完成任务。在本环节,教师给学生布置游戏设计与制作的任务,学生在小组协作下可以完成任务,达到其"潜在发展水平"。

教师引导学生进行小组合作,在"红蜘蛛"多媒体网络教学软件的讨论功能中进行讨论,设计出能够用演示文稿(PowerPoint软件)完成的,运用了文本超链接、动作按钮等操作的,可以实现关卡跳转、游戏反馈、提示音效、通关效果等功能的小组游戏作品。学生自主进行分工,在网上搜集资料、素材,互相帮助,在PowerPoint软件中制作出一个属于自己小组的小游戏。教师在"红蜘蛛"多媒体网络教学软件中设置时间提醒,学生在规定时间内完成小组作品并通过"红蜘蛛"多媒体网络教学软件提交,教师对学生制作过程中有问题的地方进行指导。此环节的小组任务具有一定的难度,但可以调动学生的积极性。学生能够在同伴的帮助下完成任务,发挥信息素养潜能。此环节旨在让学生了解一个完整的演示文稿作品是需要经过设计的,培养学生明确信息需求并制定检索方案搜集信息、获取信息,以及整合组内成员获取的信息、组织信息的能力,让学生能够将素材信息与所学的知识技能信息相结合,运用于实际的游戏制作中,完成游戏作品初稿,达到信息素养和数字化学习与创新能力等的潜在发展水平。

(五)游戏作品展示

在游戏作品展示环节,学生踊跃地进行游戏作品初稿展示,对小组的游戏设计与制作过程进行分享,兴奋之情溢于言表。学生介绍了小组成员的具体分工,简要阐述了小组作品的游戏规则、游戏流程,分享了自己的合作学习感受和问题,并反思了自己小组的游戏可以改进之处。此环节旨在培养学生的信息交流意识与能力,为学生提供展示分享的机会,锻炼学生的信息表达能力,增强学生的自信心,提升学生将信息运用到实践中的兴趣;同时,让学生了解不同小组的制作情况,在信息交流过程中学习。

(六)课堂总结

本案例的最后一个教学环节是课堂总结。在游戏化教学过程中,教师应注重对知识点的总结,防止学生沉迷于游戏,让学生回忆在之前的教学环节中学习到的基础知识和具体的操作技能,达到玩中学、做中学的目的。在此环节中,教师邀请学生回答超链接与动作按钮的相关概念,利用思维导图带领学生一起回忆本节课的内容,加深学生对知识点的理解与记忆。

五 教学评价和反思

(一)教学评价

在本次游戏化教学完成之后,教师总结反思本节课的不足,寻求提升策略,进一步改进教学方法,以期提升教学效果。本次教学的评价方式主要为小组互评与学生自评相结合。在展示环节结束,教师进行疑难解答之后,邀请学生"一起来评价",学生根据不同小组的游戏作品情况及交流表现进行打分,完成了评价表(如表1、表2),并在"红蜘蛛"多媒体网络教学软件中提交了评价表;同时,教师结合学生课堂学习表现、学生总结发言表现等对学生进行综合评价。本次案例对教学的评价紧紧围绕是否提升信息素养和是否掌握基础知识与实践技能进行,依据知识点的掌握程度及小组游戏作品的设计、制作方面进行打分。表1为本案例的教学效果的小组评价表,表2为学生自我评价表。通过对学生评价情况的统计,本节课有超过87%的学生自评情况为"良好"及以上,有超过88%的小组自评情况为"良好"及以上,有30%的小组受到了"优秀"的评价,有60%的小组受到了"良好"的评价,有10%的小组受到了"中等"的评价。

表1 小组评价表

填写说明:在表格中填入分值1~5(分),5为优秀、4为良好、3为中等、2为较差、1为差					
评价组别	第___组	第___组	第___组	本组
文本超链接操作				
动作按钮操作				
游戏规则				
小组分工				
素材搜集				
素材运用				
色彩搭配				
作品展示				
综合评价				

表2 学生自我评价表

姓名:_____	
填写说明:在表格中填入分值1~5(分),5为优秀、4为良好、3为中等、2为较差、1为差	
内容	评价
文本超链接概念	
动作按钮概念	
文本超链接操作	
动作按钮操作	
游戏规则	
素材搜集	
素材运用	
交流表现	
综合评价	

(二)教学反思

本次教学达到了提升学生信息素养的效果,学生通过学习与实践,能够设计、制作出小游戏,能够处理信息、运用信息解决实际问题,但仍存在一定的不足:教学过程中教师不应默认学生能够立即掌握游戏化教学的种种规则,应该给学生提供多一些时间去熟悉规则,去接受、消化信息,调整学生初次进行游戏设计的时间。学生因为陌生的规则与操作可能会产生沮丧感,熟悉游戏中的规则与操作也是获得胜任感的一个重要因素。

本案例中并非所有的教学环节都达到了预期效果,今后可以进一步开展相关研究,以帮助本案例在今后的教学应用中对各游戏化元素的设计、对学生的引导以及实施环境进行检验,并作出相应修改提升,让游戏化教学始于问题,终于目标。此外,本案例还将邀请不同的专家、教师组成研究小组,在小组范围内针对游戏化教学方案进行观摩研讨,集体批评指正本次游戏化教学的不足,改进游戏设计,以期在今后进行反复教学实践,改善教学中存在的不足。与非游戏化教学相比,本案例中学生的信息素养显著提升,但在信息交流方面,作为初一的学生还有很多提升空间,可在后面的教学中加强信息交流方面的练习。

作者简介:谢林易,贵州师范大学教育学院硕士研究生;张妮,贵州师范大学教育学院教授。

基于STEAM的高中"3D打印"校本课程教学实践

张琳　张洁　黄琰

在信息技术和科学技术飞速发展的时代,创新成为时代发展的需求和人才培养的目标。近年来,为了进一步探索教学创新,促进学生的全面发展,国内外开设了3D打印课程,融入STEAM教学理念,利用项目设计和项目探究培养学生解决实际问题的能力[①],以此推动教学的创新发展。3D打印课程的内容不是单一知识的组合,而是将科学、技术、各种软硬件的使用、艺术审美和数学问题有机融合到课程体系中,这也与STEAM教育注重学生设计能力、创新能力和问题解决能力相吻合。《普通高中信息技术课程标准(2017年版2020年修订)》提出,三维设计作为一种立体化、形象化的新兴设计方法,已经成为新一代数字化、虚拟化、智能化设计平台的重要基础。三维设计方法的学习与应用,既有利于培养学生的空间想象能力,也有利于发展学生科学、技术、工程、人文艺术、数学等学科综合性的思维能力。3D打印是创客教育、STEAM教育的核心基础内容,借助三维设计培养学生的空间的想象能力和动手实践能力,在整个过程中融入信息意识、计算思维、数字化学习与创新、信息社会责任等,从多方面促进学生成长。

融入3D打印的STEAM教育项目已经成为STEAM教育创新发展的重要形式[②],探寻适用于STEAM教育下的3D打印课程教学模式,成为当下教学中需要不断突破和尝试的关口。本案例在贵阳市某中学实施,该校开设了3D打印校本课程,使用的教材是由该校信息技术组教师编制的校本教材《3D创意设计》。学校响应"双减"政策要求,于每周一下午最后一节课开展此课,让学生脱离题海,展开想象,旨在通过对三维设计中相关技术的学习和建模经验与感受,以及对多学科知识的融会贯通,落实信息技术学科核心素养。

---

① 傅骞,刘鹏飞.从验证到创造——中小学STEM教育应用模式研究[J].中国电化教育,2016(4):71-78,105.
② 首新,胡卫平,刘斌.3D打印融入中小学STEM教育项目的设计与教学——从国外融入3D打印的典型STEM教育项目谈起[J].基础教育,2017,14(4):68-80.

一 教学目标和内容

(一)教学目标

1.信息意识

了解三维设计及相关技术的基础知识,形成对三维设计及相关技术在当今社会有重要作用的认识,提升对相关信息的敏感度。

2.计算思维

掌握三维设计中关于建模的基本知识与技能,加强模块化信息处理能力,并逐步延伸至系统化的信息处理能力。

3.数字化学习与创新

能够利用数字化环境查找学习资源,运用三维设计的思想、方法与技术进行创作与表达,促进数字化学习与创新能力的提升。

4.信息社会责任

通过学习中的交流和相互评价,理解知识产权对信息社会产生的影响,增强积极参与信息社会建设的意识,树立数字化环境下积极进取的态度。

(二)教学内容

1.认识3D创意设计

3D创意设计是借助3D建模软件在电脑中创建的三维立体模型,在学习和创建三维立体模型中,联系实际生活展开想象和创作。

2.了解3D打印技术

3D打印是基于所创建的原型样品或者实体模型,运用多种材料,通过逐层打印实现快速成型的技术,属于快速成型技术的一种。

3.动手制作作品

在认识3D创意设计、了解3D打印技术和熟悉使用软件后,在3D One社区进行作品观摩与实际操练。

二 实施对象

本案例面向贵阳市某中学高中一年级学生,他们刚从初中基础教育阶段过渡到高中基础教育阶段,对课程的学习表现出一定的新奇和兴趣。从认知发展来看，根据皮亚杰的认知发展理论，这一学段的学生进入形式运算阶段，思维发生了飞跃式的进步，提升到抽象推理、逻辑分析和影射思考的高度。[①]从学习能力来看，以命题形式进行的训练更能促进学生思维的发展，他们能够使用逻辑推理、归纳或者演绎的方式来解决问题，具备系统思维、问题解决能力，思维活跃，能积极参与讨论，进行合作学习。从学习基础来看，3D打印技术适应信息化时代发展的需求，是多学科知识的交会贯通，是技术与工程教育、艺术人文教育的融合。对于高中一年级的学生而言，他们已有一定的数理知识，能帮助他们在构建3D模型中确立建模参数和空间布局；已有的艺术审美和美术课程学习经验，让他们在3D建模中对造型的设计和色彩的搭配具有判别和赏析能力；已有的实验操作经验让他们可以更快地适应对3D打印机的掌控。虽然学生具备自主学习能力和实践动手能力，但仍需要教师发挥关键的引导作用，并作出合理的教学规划和有吸引力的教学设计，从多方面培养学生的创新能力。

三 教学环境和工具

（一）教学环境

本案例在计算机教室开展教学活动，每名学生配备一台电脑，每台电脑都安装有3D One教育版软件。该计算机教室明亮通风舒适，为学生营造了良好的创造环境。

（二）教学工具

3D One教育版软件是国内首款青少年三维创意设计软件。3D One打印软件界面简洁，功能强大，易于上手，非常符合中小学生的开放思维与创意操作，让学生能够简单、轻松、快捷地表达创意想法，即使是没有任何基础的学生也能在短短的10分钟内通过堆砌、拖拉等操作方式，掌握最基础的3D绘画设计，极大地激发了学生学习3D打印的兴趣与热情。中望软件是依托自主三维CAD核心技术，专门针对8~18岁青少年研发的三维创意设计软件，适合启发青少年的创新思维，简易的3D设计功能，让创意轻松实现，还能一键输入3D打印机。

教师与学生所使用的软件均为3D One教育版，双击图标即可启动该软件，其界面主要包括以下内容：

(1)标题栏：显示当前编辑案例的名称、软件的版本；

(2)主菜单：对文件精选编辑、存储、打开、导入导出文献和单个模块等操作；

---

① 董莉.皮亚杰认知发展理论在中小学教育中的应用[J].名师在线，2018(14)：37-38.

（3）控制命令工具栏：包括编辑、草图绘制、特征造型、特殊编辑、基本编辑、测量距离、渲染等命令；

（4）视图导航：选择所需要编辑的视图面；

（5）DA工具条：包括查看当前视图、隐藏/显示实体、渲染模式、整图缩放、3D打印和过滤器列表等命令；

（6）坐标值及单位显示：数字代表即时显示当前鼠标对于世界坐标的坐标值和单位信息，例如，在草图环境中，显示相对当前草图原点的XY值，字母代表当前单位；

（7）资料库：包括社区管理、模型库、视觉样式、电子件管理等；

（8）帮助和窗口控制：提供帮助，同时可以进行窗口的缩放及关闭；

（9）绘图区：绘制3D作品的区域。

四 教学过程

跨学科学习可以从不同的视角聚焦同一个问题，问题的设置和项目式学习可以将学科相关模型和知识有逻辑地串联在一起。这样的教学设计增加了体验性、参与性和挑战性。据此，本案例在STEAM教育理念的指导下，参照面向STEM教育的5E探究式教学模式进行教学设计，原教学流程如图1所示。

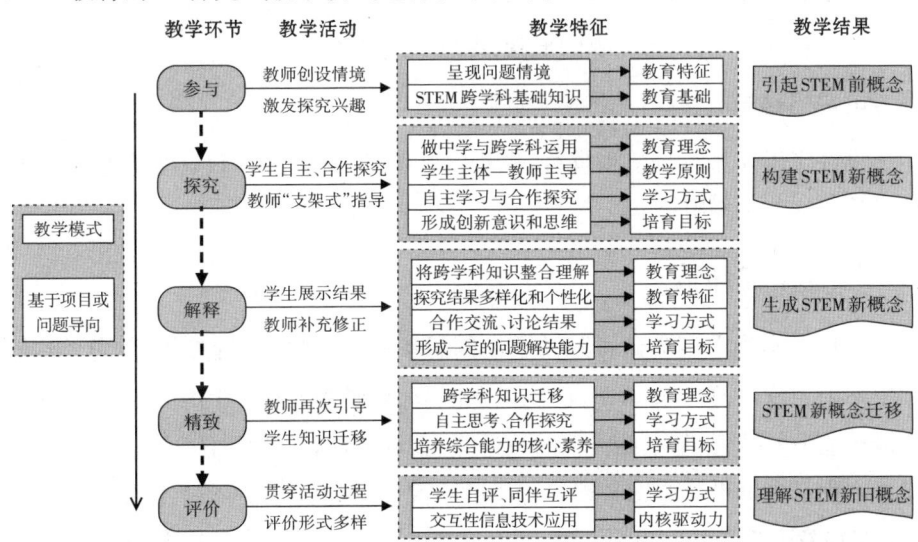

图1 面向STEM教育的5E教学流程[①]

---

① 赵呈领,赵文君,蒋志辉.面向STEM教育的5E探究式教学模式设计[J].现代教育技术,2018,28(3):106-112.

虽然原教学模式是针对STEM教育的,但同样也可以应用于本案例的实施中。参照此教学模式,增加艺术学科,将多学科进行交叉融合,从参与、探究、解释、迁移(原为"精致")和评价五个环节展开教学。

(一)参与环节

1.情境创设

课程以星球资源为背景。中国空间站(又称"天宫空间站")是中华人民共和国建成的国家级太空实验室,轨道高度为400~450千米,倾角为42~43度,设计寿命为10年,长期驻留3人,最大可扩展为180吨级六舱组合体,以进行较大规模的空间应用。随着科技的发展,以往的不可能都已成为现实,宇宙磅礴又伟大,或许外星人、宇宙飞船真的存在。通过讲述关于飞碟的故事,配以丰富的飞碟故事情境和相关视频、图片,使学生进入神奇的宇宙世界,展开想象,由此进入本节课的主要内容:3D建模关关闯之百变飞碟。

2.提出问题

飞碟的形状是什么样的?由什么图形构成?如何组合在一起?

3.学生活动

学生展开想象,思考飞碟的形状,思考如何建模。

4.得出结论

设计飞碟模型可分三步进行,先对驾驶舱进行设计,然后对座舱进行设计,最后将两部分进行组合。

(二)探究环节

项目内容为学生尝试自己动手绘制想象中的飞碟,设置参数、颜色、形状。学生活动为使用3D One软件,创建飞碟模型,掌握基本实体中的椭球体与球体、特殊功能中的抽壳、基本编辑中的减运算、颜色工具的使用方法。

本次活动的设计意图是培养学生的空间感,提高学生的动手操作能力。3D One课程教学设计的理念是科学、技术、工程、人文艺术、数学等多学科的交融,注重对学生综合性思维与创新思维的锻炼,同时培养学生的实践操作能力、问题解决能力、自我学习能力、审美意识和数学思维。

(三)解释环节

1. 提出问题

如何设置飞碟中各形状的参数？如何得到想要的效果？

2. 解释过程

考虑到学生对于软件使用的熟练程度不够，在学生动手操作之前，由教师进行示范，并将操作示范录制成微课放置于学生电脑。以"飞碟"为例作微课示范，主要内容如下。

(1)启动3D One程序。

(2)选择"基本实体"中的"椭球体"工具，选择网格面作为放置面，并设置椭球体大小，如图2所示。

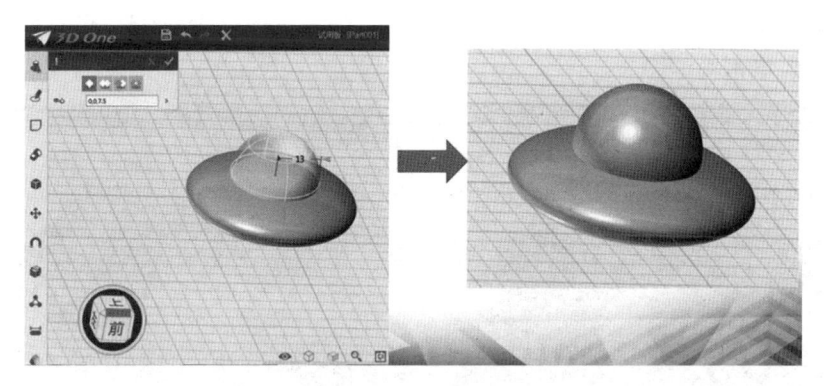

图2 设置椭球体大小

(3)选择"基本实体"中的"球体"工具，"中心点"选择椭球体上表面中心，并修改大小，如图3所示，然后点击确定。

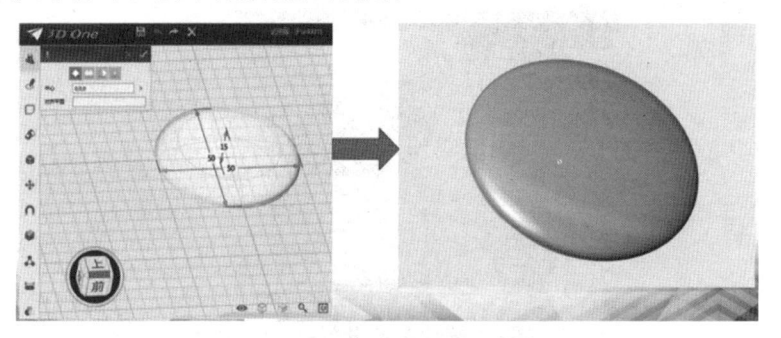

图3 驾驶舱的设计与制作

(4)选择"特殊功能"中的"抽壳"工具，选择球体，开放面不选，其他设置如

图4。选择"基本实体"中的"球体"工具,"中心点"选择球体上表面,并修改大小,如图5所示,然后点击确定。

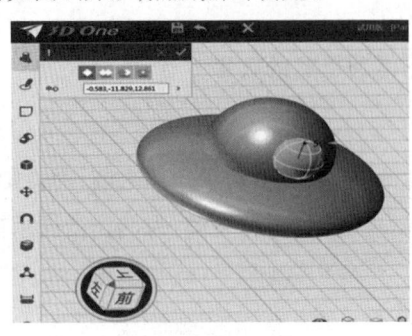

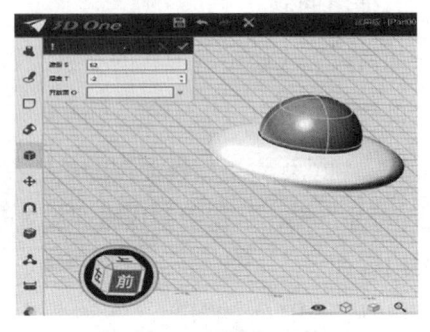

图4 驾驶舱参数设置　　　　图5 球体表面参数设置

(5)选择"基本实体"中的"球体"工具,"中心点"选择椭球体上表面,并修改大小,如图6所示,然后点击确定。选择"基本编辑"中的"阵列"工具,设置如图7所示,然后点击确定。

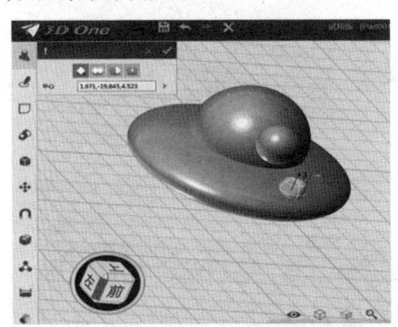

图6 椭球体表面参数设置　　　　图7 座舱参数设置

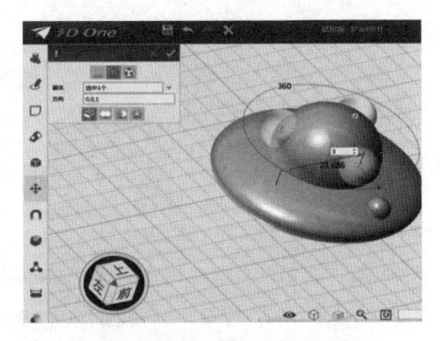

(6)选择"基本编辑"中的"阵列"工具,设置如图8所示,然后点击确定。

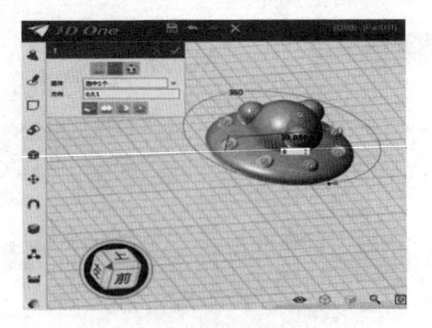

图8 阵列参数设置

(7)选择"组合编辑"工具,选择"减运算",设置如图9所示,然后点击确定。

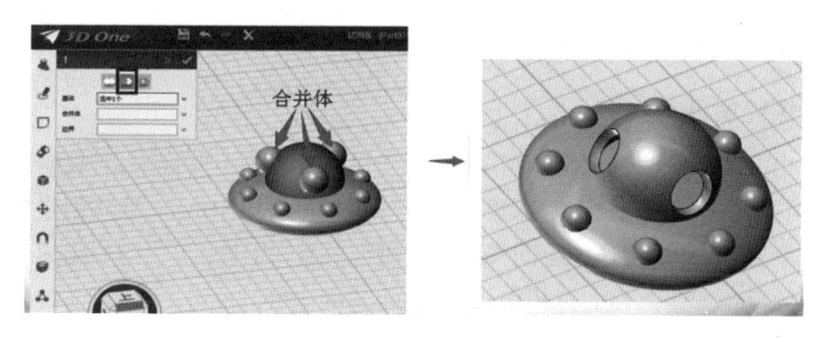

图9 合并座舱与驾驶舱

（8）选择"组合编辑"工具，选择"加运算"，设置如图10所示，然后点击确定。

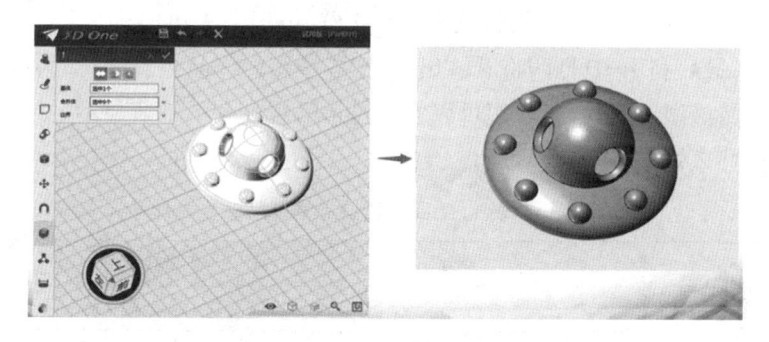

图10 合并飞碟

（9）在颜色工具中选择喜欢的颜色，对形成的图形进行颜色渲染，即可得到完整的飞碟设计图，如图11所示。

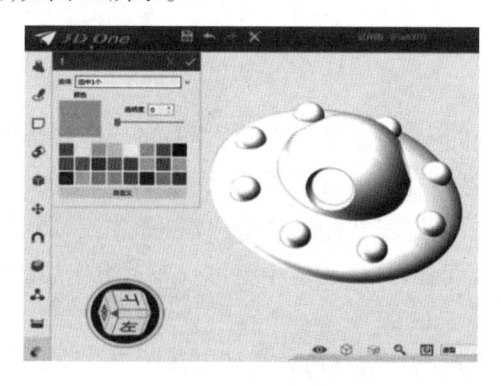

图11 设置飞碟颜色

3.得出结论

在进行参数设置时不仅要运用数学知识，还要从工程制图角度对图像建模进行构思，同时运用空间想象能力、数学分析能力。

(四)迁移(精致)环节

1.探究项目

以小组为单位参观校园模型图,学生先根据校园的不同模块,对校园的教学楼、校门、学生宿舍等进行探究,设计3D模型图;再使用3D One 软件创作建筑或物体模型;最后每小组选择不同模块进行组合分享,构建出美丽的校园模型和更具创意的设计方案。在此过程中,如遇到问题可小组讨论解决,也可向教师寻求指导和帮助。

2.实践任务

各小组先完成3D创意设计表单(如表1),再根据表单内容进行汇报展示、完善作品,最后利用3D打印将其输出,并把各小组的作品组装到一起,拼成一个完整的校园模型。此外,各小组可以尝试将自己观察到的细节与不足之处颠倒,看看会有什么效果。

表1　3D创意设计表单

姓名		班级		时间	
项目名称					
作品设计说明					
作品创新点					
作品设计理念及故事情节简介(500字以内)					

3.学生活动

各小组根据选择的模块,参考自己所在学校的实际建筑进行小组合作讨论,采用头脑风暴法,集思广益进行创意设计,形成天马行空的创意设计文案。完成设计后,各小组选派一名代表上台汇报展示本小组作品,展示组通过讲述的方式介绍作品并留下自由问答时间,其他小组可就展示组作品的特色功能模块等进行提问。

本次活动的设计意图是从身边熟悉的实体入手,使学生的设计思维受到启发。学校建筑是最具教育意义和文化内涵的特殊建筑形式,进行校园空间规划的原则就是分析校园空间的建筑布局与空间特色,在确定明晰的空间结构、区分功能定位的同时,构筑高效、便捷和立体化的交通体系,使学生、教师与后勤的人流、物流分开,各自归入性质不同、功能明确的服务空间。在此过程中,学生可以养成观察身边细微事物的习惯,体验从创意到创造的过程。

(五)评价环节

1.作品展示

学生小组分别展示其创作的作品,其余小组对展示小组的作品进行点评,同时参考作品评价量规对展示小组的作品进行评分,并说明该作品的亮点和不足(如图12、图13)。

图12　学生观摩讨论作品

图13　学生作品展示

2.提出问题

在本次项目探究过程中,你学习到了什么科学态度与优良品质？发现了什么特别之处？

本次活动的设计意图是:在展示学生作品的过程中,让学生从作品的颜色、体积、功能性、实用性等方面做出评价,培养其理性判断能力和审美情趣。这一方面是对学生艺术审美的培养,让学生感受3D打印的魅力所在,学会鉴赏和评析;另一方面让学生通过同伴互评进行自省,学会发现问题并解决问题,做到全面提升。

五、教学评价和反思

(一)教学评价

1. 评价方式

(1)即时评价

教师可以在第一时间给予学生指导和鼓励。例如,学生在绘制飞碟作品时,呈现的可能有无限种,教师的肯定和鼓励以及对作品方向的正确引导,对学生的审美、创作、空间想象都有很大影响,能更好地引导学生进行正确的交流和学习。

(2)学生评价

本节课的作品创作与展示主要以学生发言交流的形式来进行。在完成项目后,每名学生需要对自己的作品进行评价并邀请其他同学评价,这样可以促使学生进行反思并发现问题。学生进行作品展示时,其余组依据作品评价表对其进行评分,小组代表作总结,最后按综合评分进行名次评比,以此激发学生的创造力和积极性,使整个课堂呈现良好的积极互动氛围。

2. 评价量规

在学生作品展示之后,每个小组将得到一份评价量表(如表2),要求其根据表格里的评价维度对展示小组的作品进行评分。评价标准由9个维度组成,评分等级从低到高对应5档分数,最高分为5分,最低为1分。在小组进行评分之后,教师进行评分和点评。最后计算综合得分,对表现最佳的小组进行表彰,以期鼓励学生不断创新、参与挑战,提高学生的积极性。

表2 作品评价表

评价标准	评分				
	1	2	3	4	5
创新性					
合理性					
实用性					
操作复杂度					
技术难度					
完成度					
外观					
是否清晰、具体					
是否具有发展潜力					

(二)教学反思

项目式学习统整相关知识,让学生成为课堂的主角,但因缺乏可视的"路线图",导致部分学生不清楚教学目标,不知所措。这一环节需要教师付出更多的心血,做好指引工作。此外,基于STEAM的3D打印教学内容需要联系各学科知识,形成板块式的、组块式的知识网络,为学生提供目标清晰、方法明确的学习路线。

贵阳市某中学创建的3D创意设计社团,主要是让学生了解3D打印技术的基础知识,学习3D One软件,掌握3D创意设计的基本流程,即从作品的创意构思、模型草图的绘制、建模设计、打印测试到后期完善,学生可真正体验到造物的乐趣,并将自己的想法、创意变为现实的过程。在该社团中,学生能够拥有视觉和触觉的学习体验,并且可以通过参与各级竞赛活动,进一步锻炼创意思维和实际操作能力。该校学生曾在参加全国青少年科技创新大赛时利用3D打印技术设计作品荣获二等奖,印证了该教学模式在培养学生创新意识和探索意识方面是具有可行性的。

跨学科的思维方式结合项目式学习,以问题为导向展开不同深度的问题设计,同时结合5E教学模式设计教学流程,培养学生的设计思维,使得信息技术学科核心素养在3D打印校本课程中落地。事实证明,5E教学模式适用于STEAM理念下3D打印课程教学,对比常规的教学模式,即在教师进行演示或者直接给学生提供微课教学视频后,学生在极少甚至完全没有教师指导的情况下进行自主学习,不仅更能提高学生的实际技能,还更能吸引学生的注意力,提升其参与的积极性。当然,这对教师的专业能力提出了更高的要求,需要教师付出更多的心血、做出精心的教学设计。

作者简介:张琳,贵州师范大学教育学院硕士研究生;张洁,贵阳市清华中学中级教师;黄琰,贵州师范大学教育学院讲师。

基于学本课堂的小学信息科技课程教学实践研究

罗梦婷　朱毅

《义务教育信息科技课程标准(2022年版)》(以下简称"新课标")将中小学信息课程定名为"信息科技",教学核心由"技术"转向"科技",从科技发展、教育发展和学生个体长远发展等角度,对其课程目标、课程结构和教学内容进行了重构。[1]本课程在帮助学生掌握信息技术基础知识与技能的基础之上,促使学生增强信息意识、发展计算思维、提高数字化学习与创新能力、树立正确的信息社会价值观和责任感,促进学生核心素养的发展。新课标强调推进以学生为主体的学习方式创新,教师要以培养学生数字素养与技能为目标,创设自主、合作、探究的真实情境,引导学生自主学习、合作学习,鼓励"做中学""用中学""创中学",凸显学生的主体性。

学本课堂是指以学习者学习为中心的课堂,学习者不仅指学生,而且包括教师和参与者。教师的首要任务是指导学生学会学习,同时,教师也是合作学习者,参与学生的各种学习活动,师生相互信赖、共同合作、共同建构知识、共同促进成长。[2]学本课堂是一种先进的教学理念,符合新课标理念,关注学生个性化、多样化的学习和发展需求。本案例从学生学情出发,凸显学生主体地位,让学生积极地参与到学习过程中,进行知识的建构和能力的发展。

一　教学目标和内容

(一)教学目标

1.信息意识

掌握在幻灯片中插入"形状"的基础知识,体会演示文稿的生动效果和多姿多彩的风格,感受演示文稿的魅力,体会幻灯片设计制作技术在当今社会发展中的重要作用。

---

[1] 王振强.中小学信息科技课程设计与实施[J].中小学信息技术教育,2022(7):14-16.
[2] 韩立福.学本课堂:概念、理念、内涵和特征[J].教育研究,2015,36(10):105-110,135.

2. 计算思维

学会在幻灯片中插入"形状",掌握为"形状"添加快速样式和文字的方法,能将问题进行分解,并用文字或图示描述解决问题的顺序,学会利用幻灯片处理和呈现信息。

3. 数字化学习与创新

能够利用数字化环境查找学习资源,开展自主学习、合作学习与创新活动;学会运用幻灯片设计制作的思想、方法与技术进行创作与表达。

4. 信息社会责任

通过自主探究和合作交流,理解知识产权对信息社会产生的影响,增强积极参与信息社会建设的意识,树立数字化环境下积极进取的态度。

(二)教学内容

本案例教学内容选自清华大学出版社出版的《信息技术(四年级下册)》第三单元的第10课"多姿多彩——在幻灯片中插入形状"。本节课的主要内容是在幻灯片中插入"形状",并为"形状"添加快速样式和文字,同时为以后应用PowerPoint 2010软件打下基础。因此,本节课的内容在教材中起着承上启下的作用。该教材内容主要有五个模块,这五个模块的知识是由浅入深、循序渐进并且环环相扣的。

二 实施对象

本案例的实施对象为某小学四年级学生。根据皮亚杰认知发展理论,该阶段的学生思维处于具体运算阶段,能凭借具体事物或形象进行分类和理解逻辑关系,能对具体事物进行群集运算,包括组合性、逆向性、结合性、同一性、重复性或多余性等运算。但由于这一阶段学生的运算仍脱离不了具体事物或形象的支持,所以,其运算还是零散的、孤立的,难以组成完整的系统。在知识方面,在此之前,学生已经学习了PowerPoint 2010软件的基本功能,掌握了插入图片和文字的方法,为过渡到本节课的学习打下了基础;在技能方面,学生已经具有一定的计算机操作技巧和自学能力。因此,本节课以学生自主探究学习为主,让学生多实践、探索，使学生能够主动地进行学习，同时也充分体现出学生主体、教师主导的地位。

三 教学环境和工具

本案例在计算机教室开展教学活动，使用极域电子教室软件、PowerPoint 2010软件。极域电子教室软件是一种多媒体教学网络平台，在现有的电脑网络设备上实现教师机对学生机的广播、监控、屏幕录制、屏幕回放、语音教学等操作，辅助学生完成电脑软件的学习、使用。PowerPoint 2010是微软公司推出的办公自动化软件Microsoft Office 2010中的一个组件，使用PowerPoint 2010可以制作并放映结合声音、图像及动画等特效的多媒体演示文稿。

四 教学过程

"学本式"模式倡导"以学生发展为本、以学生学习为中心"的价值取向，具体的教学模式可以概括为"先学后教，互助展评"，突出自学、互学、展学三个环节。[①]本案例通过对我国学者盛跃的"学本式"模式[②]进行重构、优化、整理，尝试设计"学本式"模式下新授课、习题课、复习课的教学流程。本案例拟基于"学本式"新授课教学流程开展教学，具体教学过程见图1和表1。

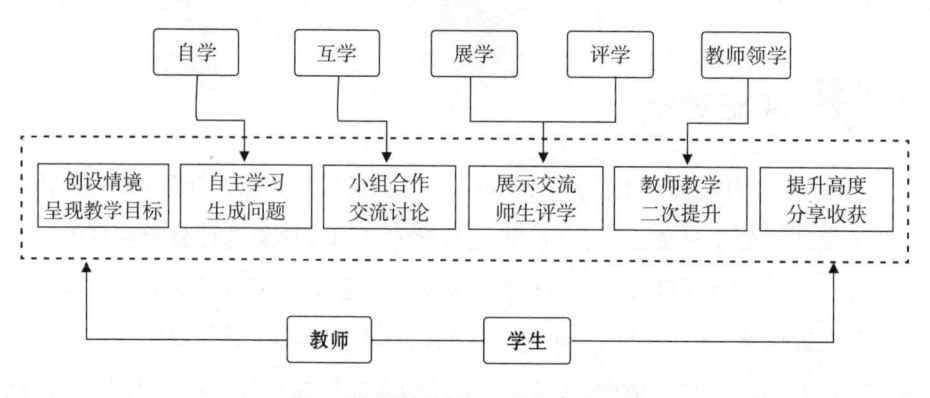

图1 新授课的"学本式"教学流程

[①] 陈蓄.小学信息技术"学本课堂"的教学设计与实践研究[D].上海:上海师范大学,2018.
[②] 盛跃."学本式"课堂教学模式在初中化学的实践研究[D].昆明:云南师范大学,2021.

表1　教学过程

【创设情境,呈现教学目标】		
教师活动	学生活动	设计意图
1.创设情境,吸引学生注意力。以介绍"蝴蝶一生"为铺垫,将蝴蝶的成长过程与教学内容完美结合,贯穿整个课堂 2.引导学生观察老师展示的作品是怎么制作出来的,并引出本节课的主题"插入形状"	1.观看幻灯片上展示的"蝴蝶一生" 2.思考老师提出的问题	创设情境,激发学生的学习兴趣,并且通过分析图片各部分的结构,培养学生认真观察、分析的习惯
【自学环节】		
教师活动	学生活动	设计意图
1.教师布置学习任务,让学生尝试探究完成"插入形状"任务 2.巡视、指导学生操作	1.阅读教材或观看幻灯片操作步骤 2.完成"插入形状"任务	让学生初步了解本节课所学内容,对"插入形状"有基本的了解
【演示环节】		
教师活动	学生活动	设计意图
1.演示在幻灯片中插入"折角形""椭圆""矩形"的过程 2.当学生基本掌握插入形状后,询问学生如何使形状更加美观,引出本节课的第二个内容"添加快速样式",教师演示操作添加快速样式的步骤	认真听讲并思考	通过演示在幻灯片中插入"折角形""椭圆""矩形",引导学生深入学习,理解并掌握"shift"键的功能
【互学环节】		
教师活动	学生活动	设计意图
教师引导学生以小组合作学习方式,尝试向形状添加快速样式,对形状进行修饰,并在形状中添加文字说明,对作品进行完善	小组合作完成任务	培养学生的小组合作精神和动手能力
【展评环节】		
教师活动	学生活动	设计意图
组织学生以小组为单位进行展学,看看哪一个小组操作最规范、作品最美观,并进行评价	进行小组合作与讨论交流,最后进行组内互评与组间互评	通过小组展学使学生印象深刻,加深学生对知识点的理解
【教师领学环节】		
教师活动	学生活动	设计意图
对本节课所学内容进行归纳总结,并引导学生讨论交流,以达到对所学知识形成体系的目的	思考与总结	教师领学,对所学内容进行归纳总结,促进学生理解

五、教学评价和反思

（一）教学评价

在评价环节，让学生利用作品评价单对彼此的作品进行评价，最后由教师进行评价。最终得分按如下权重占比公式计算：30%（互评）+30%（自评）+30%（师评）+10%（平时表现）。其中，互评、自评和师评依据作品评价单（见表2）评分。利用作品评价单，按照互评、自评和师评相结合的评价方式，对实验班和对照班学生的作品进行了评价，结果如表3、表4所示。

表2　作品评价单

评价内容	评价标准	等级
整体效果	整体效果有吸引力，颜色、形状搭配合理，紧扣主题	3星
	整体效果比较有吸引力，形状样式搭配无明显问题，能紧扣主题	2星
	整体效果一般	1星
内容	形状、文字合理，符合情节	3星
	形状、文字基本合理，符合情节	2星
	形状、文字有明显问题，不符合情节	1星
创新性	作品原创，有新意	3星
	部分模仿样例	2星
	完全模仿样例	1星
总评		

表3　实验班与对照班学生作品统计

评价内容	实验班			对照班		
	3星	2星	1星	3星	2星	1星
整体效果	19	17	5	8	26	10
内容	10	26	6	3	26	11
创新性	6	31	5	3	19	18

表4　实验班与对照班学生作品等级统计

作品等级	实验班 频数	实验班 占比	对照班 频数	对照班 占比
优秀	5	11.90%	2	4.55%
良好	13	30.95%	5	11.36%
中等	18	42.86%	25	56.82%
合格	6	14.29%	12	27.27%

(注:3星~4星为合格,5星~6星为中等,7星~8星为良好,9星为优秀)

作品评价主要从整体效果、内容和创新性三个方面进行评价。根据表3、表4可知,实验班学生作品的整体效果、内容及创新性得分高于对照班,且实验班的学生作品明显优于对照班学生作品。结果表明,学本课堂对学生实践能力的培养具有良好的效果。

基于本次教学实践研究,本案例利用"学本式"课堂教学模式下学习情况问卷[①]对学生的学习兴趣、学习态度、学习习惯三个方面进行前后测调查,结果如下。

(1)学习兴趣方面

表5　实验班学生学习兴趣前后测数据比较

题项		平均值	标准差	标准误差平均值
1.对于课本,会不由自主地看看内容	后测	4.14	0.472	0.073
	前测	3.29	0.805	0.124
2.对于课堂上提出的问题,会很感兴趣	后测	4.05	0.623	0.096
	前测	3.36	0.618	0.095
3.对于教师演示的内容,很想知道其中的原理	后测	4.02	0.348	0.054
	前测	3.14	0.521	0.080
4.我认为课堂整体非常有趣	后测	4.07	0.712	0.110
	前测	3.38	0.539	0.083
学习兴趣	后测	4.07	0.328	0.051
	前测	3.29	0.344	0.053

---

① 盛跃."学本式"课堂教学模式在初中化学的实践研究[D].昆明:云南师范大学,2021.

根据表5可知,实验班学生的前测学习兴趣平均分为3.29分,经过"学本式"课堂教学后,实验班学生的后测学习兴趣平均分为4.07分,可见,实验班学生后测学习兴趣平均水平明显高于前测平均水平,说明实验班学生的学习兴趣在经过"学本式"课堂教学后明显提升。

(2)学习态度方面

表6 实验班学生学习态度前后测数据比较

题项		平均值	标准差	标准误差平均值
5.会在课前提前预习要学习的知识	后测	4.24	0.576	0.089
	前测	3.57	0.501	0.077
6.课堂上会积极地回答教师的问题	后测	4.02	0.412	0.064
	前测	3.21	0.565	0.087
7.课堂上教学活动参与度非常高	后测	4.02	0.517	0.080
	前测	3.48	0.505	0.078
8.在课堂上,对课堂教学目标很明确	后测	3.95	0.582	0.090
	前测	3.31	0.604	0.093
学习态度	后测	4.06	0.258	0.040
	前测	3.39	0.337	0.052

根据表6可知,实验班学生的前测学习态度平均分为3.39分,经过"学本式"课堂教学后,实验班学生的后测学习态度平均分为4.06分,可见,实验班学生后测学习态度平均水平明显高于前测平均水平,说明实验班学生学习态度在"学本式"课堂教学实践后有所提高。

(3)学习习惯方面

表7 实验班学生学习习惯前后测数据比较

题项		平均值	标准差	标准误差平均值
9.自学环节,我习惯独立自主地完成自学任务	后测	4.12	0.453	0.070
	前测	3.24	0.617	0.095
10.互学环节,我习惯组内合作解决问题	后测	4.10	0.656	0.101
	前测	3.21	0.415	0.064
11.展学环节,我习惯上台展讲,从容与同学交流	后测	3.93	0.261	0.040
	前测	3.24	0.484	0.075
12.评学环节,我习惯从展讲与自我收获来评价同学	后测	3.88	0.453	0.070
	前测	3.31	0.468	0.072
学习习惯	后测	4.01	0.244	0.038
	前测	3.25	0.336	0.052

根据表7可知,实验班学生的前测学习习惯平均分为3.25分,经过"学本式"课堂教学后,实验班学生的后测学习习惯平均分为4.01分,可见,实验班学生后测学习习惯平均水平明显高于前测平均水平,说明"学本式"课堂教学模式对学生学习习惯有一定的促进作用。

(二)教学反思

在课堂教学中,教师要秉持"学生主体、教师主导"的思想,为每个学生提供展示自己的机会。本案例教学存在一些问题,需要后续改进。

第一,在展学环节,学优生比较积极,且很愿意展示,而学困生的积极性稍弱,展示少;优秀作品展示较多,错误的例子呈现较少,导致教师对学困生的学习情况无法精准掌握。

第二,在分组时仅以相邻的位置进行小组分配,没有依据学生个体之间的差异进行分配,因此组别之间没有很好地按照组内异质、组间同质的原则进行控制,导致在小组合作学习过程中,学习效果受到一定的影响。

作者简介:罗梦婷,贵阳市云岩小学教师;朱毅,贵州师范大学教育学院副教授。

主题式教学在小学信息技术课程中的实践探索

李莎莎　张浩　李城竹

主题式教学实践的雏形是1931年由美国芝加哥大学教授莫里逊所提倡的让学生一段时间内学习一种教材或解决一个问题，以促进其人格发展的单元教学法。20世纪50年代，主题式教学的理念最早在美国提出，当时课程整合运动还没有减弱，学者们创新出以主题教学为代表的教学模式。1955年，美国学者拉瓦尼·A.汉纳正式提出主题式教学，将其视为一个横断各学科且基于儿童个体社会需求的整体。20世纪80年代，学者鲁斯·甘伯格和简·欧雷姆继续深化主题式教学的内涵，更加突出学生的中心地位，强调这是通过广泛的主题探究，而非拘囿于某一选择主题，既要贴近生活实际，又要保证主题课学科领域来整合运作的教学模式。

国内主题式教学起步比较晚，成果较少。2003年，马建军首先将"主题式学习"的教学模式应用到信息技术课程当中，提出主题式的课程设计要有明确的教学目标，与其他学科的教学联系要紧密，要充分考虑现在学生的知识和技能基础。[1]之后的学者将主题式教学应用到信息技术课程中，发现恰当的主题能构建知识间的网络连接，刺激学生的感官，激发学生的兴趣，使其知识来源具有较强的丰富性、获取内容的渠道相对宽泛，有利于学生知识体系结构的完善，能够进一步增强学生的记忆力，让学生对知识进行有效整合，进一步提升教学效果，强化学生的信息技术学习兴趣。此外，在新课改的背景下，自主探究式教学模式、充分发挥学生主体性成为课堂教学的新标准。主题式教学要体现学生的主动性及小组协作模式，充分调动每一位学生的积极性。

本案例将主题式教学应用到小学信息技术课程当中进行具体的课堂实例分析，从确定主题、主题教学设计、实施主题教学、主题教学评价四个方面进行。第一，通过分析教材确定课程主题和单元主题，在做好教材分析和学情分析后通过知识连接确定课堂的教学主题；第二，借鉴吴望民等人提出的"引入—深化—升华"教学策略进行主题教学设计，导入新课引出主题，实施教学深化主题，巩固总结和布置作业完成主题升华；第三，围绕主题实施教学，过程中进行内容讲解和

---

[1] 马建军.信息技术课"主题式学习"教学模式的探索[J].中小学信息技术教育，2003(5):24–25.

知识拓展;第四,完成教学讨论和反思。通过具体课堂案例,拟解决以下几个问题:

(1)主题式教学的信息技术课程是如何实施的?

(2)主题式教学应用到信息技术课堂教学过程中有哪些需要注意的地方?

(3)主题式教学是如何促进信息技术课堂教学的?

在新课改以及信息技术课程转变为信息科技课程的背景下,学生的学习任务发生了变化,本案例希望通过"主题式教学"的信息技术课堂联系生活中的科技知识,提高学生的学习兴趣和学习有效性,以促进学生对信息核心素养和信息科技的认知,发展学生的信息技术和能力。

一、教学目标和内容

(一)教学目标

1. 知识与技能

(1)走进信息技术的世界,认识什么是信息,信息是如何获取、传递、处理的;

(2)认识什么是信息技术,了解信息技术的发展历程,学会正确地使用信息技术。

2. 过程与方法

讲授新概念的同时,联系生活实际,让学生参与思考讨论,调动学生的学习积极性,让学生学会将新的知识与生活中的事物进行联系,建构新的认知体系。

3. 情感态度与价值观

(1)了解信息技术的应用,并且认识信息技术在现代生活中的重要性,提高对信息技术课程的学习主动性;

(2)能够有意识地利用网络资源进行学习和发展个人爱好,知道负责任地使用信息科技系统及软件,养成良好的计算机使用习惯和责任意识。

(二)教学内容

信息技术课程是主题性很强的学科,学生的学习内容多为实践操作,每节课的学习主题都十分明确,因此,使用主题式教学模式,针对信息技术课程中每章节、每堂课来确定合适的教学主题,围绕主题来提高学生的学习兴趣和积极性,是十分可行的。而针对学习内容进行教学活动设计是提前要做好的重要工作。对于简单的学习内容，要进行主题知识拓展，让学生觉得生动又有趣；对于相对复杂晦涩的内容，要进行简单易懂的教学设计，丰富课堂活动。本案例以人教版三年级上册的第1课内容为例，将主题式教学应用到课堂教学当中。本单元是整套教材的"开篇"，是信息技术学科的启蒙阶段，担负着引导学生入门的任务。第一单元的主题是"走进信息时代"，包括以下学习内容：

第1课　信息与信息技术探秘

第2课　与计算机交朋友

第3课　开机与关机

第4课　窗口操作真方便

第5课　玩游戏、练"鼠标"

本节课的学习内容是"信息与信息技术的探秘"，学生需要了解信息的获取、传递、处理的基本方法，理解信息技术对社会发展的影响，明确社会成员应承担的责任，初步形成与信息化社会相适应的信息意识。信息和信息技术简介部分，学生需要了解信息和信息技术的概念及其应用，明确计算机是信息处理机和它在信息处理中的重要作用。

本节课的主题内容就是"信息和信息技术"，主要包括以下几方面的内容：(1)了解信息的概念；(2)了解信息技术，了解信息技术带来的好处；(3)了解信息技术的发展；(4)培养健康的信息生活方式。

二、实施对象

本案例面向贵阳市某小学三年级学生。首先对学生进行学情分析，围绕主题进行教学设计。小学三年级学生大多数没有接触过计算机，对计算机保持有神秘感和好奇心。本单元内容的安排是遵循学生的认知规律，按照从零开始学习计算机的一般思路来设计的。针对这个阶段的学生，在教学过程中需要注意以下几个问题。

1.课程教材

信息技术是一门操作性很强的学科，应该让学生在实践中循序渐进地去学习。本阶段内容较枯燥，如果教学不当，就会使学生对本学科失去兴趣，影响以后对本学科的学习。因此,本阶段的教学要从学生感兴趣的角度去组织教材。

2. 教学内容

这是一节理论课,知识内容比较抽象,学生容易产生厌学情绪;再者,本节课作为信息技术的第一节课,调动学生学习兴趣、做好学习铺垫、打好基础至关重要。因此,采用得当的教学方法和手段,调动学生参与课堂教学活动的积极性,帮助学生理解抽象的知识概念,是本节课教学的关键。

3. 教学方式

在教学方式上,应从技术性指导逐步转变为学生思维训练和团队协作能力培养。

4. 教学形式

本节课可以围绕学习主题采取小组讨论、集体讨论、学生讲解的方式,让学生来传递学到的知识。教师在课堂上要经常设计一些与主题相关的问题,也可以是学生感兴趣的拓展知识的小问题,让学生开展讨论,从讨论中逐步总结筛选出相对正确的结果。在教学过程中,要从信息处理的角度授课,避免将信息技术课上成计算机课。

三 教学环境和工具

本案例在多媒体教室开展教学活动。教学工具使用WPS Office ppt官方版,这是WPS Office的一个组件,用于设计制作专家报告、教师授课、产品演示、广告宣传等的电子版幻灯片。用WPS Office ppt官方版制作的演示文稿可以通过计算机屏幕或投影机播放。针对本节课的教学,主要用于展示新知识、新内容、相关视频图片等。

四 教学过程

在主题式教学课堂,借鉴了吴望民等人提出的"引入—深化—升华"的教材处理策略,通过导入引出主题,通过讲授深化主题,最后通过对内容进行总结巩固以及布置课后作业升华主题。

(一)导入新课

播放智能科技应用在生活、生产、航天等各方面的科普视频引出信息科技的学习主题,激发学生的学习兴趣。

师:同学们,大家好!欢迎大家和我一起开始学习今天的课程,我们将开启一个新世界的大门。这门课程的内容与我们的生活息息相关,但又神秘莫测,它可有上天入海的本领呢!这门课程是什么呀?

生:信息技术!

师:没错,就是信息技术。我先播放一段视频,咱们一起来看看信息技术到底有多厉害吧!

师:看完视频,同学们有没有觉得信息技术对于我们的生活真的很重要?咱们今天这节课的主题就是信息科技。

(二)讲授新课

结合信息科技主题导入课程内容,介绍信息科技的基础就是要先了解什么是信息,信息是怎么获取、传递、处理的;什么是信息技术;信息技术有怎样的发展历程;等等。以此深化信息科技主题的背景知识,为以后的学习做好理论奠基。

1.什么是信息

师:同学们,我想问大家一个问题,你们知道什么是信息吗?

学生举手回答。

师:从同学们的回答中我已经知道了大家对信息都有一定的认知。没错,在生活中我们看到爸爸妈妈看快手、刷抖音,这能给我们提供大量的信息,其实我们每个人都生活在信息的世界里,信息就在我们身边。再比如,我们书本里的文字图片、街道上的广告牌、校园里的标语,甚至我们写给同学的一张纸条,打给爸爸妈妈的一个电话、发送的每一个短信,都是信息,信息就在我们身边,而且方便着我们的生活。

师:同学们来看一下,这几张图片告诉了我们什么信息?(教师展示春秋季的景色)

师:我们知道,信息是无形的,它是通过文字、图片、视频等形式表现出来的;

同一种信息可以用不同的形式表现出来;信息可以存储、加工、传递和共享,具有时效性和可利用性。我们每天都会接收到大量的信息,那么请大家思考一下,我们每天从书籍、电视、手机、报纸上都可以获得哪些信息?

师: 那信息是什么呢?

教师引导学生归纳总结。信息就是信号、消息,信息包括声音、文字、图像、符号、数据等。我们身边充满着各种各样的信息,信息无处不在、无时不有,可以存储、加工、传递和共享,具有时效性和可利用性。

2.信息的获取、传递与处理

师: 同学们,你们知道我们是怎么获取信息的吗?古时候,我们的祖先用结绳记事、烽火告急、信鸽传书等方法对信息进行传递和存储。(教师展示结绳记事、烽火告急、信鸽传书图片)

师: 现在,我们利用网络足不出户便可知天下事,还可以在家里上班,在网上学习、购物、洽谈生意、娱乐……早上闹钟响起我们知道要起床了,出门前爸爸妈妈的叮嘱,来到学校里听老师讲课、与同学交流,还有课间可能会接到爸爸妈妈的电话,这些都是在接收和传递信息。同学们再回忆一下,你们每天从起床到现在都接收和传递了哪些信息?我们一起来分享一下。

教师讲授信息的获取方式。人们可以通过眼睛、耳朵、鼻子、嘴巴、手等感觉器官直接获取信息,还可以通过各种工具获取更多的信息。

师: 那同学们知道我们是怎么传递信息的吗?

教师讲授信息的传递方式。在古代,人们是通过烽火、鼓声、旗语等来传递信息的,现在我们是通过电话、广播、电视、通信卫星、互联网等科技手段来传递信息的。

教师讲授信息的处理。加减乘除、看图写话等都是在对信息进行处理。人们常把处理信息的工作交给计算机来完成,利用计算机帮助我们收集、存储、加工、传递信息。计算机也叫信息处理机。

3.什么是信息技术

师: 再给同学们讲几个我们身边关于信息和信息技术的故事。1997年,一台名叫深蓝的计算机和人类的象棋冠军进行了一场大战,结果让人惊讶,人类居然输给了计算机,可见信息技术有多么厉害。2012年,神舟九号载人飞船与天宫一号空间实验室成功进行了交会对接,而这里起关键作用的就是信息技术。还有我们每天看的电视节目,你们知道电视节目是怎么出现在电视机里面的吗?那是电视台通过信息技术手段把电视信号输送到每家每户的。

师:简单来说,信息技术就是处理存储信息的技术,主要包括传感技术、通信技术、计算机技术、控制技术。(教师展示信息技术相关图片)

教师讲解:传感技术可以帮助人们获取信息,装有传感器的机器人能够模拟人的触觉、视觉、听觉,代替人完成许多工作;通信技术扩展了人传递信息的能力,比如我们可以用电话和世界各地的朋友通话,电视台也可以利用通信卫星来发送节目;计算机技术拓展了人脑的功能,计算机能够在短时间内精确地完成复杂的信息处理任务;控制技术可以使事物按照人的要求沿着指定的方向发展,日常生活中有很多东西就利用了控制技术,比如洗衣机、空调、自动取款机、遥控电动车等。目前,信息技术已经广泛应用于政府机关、工商企业、科学研究等各个领域,为人类社会的发展做着贡献。

4.信息技术的发展历程

师:同学们,信息技术一共发生了五次革命。

第一次:语言的使用,是从猿进化到人的重要标志;

第二次:文字的创造,使信息的存储和传递首次超越了时间和地域的局限;

第三次:印刷术的发明,为知识的积累和传播提供了更为可靠的保证;

第四次:电报、电话、广播的发明与普及,进一步突破了时间和空间的限制;

第五次:计算机技术与现代通信技术的普及,将社会推到了数字化的信息时代。

我们一起来看一下,古代的信息技术、近代的信息技术、现代的信息技术都是什么样的吧!

(1)古代信息技术

古代信息技术的代表有:手势、声音、形体动作、结绳记事、甲骨文、造纸术、印刷术、烽火、驿站、信鸽等。(图片展示)

(2)近代信息技术

近代信息技术的代表有:机械计算机、电报、电话、摄影技术、无线电广播、电视技术等。(图片展示)

(3)现代信息技术

现代信息技术的代表有:微电子技术、光电技术、电子计算机、现代通信技

术、计算机网络等。(图片展示)

(4)如何使用信息技术

师:如何使用信息技术?我们以拍照为例。拍照相当于获取信息,将获取到的信息保存到存储卡就是存储信息,将照片拷贝到电脑就是传递信息,我们对图片进行调整美化就是处理信息。

我们应该如何使用好信息技术呢?我们要做到以下几点:培养良好的信息意识,能甄别有用信息、无用信息和有害信息;积极主动地学习现代信息技术,提高信息处理能力;养成健康使用信息技术的习惯;遵守信息法规,培养良好的信息情感和信息道德。

(三)巩固新课

通过总结和随堂小测验来检验学生的学习效果,通过进一步总结将内容升华到"信息科技"这一主题上。

师:好了,同学们,这就是信息技术的第一节课了,这节课的主题是什么呀?没错,就是"信息和信息技术"。那这节课同学们主要学习到了什么呀?对,我们学习了什么是信息,什么是信息技术,信息是怎么获取、传递、处理的。此外,我们还了解了信息技术的发展历程,最后是我们应该如何正确地使用信息技术,这就是我们本节课的所有内容。

(四)布置课后作业

师:同学们,课下在自己身边寻找一下更多信息,看看这些信息是如何进行获取、传递、处理的。既然我们学习了如何正确使用信息技术,同学们看看自己身边的人平时使用信息技术是否正确,有没有哪些使用不正确的行为呢?

五 教学评价和反思

(一)教学评价

学生的学习经验是评价主题式课程实施效果的主要指标。首先通过测验法进行随堂测验,结合本节课的主要概念以及相关知识点,测试学生的学习效果和学习有效性,这是最重要的。其次通过观察法,观察学生在学习过程中的表现并以此来评价主题式教学是否提高了学生的学习兴趣,以及所使用的方式是否合适。

(二)教学反思

1.教师方面

教材分析围绕主题展开,对教学内容的讲授简单易懂、循序渐进,符合学生的心理发展特点;组织学生主动参与到课堂当中来,注意调动学生学习的积极性;教学语言做到了有逻辑地上下串联;时刻注意学生的接受反应,教学逐步推动。

但是对教学内容的把握不够深刻,课堂教学中讲授内容过于刻板化。在以后的教学中应注意对教学内容的把握,融合各科知识以及生活知识加以分析,达到更好的教学效果。

2.学生方面

学生课堂参与度高、积极性强,敢于发表自己的意见,有自己的想法和创新;讨论过程中具有良好的合作意识;主动接受新知识,乐于联系生活进行学习。学生在学习过程中对他们能联系到生活实际的部分兴致较高,但对专业性的理论知识部分兴致缺乏。在以后的教学中应尽量将晦涩难懂的专业性的知识加工得更加符合学生的学习特点。

本节课是小学信息技术课程的第一课,要注意学生新知的建构,让学生形成正确的信息技术意识至关重要,为此,一方面要注意提高学生的学习积极性;另一方面也要注意对课堂教学主题的把握,围绕主题开展教学,完成教学目标。

作者简介:李莎莎,贵州师范大学教育学院硕士研究生;张浩,贵州师范大学教育学院讲师;李城竹,贵州师范大学教育学院硕士研究生。

学生参与式教学评价的设计与实施
——以中职信息技术课程为例

吴文华　黄威荣

提升国民信息素养，增强个体在信息社会中的适应能力和创造能力，对个体发展、科技革新、社会进步等各个方面都至关重要。2018年，教育部印发的《教育信息化2.0行动计划》提出，全面提升师生信息素养，应用信息技术解决教学、学习、生活中问题的能力成为必备的基本素质。信息技术课程作为中职学校的一门必修课，对提升中职学生的信息素养、培养符合社会需要和职业需求的信息能力具有重要的作用。数字化学习与创新作为本课程需要培养的四个核心素养之一，要求学生能运用数字化学习工具进行小组协作学习，从而培养学生自主探究、协作分享、创新实践等能力，这对教师进行精准教学设计和高质量的课堂教学提出了更高的要求。

信息技术课程具有操作性强的特点，在一些学校，本课程仍未得到足够的重视，教学创新无从谈起，教学手段单一仍是当前中职信息技术课程存在的主要问题之一。[1]教师在教学过程中多采用"知识点讲解→实例演示→学生实践操作→教师总结评价"的模式，虽然在一定程度上提升了学生的动手实践能力，促进了学生核心素养的培养，但仍未从根本上摆脱"灌输式"的传统教学结构。比起教师的"教法"，教师更需要研究学生的"学法"[2]，把课堂还给学生，探索有效的课堂教学评价方法，将更有利于学生学习效果的提高。因此，探索学生参与式教学评价的方法、研究学生参与式教学评价的问题、推广学生参与式教学评价的应用有着极为重要的意义。

本案例秉承"从学生的需要出发"的教学理念，探索多样化的学生参与式教学评价，使学生深度参与到课堂教学中，以此提高学生的学习积极性，提高学生

---

[1] 张秋仙.中职信息技术教学现状与应对策略探研[J].成才之路,2020(33):78-79.
[2] 韦权峰.学科核心素养视域下的中职信息技术课程研究现状与发展[J].科技风,2021(35):65-68,114.

的学习热情,从而达到优化教学效果、提升学生学习成效的目的。

一 教学目标和内容

(一)教学目标

1.信息意识

培养正确认识评价的态度,激起积极参与课堂教学评价的意识,正确看待他人对自己作品的评价。

2.计算思维

能根据要求撰写演示文稿纲要,获取并筛选合适的图文素材,运用合适的工具创作演示文稿作品,并对作品进行美化和特效处理。

3.数字化学习与创新

提高利用演示文稿软件开展创作的兴趣和能力,能进行小组协作,制定科学合理的评价标准并开展评价,对作品提出改进建议。

4.信息社会责任

增强对母亲的感激之情,表达对母亲的祝福之意,培养规范使用网络资源的观念,能够正确地运用网络资源。

(二)教学内容

本案例的内容选自《中等职业学校信息技术课程标准(2020年版)》中拓展模块"演示文稿制作"专题。针对该专题的教学,标准中明确提示教师可根据项目主题与制作要求,引导学生深入了解演示文稿制作的一般规范,制作主题突出、层次分明、画面美观,并具有动态展示效果的演示文稿。

本案例的教学内容包括演示文稿软件的使用、评价标准制定、素材采选、制作演示文稿、作品互评与自评等。教学前制定评价标准;教学中要求学生以演示文稿的形式,制作1~2页母亲节贺卡;制作结束后,通过小组协作的方式对作品进行互评和自评,交流制作经验。

二 实施对象

本案例面向某中职学校二年级学生。该年级学生经过本课程一年的学习，对计算机知识有了一定的了解，已经形成基本的信息素养，能使用计算机制作、美化演示文稿。学生对新知识有浓厚的兴趣，对未知领域充满好奇。

该年龄段的学生具有追求个性、平等，渴望被尊重等特点，具有强烈的求知欲和表现欲，同时也是伴随电子产品成长起来的一代，能迅速适应信息化教学情境。学生自觉性不强，上课容易出现注意力不集中、玩手机等情况，自我意识较差，合作意识不足，需要进行有针对性的引导。

三 教学环境和工具

本案例在计算机教室开展教学活动，师生使用基于Windows 7系统的可支持Office办公软件的计算机。所有计算机要求连接互联网，且安装教学控制软件，教师端能监控学生计算机。

学生手机需下载超星学习通软件，以进行课前微课的学习、课中线上互动以及课后线上讨论。学习通是面向智能手机、平板电脑等移动终端的移动学习专业平台，除了有丰富的课程资源和图书资源外，还是一款智慧教学工具，支持投屏、课堂互动、作业批阅等，为课堂教学创造了更多可能。本案例选用学习通作为教学工具，课前进行微课预习和讨论，课中进行提问等课堂互动，以及布置、提交、批阅作业，课后进行讨论和反思等。

四 教学过程

在当前的中职信息技术课程教学中，教师大多采用传统的教学模式，这种"灌输式"的教学未能真正做到以学生为本，未能进行差异化教学，未能充分激发学生的积极性以达到最佳教学效果。上述认识产生于以下师生的一次交流。

师：同学们，老师发现你们最近上课容易分心，还在课堂上玩手机，是什么原因呢？

生A：老师，因为您讲的知识我以前都学过。

生B：前半节课都是您在讲，到了动手操作，有些内容我们又忘记了。

师：因为每位同学的基础水平不一样，教学就要照顾到大部分同学。同学们有什么好的建议吗?

生A:您可以不控制我们的电脑吗?

生C:我觉得您之前给我的作业评分,跟我的预期相差有点儿大。

师:老师给的作业评价,大家都进行反思了吗?

生D:基本没有看。

生E:我一般只看分数。

根据学生的反馈,在前期的教学中出现了两个问题:一是采用传统教学模式的教学效果欠佳;二是作业评价反馈机制缺失。由于每位学生的知识储备不同,在照顾基础薄弱学生的同时,也应该注意照顾基础好的学生。因材施教要求发挥教师的主导作用,实现学生的个性发展,最大限度地发挥学生的主观能动性,提高学生的自我效能感。中职信息技术课程大多采用项目综合实训的方式开展教学,如果教师不解放思想,不改变教学理念,就很难摆脱传统的教学定式。因此,本案例把教学策略调整为:课前发布相关教学资源(如微课等)供学生预习;课中提问,学生扮演评委评价他人的回答情况,快速进入学习状态;教学过程中师生角色互换,让学生作为"教师"对案例操作进行演示并接受他人的提问和评价。

课堂作业作为检验教学效果的重要手段,如果得不到足够的重视,将无法帮助教师因材施教、及时调整教学策略。导致这种情况的原因如下,其一,学生和教师都只是为了作业而作业,没有把作业的作用发挥出来;其二,学生以为把作业提交给教师就好了,教师也没有做好作业评价的反馈工作;其三,项目式作业缺少客观的评价标准,不能激发学生的学习热情。基于此,秉承开放、民主、参与的原则,让学生制定评价标准,并通过小组协作的形式参与作业评价,既可以评价同学的作业,也可以从中发现他人的长处、反思自己的不足之处。

为了配合上述教学策略的开展,对"演示文稿制作"专题的4个学时分配作如下调整:理论教学0.5学时,实践教学1.5学时,协作学习2学时。

(一)课堂提问:引导学生进入状态

1.课前预习

课前,教师在学习通平台上发布微课视频和配套习题,视频内容为PPT软件功能的讲解和PPT相关知识,总学习时长大概15分钟,要求学生上课前完成,遇到问题可进行在线讨论;强调课堂中会随机提问,并公布本次课堂教学的内容和要求,让学生有所准备。

2.课中提问

师:同学们都知道个性化的贺卡大小因人而异,因此制作贺卡的第一步是确定幻灯片的大小,那应该如何设置呢?

教师通过学习通投屏的"选人"功能,随机抽取一位学生回答,回答正确即奖励积分,并在学习通做好记录。

生A:在"设计"选项卡进行设置。

由于生A回答不全面,需要继续选人对其回答进行评价,并给出正确答案。

师:对生A的回答,你觉得怎么样呢?

生B:他回答得不够全面。正确的操作步骤应该是:点击"设计"选项卡,在右侧找到"幻灯片大小"的命令,即可设置幻灯片的大小和方向等。

生B的回答获得其他同学的一致认可,教师对其奖励积分。

随机提问的不确定性,给学生学习形成压迫感,课前预习的效果得到提升。通过让所有学生参与教学评价,能使学生快速进入活跃的上课状态,还能使教师掌握学生的学习情况,有的放矢地讲解知识点,把更多的时间留给学生动手操作。

(二)制定标准:培养学生的发散思维

按照惯例,作业评价标准都是由教师制定的,学生只能按照现成的标准来完成任务,无法参与评价标准的制定过程,这导致学生对作业评价的重视程度不足,无法发挥评价的积极作用。本环节由师生共同制定作业的评价标准,鼓励学生多维度思考,把话语权交给学生,通过民主的方式决定如何评价作业。

师:同学们,本环节需要大家分小组对贺卡进行评分。

生A:老师,按照什么样的标准评分呢?

师:我们先要共同制定一个评分标准,只有按照标准来评分,才不会产生争议。这次把决定权交给大家,请思考一下,一张好的贺卡应该符合什么要求?

生B:要图文并茂、页面清晰、布局合理。

生C:能运用所学的功能来制作PPT,而且要符合主题。

生D:颜色要运用合理,跟主题匹配。

经过学生集思广益,最终制定了如表1的评分标准。

表1 "演示文稿制作"评分标准

序号	项目	分值
1	内容切合主题,页面结构合理,逻辑清晰有条理	30
2	合理运用网络素材,无抄袭情况	20
3	合理运用所学功能	30
4	颜色符合主题、搭配恰当	20
	合计	100

(三)角色互换:提升学生的参与感

通过对知识点的讲解,学生对演示文稿的制作有了更深入的理解。接下来是本节课的课堂任务,使用PPT软件制作母亲节主题贺卡。起初学生对制作什么样的贺卡没有头绪,不知从何下手,教师鼓励学生多思考,多从网络上搜索相关的案例和素材。为了提高学生的思考能力,让学生真正参与到课堂中,本环节需要挑选一位学生扮演教师的角色,上台演示如何制作贺卡,同时还需要回答教师和其他学生的提问。一开始学生都比较害羞、害怕出错,不愿上台演示。经过一番推荐,最后大家推选出一位基础比较好的学生上台演示。通过演示,这位学生能基本完成PPT的制作,教师作为"学生"的角色首先对其进行了提问,其他学生也相继提出了几个问题。学生通过提问和回答问题的思考过程加深了对知识的理解。该环节结束后,教师通过学习通发起在线评分,让学生根据该环节的参与程度给自己和扮演教师角色的同学进行评分,最终的平均分数将作为平时成绩的一部分。

(四)参与式评价:形成评价反馈机制

按照传统教学模式,学生的作业提交给教师批阅后,学生很少会关注自己的作业评价,更少会对作业中存在的问题进行反思和改进,由此可见,传统的作业评价方式无法形成顺畅的评价反馈,导致教师无法及时了解学生的学习情况、调整教学策略,教学效果打了折扣。为了让学生参与到作业的评价中,也为了让学生养成独立思考能力和小组协作能力,该环节根据作业评价标准,通过小组协作对作业进行互评和自评。学生自由分组,每组设一个组长(负责主持)和一个记录员(负责记录),每个组员都要积极发表意见,教师随机选择学生发言。20分钟的小组协作后,公布分数和分享经验。

师: 经过刚才的小组协作,看过其他同学的作品后,相信大家都有所感悟。接下来请第一组分享他们的评价,第一轮先由3号组员发言。

图1 第一组"母亲节贺卡"作品

第一组:这幅作品我们评65分,理由是内容过于简单,运用的功能太少,除了文字和图片外,缺少其他素材。

师: 很好!相信这是你们经过小组民主决定的结果,希望对应作品的同学要好好听取评委的意见,认真思考自己的作品与他人的作品之间的差距,有哪些地方需要改进,又有哪些地方值得借鉴,只有这样才能加快我们进步的步伐!下面有请第二组分享!

第二组:这幅作品符合主题、结构合理,但有点简单,得22分;无抄袭情况,得20分;运用了图形、文本框和图片等,但还不够丰富,得23分;颜色符合主题,使用合理,得20分。作品最终得85分。

图2　第二组"母亲节贺卡"作品

互评环节后,为了督促学生总结、增加学生反思的深度,教师还要求学生对自己的作业进行评价,最后与他人的评分取平均值作为最终分数。

师:相信刚才的互评是大家深思熟虑后给出的评价,接下来请大家对比自己和他人的作业,借鉴他人的长处、反思自己的不足之处,然后按照评分标准给自己的作业评分并写上评语。

五　教学评价和反思

(一)教学评价

本案例围绕培养学生核心素养开展教学,教学目标明确,教学内容贴合学生实际,采用多样化的教学方法,符合课程标准的要求。

参与式教学倡导以学生为主体,在教学中加强师生互动、生生互动,主要采用小组教学、课堂讨论、个别化教学等多种教学形式。本案例课前提供微课让学生预习,课中通过提问的形式检查预习情况,同时导入新课;通过师生角色互换和评价,加强了学生的参与感,有利于集中学生的注意力;通过小组协作进行作业互评,培养了学生的主人翁精神,建立了作业评价的反馈机制;通过学生自评作业,促进了学生自我反思,养成独立思考的习惯。本案例根据参与式教学的内涵和提倡的形式进行教学,以学生参与评价为出发点让学生真正参与到课堂教学中来,给学生更多自由发挥的空间,真正做到以教师为主导、以学生为主体,体现了参与式教学的本质要求。

(二)教学反思

1.总结

本案例结合学习通进行混合式教学,利用微课开展课前预习,大大节省了课堂中讲解知识点的时间,把更多的时间留给学生进行实践操作和教师进行个别化指导。中职学生具有追求个性和公平、渴望被尊重和支持的心理特点,作业评价采用民主化的形式,把制定评价标准、实施评价的权利交给学生,给学生创设开放、民主的情境,让学生在协作中学习、在评价中反思,形成新的评价反馈机制,打破了以往作业评价无法及时、顺畅反馈的局面。

在教学过程中,最大程度地发挥了教师的主导作用,让教师在掌控教学进度的同时把主体地位还给学生,努力让全部学生全程参与到教学当中,提升了学生的参与感,有利于强化学生的内在性激励,从而提高了学生的学习积极性。

2.不足之处

在课前预习环节,难以监控学生的学习进度,特别是学习态度差的学生,单纯依靠课堂提问很难督促其进行课前预习。今后可设置一些预习检测项目,以提高学生的预习效果。

在角色互换环节,由于学生害怕上台讲解出现错误而不敢主动报名,特别是第一次实施这种教学策略,学生不够活跃,使得教师很难找到合适的人选进行角色互换。这要求教师平时加强与学生的交流互动,了解每个学生的特点,深入研究学生的情况。

在小组协作环节,虽然大部分学生都投入到作品的评价和讨论中,但也难以避免出现少部分学生不认真、浑水摸鱼的情况,同时教师也难以判断学生在此过程中是否认真借鉴他人经验,是否有深入比较和反思,是否达到了知识进一步内化的效果。

作者简介:吴文华,广州华夏职业学院助理研究员;黄威荣,贵州师范大学教育学院副教授。

深度学习:抽象的数据与具体的生活

李娟　吕春宇　李高祥

21世纪是信息全球化的时代,人们的生产生活方式、学习发展方式等都发生了巨大的变化。为了迎接知识时代的挑战,各个国家相继开展指向"核心素养"的基础教育课程改革。我国也提出了中国学生发展核心素养体系,并着手以此为纲建设和完善基础教育课程体系。深度学习因契合新课改的核心理念,现已成为我国基础教育课程改革的热点与实践方式。[①]

随着课程改革的推进,虽然许多教育工作者都在努力更新教育教学观念,但在长期的应试教育影响下,课堂教学短时间内很难从根本上改变"知识本位"的教学。以信息技术学科为例,当前的课堂教学往往脱离真实的场景,讲练法依然是常用的教学方法。在实操课上,大多数学生只是机械地模仿教师的操作步骤,并没有自己的思考,对于知识的学习也是一知半解。如今知识更新加快,学生需要直面更多复杂的现实问题,若只停留在识记、模仿等浅层学习上,将难以适应新时代的发展。因此,教师需要引入新的教学观念,不断探索新的教育教学方法,引导学生深入了解知识,主动学习知识、应用知识,不断助推学生的发展,使学生成为信息科技时代有竞争力的人才。

本案例选择七年级信息技术的教学实践部分内容开展教学活动,由贵阳市某中学优秀教师L老师执教。由于信息技术课程学习时间有限,且受到传统教学的影响,在初中Excel相关教学中学生被动学习的问题凸显,教师通常以讲练法为主,学生课上能模仿完成作品,但课后容易忘记,学习兴趣不高;有的学生操作过于死板,情境稍微有所改变就无法正确地使用所学的Excel知识和技能来解决具体问题。因此,本案例将从学生感兴趣的游戏寻找突破口,为学生构建问题解决、批判性讨论以及实践探究等学习活动,把Excel的公式和函数等知识点的教学加入游戏中,设计成Excel的闯关游戏;同时,与学生的实际生活相联系,以学生熟知的健康数据、体重指数等为计算分析对象,渗透公式、函数等计算思想,引导学生运用Excel知识去解决生活中的实际问题,促进学生深度学习,培养学生的问题解决等高阶思维能力。

---

① 蒋永贵.论深度学习真实发生的表征及其课堂教学实现策略[J].上海教育科研,2021(10):19-22.

一 教学目标和内容

"新课程与新教材"要求实现以高阶目标、高度投入为特点的深度学习,这种深度学习指向学生思维品质的改变,具体包括充分理解情境背景的批判性思维和善于理解复杂元素的系统性思维。[①]基于此,L老师在教学设计时以学生为中心,重新思考了以下问题:(1)"为什么学"的问题,即基础理念,对背景、教材、学情进行了充分分析;(2)"学什么"的问题,即学习目标是什么,重难点是什么;(3)"怎么学"的问题,这是教学设计的核心问题,与教师的教密切相关,即教师通过何种策略和方法才能使学生掌握教学内容,达到教学目标。初中信息技术课程提倡培养学生的信息意识,使学生掌握信息技术的基本知识与技能,为适应信息社会的学习、工作和生活打下必要的基础。学生要适应信息社会的生活,就必须提高自身的信息素养。

(一)教学目标

1.信息意识

(1)通过微视频结合Excel闯关任务,掌握Excel中的公式和函数的使用方法;

(2)将Excel知识与实际生活联系起来,提高问题解决能力,能够根据实际需要,自觉地寻求恰当的函数或公式对数据进行分析和处理。

2.计算思维

(1)通过自主探究,体验函数与公式的区别,归纳出利用函数和公式解决问题的方法和步骤;

(2)培养严谨的思维能力,形成优化算法的思想,体会高效运算函数解决问题的过程和方法。

3.数字化学习与创新

(1)合理利用数字化学习环境,自主探究或与同伴协作学习,养成数字化学习的方式;

(2)能够将数学思维解决问题的方法与高效运算函数相结合创造性地解决生活中的问题;

[①] 丁奕,林琦."双新"背景下学科教与学的变革路向[J].上海教育科研,2022(2):82-87.

(3)针对不同的实际问题,能够正确运用函数或公式来解决问题。

4.信息社会责任

(1)通过利用公式和函数解决问题,认识信息科技发展对社会进步和人们生活的积极影响;

(2)在信息活动中,具有基本的判断能力和信息安全意识,遵守基本的信息法律法规,按照社会公认的信息伦理道德规范开展信息活动。

根据教学目标,确定了本案例的教学重难点。教学重点是Excel中公式和函数的使用。教学中教师将通过自主探究、游戏法等教学法来突出教学重点。教学难点是Excel数据分析与应用。教学中教师将引导学生利用小组合作探究、制订健康计划等方式来突破难点。

(二)教学内容

本案例教学内容是清华版初中信息技术七年级下册第二单元第四课。本节课是对上节课内容Excel基本操作的进一步深化,是在学生已经掌握了该软件相关基本操作的基础上建立的高层次学习任务,目的在于进一步培养学生对数据进行计算与分析的能力。该教学内容在本单元中起承上启下的作用。教材中本课主要知识点是公式和函数的使用,教材只提供学科知识内容,考虑到七年级学生对Excel的使用有一定基础,学生思维能力较强,对纯粹的Excel基本操作感觉乏味,但是该阶段学生对游戏很感兴趣,因此,为促进学生高阶思维的培养,L老师以新理念为指导,寻找教材中学科知识的生长点,将学科知识和生活密切相连,将数据在健康生活中的应用设计成游戏,引导学生在真实的问题情景中实践,在探究和解决问题的过程中获得知识和技能,发展学科素养。

二 实施对象

本案例选自贵阳市某中学优秀教师L老师所教的七年级5班的学生,班内超过50%的学生来自城市,计算机基础较好,大部分学生已经具备基本的信息素养,能够熟练地使用键盘和鼠标,并且他们的接受能力较强,具备自主学习和探究的能力。Office系列办公软件是初中信息技术科目考试的必考知识点,也是学生的必学知识。学生学习Word软件的效果较好,但是觉得Excel的知识点枯燥乏味,特别是涉及函数与公式等,学生只能一味地模仿教师完成课堂练习,容易遗忘所学内容,部分操作如果再次考查会显得很不熟练;还有部分学生对信息技术课的学习主动性不高,经常上课偷偷上网和玩游戏。针对这些现象,L老师进行深刻反思,反复打磨教学设计,课前调查学生喜好,并且从学生感兴趣的游戏入手设计了本案例。

三、教学环境和工具

本案例在多媒体教室和计算机教室开展教学活动。教师使用希沃白板5进行PPT播放教学,并使用白板的一些功能加强教学交互。课前采用VB编写小程序,与Excel软件相结合,设置了游戏关卡。为了保障教学效果,课前采用云表格收集了学生的数据作为教学素材,对于一些操作步骤还提前设计录制了微视频。在教学过程中,教师通过极域电子教室系统实时观看学生的各种动态。

四、教学过程

本案例以数据贯穿整个教学过程,游戏教学法、自主学习、合作探究为本节课的主要教学方法。本案例的核心观点是:将抽象的数据与具体的生活联系起来。从疫情数据引入,告诉学生数据源于生活,但数据只是生活中的某些现象的某些属性的反映,需要进行获取、测量、存储、加工、处理等。在加工处理过程中,需要有相应的测量工具。本节课所要学习的Excel高效运算函数,实际上就是一种数据加工处理工具,经过处理的数据结果可以反过来指导我们更好地去生活。为了提高学生的学习兴趣,本案例通过Excel游戏闯关任务使学生建构新知,并且与学生的实际生活相联系,以学生的体重指数为计算分析对象,渗透公式、函数等计算思想,以此促进学生问题解决等高阶思维能力的发展,培养其核心素养。

(一)情境导入

为了激发学生的学习兴趣,本节课首先对与疫情、健康相关的内容(从疫情到健康,从健康到数据信息和健康的关系)进行提问,随后播放视频(了解信息社会,了解自身健康,了解自身健康数据),引导学生关注数据与健康,引出主题"数据与健康",引出新课"从数据看健康——认识高效运算的函数"。

紧接着,教师向学生介绍今天的学习内容是通过通关Excel表格的形式完成教学,介绍课堂任务通关表的使用方法和通关方法,并且还给学生展示课前学使用云表格提交的数据,引导学生观察分析数据的合理性。本环节的设计意图是培养学生的信息意识与批判思维。

(二)闯关游戏

在闯关游戏环节,教师将课前通过云表格收集到的数据作为闯关游戏的基础数据。游戏分为四关,前三关为基础关,第四关为挑战关,通过过关的形式提升学生的学习兴趣。本节课的设计亮点在密码环节,学生必须输入密码(正确计算结果)才能进入下一关。这既是一种有趣的游戏,又是对学生学习效果的及时检测。学生只要能够通关就能掌握每关所学的知识,整个教学过程采用游戏法将四个关卡串联,知识点由浅入深,环环相扣,分层教学。

1.第一关:身型大比拼(Excel中公式法的使用)

这一关的设计意图是突出重点——公式法。要求学生观看微视频1,用微视频1中的加法公式(累加的方法)完成第一关表格的计算,目的在于让学生自己体验累加的方法,为后面体现求和函数的高效做铺垫。教师给学生下发班级部分学生的基本数据,让学生计算这部分学生的平均身高与平均体重。学生观看微视频1后,自主完成任务。教师让学生说出微视频1中的"通关攻略",并带领学生重点学习易错点与难点知识。以下是教学片段。

师:你们觉得自己胖不胖?大家知道我们全班同学的平均身高和平均体重是多少吗?你的身高和体重比平均值大还是小呢?

生:不知道,但是我们可以计算。

师:对的,课前老师搜集了同学们的基础数据,但是老师还没来得及计算平均值,需要大家帮我计算。

生:没有计算器。

师:我们的Excel软件也可以进行计算,下面老师给大家发送微视频1,大家自主学习微视频1,用微视频1中的加法公式完成课堂任务通关表第一关,看谁最先获得"通关密码"。

此阶段自主学习时间为5分钟,这时教师巡视指导,观察学生的操作,了解学生的易错点。

师:我看有些同学已经成功获取了第一关的"通关密码",但是也有很多同学出现了很多问题,下面我们一起来分析同学们遇到的问题。

此阶段教师带领学生一起总结归纳他们在操作过程中出现的典型错误,一起学习"通关攻略"。

2. 第二关:我型我秀(Excel中函数法的使用)

第一关只要求学生计算出部分同学的平均身高与体重,第二关教师要求学生花相同的时间计算全班同学的平均身高与体重。这时学生发现时间不够用,教师趁机引出函数法的使用,让学生自主体验函数的高效,并引导学生对两种方法进行对比,并回答出什么情况下函数比加法公式更高效。本阶段教学从"讲授"走向"体验",帮助学生感受与体验知识发现过程中的思辨和价值导向。

师:恭喜同学们成功拿到"通关密码"来到第二关,刚才我让大家计算5个人的平均身高与体重,我看到很多同学速度非常快。现在我们需要计算出全班同学的平均值才能拿到"通关密码",看哪些同学能够率先完成任务。

当学生使用第一关的加法公式(累加的方法)完成计算时,会发现工作量很大,时间不够用,从而不能完成任务。此时教师顺势引出函数,并要求学生观看微视频2,用微视频2中求和函数的方法完成第二关表格的计算,从而让学生体验函数的高效性。

师:我看到很多同学都在抱怨数据太多了,时间不够用。温馨小提示:其实,Excel软件有很多种计算方式,相信预习过的同学会发现,今天我们会学习高效运算函数,那函数法到底有多高效呢? 能否帮助大家在短时间内完成任务呢? 这就需要同学们仔细学习微视频2,用微视频2中求和函数的方法完成第二关表格的计算。大家开始吧!

此阶段学生的自主学习时间为6分钟,这时教师巡视指导,观察学生的操作,了解学生的易错点。

师:从微视频2中我们学习到了哪两种Excel中求和的方法?

生:公式法与函数法。

师:你们认为哪一种方法更高效?

生:两种都差不多。

生:第一种。

生:第二种。

师:同学们计算了第一关5个人的平均值,还计算了第二关全班同学的平均值,那第一关的公式法在第二关还同样快吗?

生:计算全班同学的平均值时,使用函数法会更加高效。

此时教师开始对函数进行详细讲解,说明公式法和函数法的适用场合,并且详细讲解学生的易错点。在本关教学中,教师不是直接给出问题解决思路,而是让学生积极思考与探索,关注学生学习过程中的体验活动,让学生亲历和感悟公式法和函数法的使用效果并做出对比。

3. 第三关:小数据大智慧

教师要求学生回看微视频1和微视频2的内容,结合前两关任务的游戏体验,自主探究,拓展完成除法公式的计算,完成第三关表格的计算。

师:同学们,接下来的第三关需要你们计算出表格中的发病概率,并且找到发病概率最大的体重指数是多少? 温馨提示:微视频1中累加的方法是上面单元格和下面单元格进行累加,能不能用两个单元格相除呢? 微视频2中求和函数下拉菜单中除了求和还有其他什么函数呢? 请同学们仔细观察。

	随访人数	2型糖尿病发病人数	发病概率
体重指数(18.5~23.9)正常	32828人	151人	
体重指数(24~26.9)超重	25589人	266人	
体重指数(27~29.9)肥胖	10252人	195人	
		分析体重指数和发病概率的关系	

三、小数据大智慧
体重指数与2型糖尿病发病概率(数据来源于《中华预防医学杂志》2016年第50卷第4期)

图1　PPT内容(第三关任务)

这时教师巡视指导,观察学生的操作并了解学生的易错点。接着教师引导学生思考如何快速录入数据、减少重复操作,从而引入拖动填充柄的方法,快速高效完成表格,让学生体验成功,激发学生的学习兴趣。学生完成后,教师详细讲解错误原因(区域选择问题)、函数结构等重难点,然后带领学生分析体重指数与发病概率的关系,引导学生关心自己的体重指数,注意身体健康。

4. 第四关:我型我塑

最后一关表格要求学生合作探究,交流讨论出体重指数的计算公式,并计算自己的体重指数,制订健康计划,并完成作品分享。由于数据涉及自身,可以大大激发学生的学习兴趣。这一环节创设与学生真实生活接近的情境,增加学生对新课学习的投入程度,学生的反映较好。具体过程如下:

首先,教师给学生展示几位同学的体重指数案例,然后引导学生观察体重指数与身高、体重的关系,鼓励学生积极讨论探索出体重指数的计算公式,并根据自身情况拟定健康计划,然后各组成员代表分享健康计划。

师:同学们,通过前面的学习,我们都知道体重指数反映了我们的健康状况,那大家想不想知道自己的体重指数?

生:想!

师:老师给大家提供了一些同学的体重指数案例,你们能根据这些案例找出体重指数与身高、体重之间的关系吗?

师:同学们,接下来给大家6分钟时间,小组内可以展开讨论,探讨体重指数的计算公式,并根据自己的体重指数和他人的建议制订健康计划。待会儿请各小组来分享你们的健康计划。

★健康计划(体重指数_____ 体重指数情况_____)

自我调整计划(如加强锻炼、合理膳食等)	
实施步骤	
同伴建议	

图2 PPT内容(第四关任务)

此时小组成员交流探讨,观察案例数据,进行推演计算,推理出体重指数的计算公式,并结合自身数据和小组其他成员数据,提出合理的建议,合作完成健康计划。本环节为学生提供了深层次的探索和学习的机会,让学生将知识转化为能力并迁移应用到真实情境中解决复杂问题,进而培养学生的高阶思维能力。

师:同学们,你们的健康计划完成得怎么样?下面请各小组代表来分享你们的健康计划,请说明你们小组是如何探究得到体重指数计算公式的,你们的健康计划制作依据是什么。下面请同学们对你们的健康计划进行介绍。

学生完成健康计划制订后,教师引导每个小组选出小组代表进行交流分享。各小组可结合他人意见获得新的创作灵感或是根据建议进行修改,对计划进行进一步的优化。通过这一环节,学生可以获得对知识的深入理解,也能培养和锻炼合作探究能力、沟通能力和批判性思维。

(三)课堂评价与总结

教师采用教师评价、小组评价和个人评价的方式检验学生的学习效果,并带领学生总结本节课的知识点与易错点。首先,教师对各小组提交的作品进行评价,并对学生在整个项目学习过程中的表现,以及展示环节表现出的逻辑思维、语言表达能力等进行评价;接着,教师让各组派出代表分享学习过程的心得与感受(本组出现的问题与困难,是否得到解决,是如何解决的);最后,教师让小组长对本组成员的表现进行评价,对其他各组的作品进行点评,实现优势互补。本环节的设计意图是让学生通过自评和互评,反思作品是否达到目标,培养学生的批判反思能力。

★闯关统计　小组评价(组长填写)

序号	通过人数	通过率	你组亮点
第一关			①全部完成　②自主探究
第二关			①全部完成　②使用多种方法　③自主探究
第三关			①全部完成　②使用多种方法　③自主探究　④其他_____
第四关			①全部完成　②使用多种方法　③同伴相互帮助　④其他

★闯关统计　个人评价(组员填写)

序号	是否通过	遇到的问题	解决的方法
第一关			①观看微视频　②自主探究　③询问老师　④其他_____
第二关			①观看微视频　②自主探究　③询问老师　④其他_____
第三关			①观看微视频　②自主探究　③询问老师　④其他_____
第四关			①观看微视频　②同伴相互帮助　③询问老师　④其他

图3　PPT内容(评价表格)

五 教学评价和反思

(一)教学评价

对整个案例的教学效果的评价主要采取了对深度学习能力、学生作品进行评价的多元方式。本案例对深度学习的具体能力进行了划分,主要分为认知、人际和个人这三大领域,具体包括掌握核心学科知识、批判性思维与问题解决、有效沟通、合作、学会学习、学习毅力这六大能力。在对学生作品的评价上,主要面向认知领域,是对核心知识的掌握、批判性思维和问题解决能力进行的评价。课程结束后,教师对各小组提交的小组评价表格进行了统计,具体通过情况如图4所示。从整体上看,四关通过率均超过80%,第二关、第四关的通过率超过了90%。

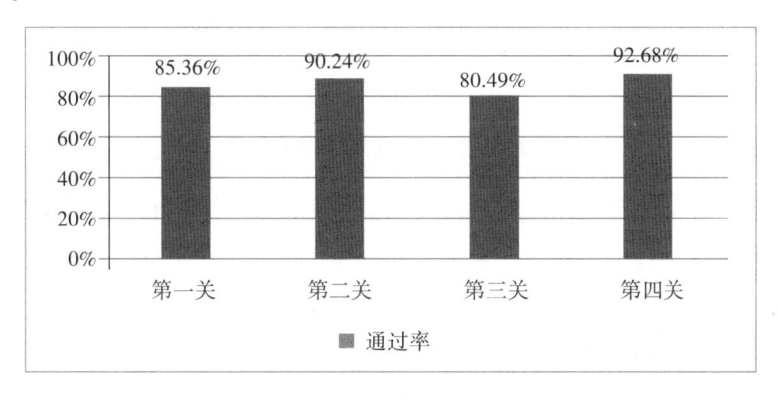

图4 学生各关卡通过率

通过图4可知,在教师的引导与同伴的支持下,大部分学生能够完成本节课的教学任务。第一关和第二关的通过率说明大部分学生能够独立使用Excel中的公式和函数,掌握了本节课的核心知识;第三关的通过率则表明有80.49%的学生能够自主拓展完成除法公式的计算;最后一关有92.68%的学生通过,经小组探究推演出了体重指数计算公式,并能结合自己的数据和其他成员给出的合理建议,合作完成了健康计划的制作。这说明通过本节课的学习,学生不仅掌握了Excel的核心知识,还能够将知识转化为能力并迁移应用到真实情境中解决实际问题。

课程结束后,在学生提交的健康计划的情况分析中,将学生的作品完成情况分为5类:(1)基本操作未及格(体重指数未计算正确);(2)基本操作及格(体重指数计算正确,无改善建议);(3)基本操作优秀(体重指数计算正确,改善建议不完整);(4)操作优秀(体重指数计算正确,改善建议完整);(5)操作非常优秀(体重指数计算正确,改善建议完整、多样化、有创新)。具体情况分布见图5。

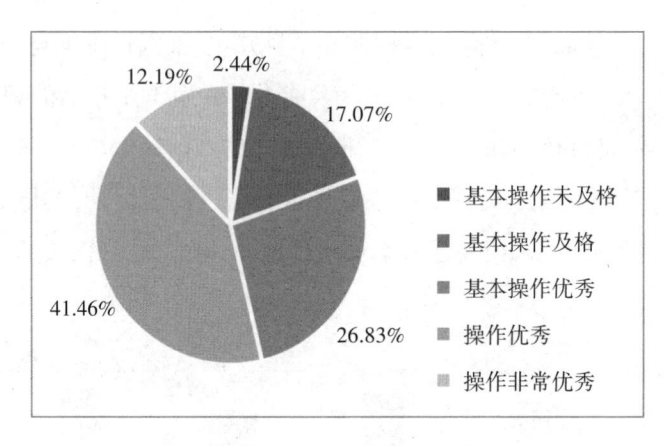

图 5　学生作品完成情况分布图

从图 5 可知,学生的基本操作几乎没有问题,而且大部分学生能做到体重指数计算正确,改善建议完整,甚至有一部分学生的改善建议比较多样化,具有创新性。

从教学过程中学生的表现来看,与以前相比,本节课学生对课堂任务的理解、分析更加明确;在操作环节会主动观看微视频,自己总结重点;积极参与小组合作探究,具有较强的探究能力以及解决问题的能力;更愿意从网上搜索素材,在对素材的选择和判断上更加快速准确,具有较强的创新意识。在课堂展示环节,大部分学生对作品整体思路的说明完整清晰,并能够结合他人建议进行再次调整和修改。以上分析表明,本案例的实施有利于学生对核心知识的获取,有助于学生批判性思维和解决实际问题能力的发展。

研究还通过深度学习水平问卷来评价本案例的教学实践效果。结合本案例的研究对象和研究目的,采用陈小青测量深度学习效果的深度学习水平问卷[①],从问题解决能力、批判思维能力、创新能力、团队协作能力、有效沟通能力、情感态度 6 个维度进行调查,各维度由 4 个题项组成,每道题均采用李克特 5 级评分法。在案例教学前后,采用该深度学习水平问卷对本班学生进行了调查,并将收集整理后的数据导入 SPSS 软件进行分析,详细情况如表 1 所示。

---

① 陈小青.深度学习视域下初中信息技术 PBL 教学设计与应用研究[D].石家庄:河北师范大学,2022.

表1 学生前后测深度学习能力配对样本 t 检验

维度	（平均值±标准差）教学前	（平均值±标准差）教学后	差值（教学前－教学后）	t	P
问题解决能力	13.49±2.87	17.93±1.59	-4.44	-9.125	0.000**
批判思维能力	9.46±3.31	11.54±1.82	-2.07	-3.774	0.001**
创新能力	13.02±2.64	14.46±1.34	-1.44	-3.572	0.001**
团队协作能力	15.24±2.88	18.68±1.21	-3.44	-7.883	0.000**
有效沟通能力	15.32±2.63	18.90±1.28	-3.59	-7.529	0.000**
情感态度	17.59±1.86	18.78±1.33	-1.20	-3.752	0.001**
深度学习能力（总）	84.12±9.85	100.29±3.85	-16.17	-11.332	0.000**

从表1可知,6个维度和总的深度学习能力7组配对数据的 P 值均小于0.05,且教学后的平均值均高于教学前,可以看出学生的问题解决能力、批判思维能力等在教学后均有显著提升,学生有明显的进步。

结合学生作品和深度学习能力分析结果来看,在经历了本案例教学后,学生的深度学习能力发生了显著性变化,学生在问题解决能力、批判思维能力、创新能力、团队协作能力、有效沟通能力、情感态度6个方面均有显著的提升,本案例教学表现出积极的作用,有效促进了学生的深度学习。

(二)教学反思

本案例体现了以学生为中心、以教师为主导的课堂结构。通过课堂教学实践,针对课堂的特点,L老师进行了以下教学反思。

1.提供资源让学生自主学习

本节课为学生提供了自主学习的资源,让学生通过微视频自主学习知识,把课堂时间交给学生,给足学生自主探究和练习的时间。通过本节课的学习,学生学会了使用Excel中的公式和函数计算分析生活中的数据。学生通过对数据的收集、分析、运用提升了自身的信息意识,提高了深度学习能力。此外,通过本节课的学习,学生了解了自己的身体情况,并且建立了健康生活、关心家人健康的意识。

2.设置关卡让学生进行自主评价

采用Excel通关的方法,学生必须运用公式或函数计算出本关密码,才能进入下一关,这既是一种游戏的体验过程,又是学生对自己学习情况的自我了解过程。学生自评的设置促使学生在动手中思考,在思考中实践,在实践中内化新知,获得数据处理的能力。大部分学生能够完成通关任务,只有个别学生没有完成。

3. 课程时间的分配

本节课各教学环节时间分配合理,但在具体实施过程中也出现了一些状况。在学生观看微视频时,由于学校网络延迟,学生机网络卡顿,稍做调试后还是决定采用教师机广播,导致最后的课堂拓展环节时间较少,但总体上完成了教学任务。在今后的教学中应当充分考虑此类突发情况,准备好相关对策。

4. 活用教学形式,激发学生学习兴趣

本案例由浅至深设置任务难度,为学生分析问题提供思维"支架",层层突破。本节课结合教学内容设置Excel闯关,攻克重难点,让学生在通关中掌握新知识,还给予学生自主探究、合作探究的时间,在培养学生高阶思维能力的同时,很好地激发了学生的学习兴趣。

作者简介: 李娟,贵州师范大学教育学院研究生;吕春宇,贵阳市花溪第一中学初级教师;李高祥,贵州师范大学教育学院副教授。

面向核心素养提升的高中信息技术课程活动设计

——以"用枚举算法解决问题"为例

章敏　张妮

学科核心素养是当前高中信息技术课程的育人指向。核心素养是人应具备的素养中最关键、最必要的共同素养,是一种跨学科素养,是知识、技能和态度等的综合表现。[①]2020年,教育部印发《普通高中信息技术课程标准(2017年版2020年修订)》(以下简称"新课标"),提出要以培养学生数字素养与技能为目标,系统设计学习活动。2021年10月,习近平总书记在十九届中央政治局第三十四次集体学习时明确指出:"全民、全社会都要加强数字素养与技能的提升。数字素养与技能是社会主义事业建设者的一种必备素养和技能。"面向数字时代经济、社会和文化的发展要求,培养学生数字素养与技能是当前信息技术教育的重点与难点。

新课标对高中信息技术学科核心素养做了全面细致的阐述,教师教学要从关注学生知识的掌握转向培养学生运用信息技术解决问题的能力和数字化创新能力,[②]落实立德树人的根本任务。新课标印发后,如何正确理解高中信息技术素养的核心内涵,如何使教师转变传统的教学观念,由知识本位到学生本位,重点关注对学生核心素养的培养,成为当前教师培训的重要任务。当前部分信息技术教师仍采用"满堂灌"的教学方式,未重视核心素养的培养。简单无趣的传统课堂活动不仅会大大降低学生的学习积极性,使学生觉得学习是一种枯燥乏味的活动,也会使学生始终处于机械化的学习中。信息技术学科核心素养的培养亟须学习活动的支持,本案例以活动共同体、活动主题、活动目标、活动评价、活动方式为活动要素,进行面向核心素养提升的高中信息技术课程活动设计,为教师设计高中信息技术课程活动提供有力参考,助力打造高中信息技术课程的健康发展生态。

---

① 施久铭.核心素养:为了培养"全面发展的人"[J].人民教育,2014(10):13-15.
② 肖广德,魏雄鹰,黄荣怀.面向学科核心素养的高中信息技术课程评价建议[J].中国电化教育,2017(1):33-37.

一、教学目标和内容

（一）教学目标

根据新课标的要求，课程活动目标的设定应以知识与技能的掌握为考查目标，以培养学生核心素养为主要目标。每一项特定的内容知识都要完成相应的素养培养任务。教学目标的制定要注重联系学生数字生活体验。本案例的教学目标包括以下几个方面。

1. 信息意识

(1) 通过实践活动，归纳出枚举算法的基本概念和步骤；

(2) 采用变量条件减少方法，提高运算效率，认识到优化枚举算法的重要性。

2. 计算思维

(1) 通过破解密码，归纳出枚举算法解决问题的方法和步骤；

(2) 掌握枚举算法解决问题的一般步骤，形成严密的逻辑思维能力。

3. 数字化学习与创新

(1) 能够利用数字化工具，借助数字化平台开展自主与合作学习，进行创新创造；

(2) 能够将数学思维解决问题方法与枚举算法相结合创造性地解决生活中的问题。

4. 信息社会责任

(1) 通过利用枚举算法解决问题，认识枚举算法优化在生活中应用的重要性；

(2) 在信息活动中，认识到保护信息安全的重要性，遵守相关信息安全法规。

（二）教学内容

本案例的教学内容选自《信息技术 必修1 数据与计算》（人民教育出版社、中国地图出版社2019年出版）第二章"算法与程序实现"中第四节"基于枚举算法的问题解决"的内容。枚举算法是一种寻找问题所有可能的解决方案，并一一进行检验，直到最后找到符合的答案的算法。枚举算法主要是for循环语句及其嵌套的应用，该知识点在上一章节中已经学过，这为后面算法程序更深层次的应用奠定了基础。本案例对学习主题进行了学科融合设计，通过设置"破解密码"将Python枚举算法与数学知识相结合，让学生在利用数学知识层层破密的过程中逐渐领悟枚举算法优化思想及其便利性，理解枚举算法解决问题的步骤。

二 实施对象

信息技术课堂学习活动是一项复杂的活动,活动共同体处于一个复杂的活动系统中。本案例活动共同体由主体、客体、分工、规则组成。主体指的是数字化环境支持下从事学习活动的个体或小组,本案例中指学生或学习小组,也包括个体学习与小组学习的指导者,即教师;客体则指的是数字化学习中的学习资源与疑难问题。

本案例的教学对象是贵阳市某高二年级的学生,该年级的学生具有以下特征:在心理发展方面,已经能够进行抽象思维,并具有一定的推理分析能力;在基础知识方面,通过前一阶段的学习已经掌握了用流程图描述算法、Python基本数据类型、程序的三大结构以及解析算法,能用Python写简单的程序;在前面的Python程序设计循环语句的学习中,已经初步接触到了枚举算法,但未进行系统的学习。本案例将枚举算法以算法的形式展现给学生,以加深学生对枚举算法的认识,掌握枚举算法的一般步骤,能结合问题实际情况对枚举算法进行优化。

三 教学环境和工具

本案例在计算机教室开展教学活动,计算机教室配备了60台学生端电脑,一台教师端电脑和交互式一体机。本案例将会使用云课堂多媒体教学管理软件平台进行文件的发放和接收。学生主要在Python3.9.0环境下进行程序代码编写。

云课堂多媒体教学管理软件是一款专业的教学管理系统,支持教学的镜像和屏幕广播函数,能完成相关的广播操作,支持文件的快速分发,支持远程命令,还可以完成广播的演示支持、锁定当前屏幕操作等。

Python 3.9.0是Python编程语言的最新主要版本,它包含许多新功能。Python是一种面向对象程序设计的语言,从开发至今已经经过了长达10年的检验,软件成熟且稳定。Python语言简洁易理解,能够编写各种复杂的程序,几乎能够在所有的系统中使用。

四 教学过程

本课以"破解密码"为活动主题,以"任务驱动"为活动方式,学生利用数学分析能力、抽象思维能力对任务进行层层推进,在完成任务的过程中学会运用数学思维分析问题,充分利用问题条件进行合理的程序代码优化,从而掌握枚举算法的三个关键步骤、结构以及基本模式。

(一)导入

导入环节的目的是激发学生的学习兴趣。传统的信息技术课堂一般采用直接引入法来点明本堂课的教学主题。本案例在导入阶段运用课堂点名器抽取学生玩"寻找幸运图标"的游戏,以游戏获胜的原理(逐一点击图标直到找到正确的图标)引出本节课的教学内容"用枚举算法解决问题"。通过设置游戏引出本节课的内容,激发了学生的学习兴趣,打破了常规课堂直接引入课堂主题的做法;课堂点名器的原理与枚举算法一致,与后续的学习相呼应(如图1)。

图1 "寻找幸运图标"游戏

师:在上课之前,老师想邀请同学们来玩一个游戏,名字叫"寻找幸运图标"。请看屏幕,游戏规则是这样的:在下面的15个图标中,有1个是幸运图标,请你找出来。点击图标,如果是幸运图标,你点击后它会继续留在屏幕中,而且会给你掌声和点赞;如果是非幸运图标,你点击后它会飞出屏幕。游戏时间为10秒钟。游戏规则大家清楚了吧? 接下来老师就要用课堂点名器从各位当中找出玩家。请×××同学上来。在开始之前我想问一下:"你准备用什么方法来玩这个游戏?"

生:一个一个地点击试探的方法。

师:准备好了吗?

师:我们用掌声祝贺他顺利闯关。刚才这位同学说他是用"一个一个地点击试探的方法"顺利地完成这个游戏的。这种思想在我们算法设计中被称为枚举算法,今天我们就一起来学习"用枚举算法解决问题"。

（二）新课讲解

1.枚举算法的概念

学生掌握枚举算法的概念,对于接下来利用枚举算法思维设计程序有着非常重要的作用。传统的课堂通常采用直接讲授式的方法向学生阐明枚举算法的概念,学生往往很难理解其真正的含义,究其原因是未能联系学生生活实际。本案例采用举例子的方法讲解枚举算法的概念,使学生能更加深刻透彻地理解枚举算法的概念,从而认识到利用枚举算法解决问题对社会和人们生活的影响,以培养学生的信息社会责任。

师:这种将求解对象一一列举出来,然后逐一加以分析、处理,并验证结果是否满足给定的条件,枚举完所有对象,问题将最终得以解决的方法,称为枚举算法。

师:这个概念中有几个关键词——所有对象、一一列举、逐一分析、处理、验证、求解对象。它们就是枚举算法的核心要点。请同学们列举生活中使用枚举算法的例子。

生:破解密码。

师:我们生活中使用枚举算法的例子很多,如抽奖小游戏、百钱买百鸡问题、高铁检票等,这些都是枚举算法在生活中的应用。接下来我们将通过一个例子来具体看看如何用枚举算法解决问题。

2.用枚举算法解决问题的方法和步骤

学习用枚举算法解决问题的方法和步骤,需要采用学生本人亲自归纳总结的方式,而不能一味地灌输给学生。本环节通过设置任务一"破解两位数字密码问题",培养学生的信息意识与计算思维。首先让学生通过代码填写初步了解利用枚举算法破解密码的一般程序代码,然后通过层层递进,引导学生归纳枚举算法解决问题的一般步骤。

任务一　破解两位数字密码问题

分析任务一"破解两位数字密码问题"(如图 2)。问题描述:小明同学有一个加密的 Word 文档,很久没有用了,忘记了密码,但他能肯定地告诉你密码是一个两位数字,请你帮他破解密码。思考并回答以下问题:

（1）要求解的问题是什么?

（2）涉及哪些未知数和条件?

(3)能用常用的数学方法解决吗？

(4)适合用枚举算法吗？

图2　破解两位数字密码问题

学生回答完上述问题后,教师利用破解密码软件,演示破解密码过程并带领学生分析程序代码(如图3)。

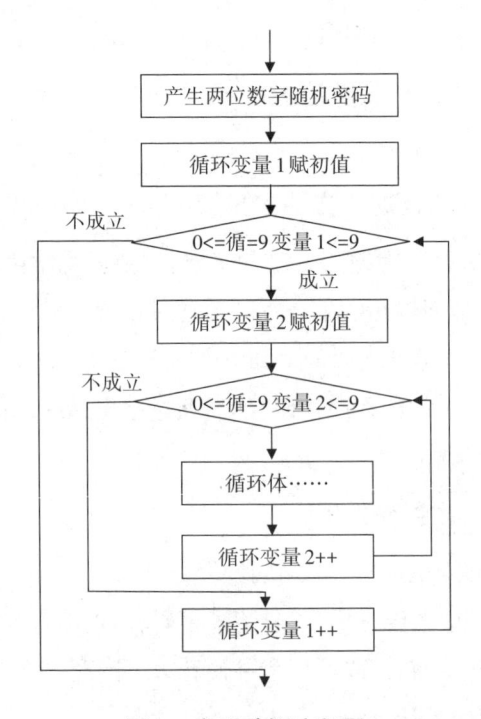

图3　密码破解流程图

师:我们一起来看看这个过程。这个密码是随机产生的,我们来破解这个密码把数字显现出来。

师:根据刚才的分析,我们可以用前面所学的循环嵌套来实现,请看流程图。通过双重循环列举出所有的两位数字密码情况,逐个验证。程序基本模式应该是这样的,for....

师:请同学们根据上面的分析,填充核心代码(打问号的地方)并调试运行。做完的同学请完成问卷星上的作业"用枚举算法解决问题",大家打开记事本文件,里面有这个作业的网址,将它复制粘贴在网址栏里打开,完成后提交。

师:很多同学都完成了这两个任务。首先我们请×××同学来演示一下他的程序。再来看看问卷星上同学们的作业情况:第一题有35人选择正确,5人选择错误。第四题错得比较多,老师重点讲解一下。作业部分总体来说大家完成得非常好。

师:通过解决任务一,我们来总结一下:枚举算法很容易想到,实现起来难度也不大,基本上是"直译"(直接翻译),但是当数据规模很大的时候,这种算法效率就会很低,怎样用枚举算法能更快更准确地找到答案呢?我们要对枚举算法进行优化。怎样优化?刚才我们讲到了枚举算法的三个关键步骤变量、范围、验证条件。那我们能不能从这三个角度来对程序进行优化呢?接下来进入我们这节课的第二个任务"百钱买百鸡问题"。

3.算法的优化

在本环节,让学生合作完成百钱买百鸡任务,用传统算法、优化算法一、优化算法二、优化算法三、优化算法四这五种方法来解决问题,循序渐进,层层推进。学生在完成任务的过程中可以体会到优化能够大大提高枚举算法的效率,培养了合理利用数字化学习环境、自主或与同伴协作学习的能力,并逐渐形成数字化学习的方式;同时,学生在分析问题、解决问题的过程中也形成了严谨的计算思维。

任务二　百钱买百鸡问题

问题描述:公元前5世纪,我国古代数学家张丘建在《算经》一书中提出了百钱百鸡的问题:鸡翁一值钱五,鸡母一值钱三,鸡雏三值钱一。百钱买百鸡,问鸡翁、鸡母、鸡雏各几何?

请分析以下问题:

(1)要求解的问题是什么?

(2)涉及哪些未知数和条件?

(3)能用常用的数学方法解决吗?

师:这个问题有4种解决方法:原始枚举算法、优化算法一、优化算法二、优化算法三。注意这4种方法,请大家按照学案上的思路一步一步地完成。如果有问题,同学之间可以相互讨论,也可以举手问老师。

教师巡视,帮助有问题的学生,邀请一位学生将答案写在黑板上,并分享结果。

师:接下来老师用表格总结一下刚才同学们的分享。我们可以看到,传统的枚举算法:枚举变量的个数是3个,取值范围大,枚举次数最多为……优化算法一:枚举变量的个数仍然是3个,但是取值范围变小了……通过对比,同学们可以明显地看到优化与不优化效果是完全不一样的,循环次数越少,说明程序运行时间越短,效率也就越高,因此优化对于枚举算法来说是非常重要的。下面请一位同学来说一下:你学会了哪些优化算法?

生:主要是缩小枚举范围,还有减少循环变量。

教师总结优化枚举算法的方法与枚举算法的特点。

(三)拓展延伸

学生利用今天所学的知识,完善、调试出破解3位、4位、5位、6位数字密码的程序,并填写在表格中。本环节设置的目的是学生在学会两位数字密码代码的编写之后,通过完成更多位数字密码破解任务巩固利用枚举算法解决问题的知识。更多位数字密码破解是学生对枚举算法的概念、方法步骤、优化的一个综合应用,要求学生能够将数学思维解决问题方法与枚举算法相结合创造性地解决生活中的问题,从而培养学生的数字化学习与创新能力。

(四)作品展示

学生展示程序代码,依据评价量表(如表1),采用自评、互评、教师点评的方式,评价学生的代码作品。

表1 评价表

	"Python程序设计"学生技能实训评价表					
班级：		姓名：	学号：			
评价内容		技能实训任务:破解密码代码设计				
^		评价项目	分值	自评	组评	师评
评价标准	操作技能（70%）	1.调试出破解3位数字密码的程序	10			
^	^	2.调试出破解4位数字密码的程序	10			
^	^	3.调试出破解5位数字密码的程序	15			
^	^	4.调试出破解6位数字密码的程序	15			
^	^	5.能够对代码进行优化	20			
^	职业素养与情感态度(30%)	1.学习态度	10			
^	^	2.能够积极与同伴交流	10			
^	^	3.自主学习探究	10			
		合计	100			

（五）课堂总结

课堂总结环节，教师要发挥学生的主体性，引导学生一起回顾本节课的知识点。教师以图表的方式将本节课的知识点清晰呈现给学生，使学生对本节课的知识有一个系统的梳理。教师要着重对本节课的难点——算法的优化进行总结，以加强学生对算法进行优化的意识。

（六）课后作业

根据本节课"百钱买百鸡问题"解决思想，完成鸡兔同笼代码编写以及优化。

五 教学评价和反思

（一）教学评价

课程结束后，基于核心素养的内涵从三个方面对学生进行活动评价：(1)知识与技能评价。学生利用问卷星完成课堂作业"用枚举算法解决问题"，检验学生对枚举算法概念的掌握。(2)数字化工具与资源管理评价。通过让学生利用Python程序编写与优化鸡兔同笼代码,考查学生利用数字化工具解决问题的能力。(3)学生数字化学习应用能力。依据作品评价量表,采用学生互评结合教师点评的方式,评价学生的代码作品,综合评价学生的数字化学习与创新能力。

(二)教学反思

本案例对整个课堂活动的设计达到了提升学生核心素养的效果,无论是教学目标的设定还是教学过程的设计,都紧紧围绕着核心素养的四个内容。教学开始前为学生创设了基本的数字化学习环境,教学过程中首先利用"寻找幸运图标"的游戏引入教学内容,极大地激发了学生的学习兴趣。对于枚举算法的概念,本案例采用举例子的方法,使学生能更加深刻透彻地加以理解,从而认识到利用枚举算法解决问题对社会和人们生活的影响,以培养学生的信息社会责任。对于教学难点——枚举算法的步骤,首先让学生通过代码填写初步了解利用枚举算法破解密码的一般程序代码,然后通过层层递进,引导学生归纳枚举算法解决问题的一般步骤,通过实践活动培养了学生的信息意识与计算思维。而对于算法的优化,改变了以往传统直接讲授的方法,让学生用传统算法和四种优化算法合作完成百钱买百鸡的任务,使学生在这种循序渐进的过程中,逐步掌握优化算法的核心思想,培养了学生合理利用数字化学习环境、自主或与同伴协作学习的能力,养成数字化学习的方式。另外,学生在分析问题、解决问题的过程中也形成了严谨的计算思维。

在前面的Python程序设计循环语句的学习过程中,学生已经初步接触到了枚举算法,但未进行系统的学习。通过本案例"破解密码"主题的学习,学生一步步亲身体验了运用算法解决问题的步骤,认识到了优化枚举算法的重要性。枚举算法虽然在生活中应用广泛,但是其步骤较为烦琐,因此教学重点应放在引导学生体会优化枚举算法的核心思想上。在拓展延伸部分设置的破解多位数字密码任务,体现了任务的层次性、梯度性,能够针对不同学习基础的学生提供相应的学习任务,以达到分层教学的目标。

作者简介:章敏,贵州师范大学教育学院硕士研究生;张妮,贵州师范大学教育学院教授。

第二篇

信息化教学实践篇

展示不同环境下信息化教育教学模式的探索和实践成果

项目式协作学习教学实践
——以"教育电视节目制作"为例

冉怀敏

《教育部关于加快建设高水平本科教育 全面提高人才培养能力的意见》明确提出:推动课堂教学革命。以学生发展为中心,通过教学改革促进学习革命,积极推广小班化教学、混合式教学、翻转课堂,大力推进智慧教室建设,构建线上线下相结合的教学模式。因课制宜选择课堂教学方式方法,科学设计课程考核内容和方式,不断提高课堂教学质量。积极引导学生自我管理、主动学习,激发求知欲望,提高学习效率,提升自主学习能力。

教育技术学本科专业根据党和国家对基础教育改革发展以及教师队伍建设提出的战略要求,培养德智体美劳全面发展,具有高尚师德情操和深厚教育情怀,具备较高信息科技学科素养及教育教学实际工作能力,能够胜任中学信息科技教学、数字教学资源开发、数字校园建设管理及教育信息化管理等工作的骨干教师。

本案例结合本专业人才培养方案,根据本课程教学目标,积极改变教学手段、创新评价方法,以项目式协作学习促进学生自主学习能力的发展,提升学生自我管理、主动学习、团队协作的能力。在项目式协作学习中,学生能更深入系统地掌握本课程的知识与技能,以此促进本科教育教学改革,为专业型人才、应用型人才、创新型人才培养提供参考。

一、教学目标和内容

(一)教学目标

1.信息意识

掌握教育电视节目编制的基础理论知识,培养收集素材信息的意识,以及处理素材信息的能力。

2.数字化学习与创新

培养教育电视节目制作实践技能,在开发电视教材的过程中,提升数字化学习与创新能力。

3.信息社会责任

提升教育电视资源鉴赏能力,形成良好的媒体素养,认识到维护媒体信息安全的重要性;培养团队协作及沟通交流能力,培养合理应用教育电视服务于教育教学活动的意识与能力。

(二)教学内容

本课程的教学内容较为繁多,主要包括:(1)电视教材的选题与策划;(2)电视教材视听化教学设计;(3)电视教材摄制方案编制;(4)电视教材拍摄实践;(5)电视教材编辑实践;(6)电视教材评价。

二 实施对象

本案例的实施对象为教育技术学专业本科三年级学生。该年级学生已经学习的相关专业课程,包括"影视艺术概论""电视摄像技术""影视编导理论与实践"等,已具备广播电视技术方面的基础理论及基本技能。同时,学生在教育电视技术方面具有浓厚的学习兴趣及较高的学习热情,具有小组协作学习的经历,但不具备开发教育电视资源的基础。

三 教学环境和工具

本案例的教学环境包括多媒体教室、多媒体计算机教室、演播室等。教学工具与平台包括高清摄录一体机、EV等录屏软件、Edius与剪影等编辑软件。其中,高清摄录一体机主要用于电视教材的画面拍摄、声音采集,为后期合成提供音视频素材。高清摄录一体机的分辨率应在1920*1080以上,信噪比为60 dB,加配专业无线话筒及信号接收器。录屏软件主要用于多媒体课件的画面录屏,为后期编辑合成提供必要素材。能达到此功能的软件很多,包括Microsoft PowerPoint、Wps PowerPoint等,本案例在教学中使用的录屏软件有EV、Camtasia等。本课程使用的编辑软件有Edius和剪影。Edius主要用于画面后期编辑、声音合成;剪影主要用于同步字幕。本课程在使用主要剪辑平台的基础上,还可以运用其他特色软件辅助,如使用腾讯制影配音等。

四 教学过程

(一)课程准备:项目介绍与团队构建

1.项目介绍

"教育电视节目制作"是教育技术学本科专业三年级专业课程,本年级学生已经具备电视艺术理论知识与摄录编等专业技能。本案例的要点是教育电视之"教育",使用电视技术手段开发系列教学资源。本案例的教学方式是:(1)学生项目式实践+小组协作;(2)教师理论讲解+实践演示。其中,学生项目式实践+小组协作是主线,教师为学生实践的各个环节提供指导与支持,教师不干预小组的具体行动与决策。具体任务为以小组为单位,完成系列电视教材的开发。

2.团队构建

本案例的教学班共有59名学生,由学生自愿组成4~6人的团队,团队成员角色由导演、摄像、教学设计、编辑、主讲人等组成,1人可以承担多个角色任务。全班共分为13个小组,分组情况见表1。

表1 小组人数与组数情况表

小组人数/人	6	5	4	2
组数/个	1	7	4	1

在学生自愿的前提下,主要为5人一组或4人一组;此外,有1个小组为6人,有1个小组为2人。显然,2人一组的情况不符合教师预定的分组规则,教师在课堂上专门就2人一组的问题进行了讨论,建议2位同学主动加入到其他小组,或其他小组主动邀请2位同学加入,但最终均未实现。在尊重学生意愿的前提下,保持2位同学独立成组,同时在后续的项目实践中对该小组的任务分配及工作量进行合理优化,保障其学习任务的完成及相关能力的培养。同一班级的学生在学习、沟通、态度方面呈现较大个性化差异,团队组建不是简单的优势力量的聚集,而是互补提升。

(二)项目策划:选题策划与设计

1.教师的工作

教师直接抛出任务:以电视技术手段开发本专业二年级专业课程"影视编导理论与实践"教材。首要任务是优化该课程的名称与内容目录。小组需要解决如下问题:(1)该课程名称是否合适？应该如何修改？理由是什么?(2)所开发的电视教材的学习对象如何定位?(3)该课程的目录与内容体系。教师所提供的支持包括:(1)讲解电视教材的特征、定位等知识;(2)呈现及解读优秀案例;(3)提供丰富的案例资源。

2.学生的学习活动

学生以小组为单位分工协作,查询相关资料,观摩案例,发表个人见解,积极与教师沟通,完成小组作业并在班级集体学习活动中展示,最终形成该教材的课程名称与目录。在学习活动中,学生表现出较高的学习热情,小组成员之间进行了明确分工,对教师安排的项目任务进行了积极讨论与准备,每个小组均提出了自己的选题与目录。

3.讨论与共识

在小组汇报交流中,学生对相关问题进行了小组立场的陈述及组间激烈的讨论。教师在其中穿针引线,不直接干预、不直接下结论,引导学生的讨论进入更深层次。经过2个学时的课堂讨论,各小组最后基本达成共识,具体过程如下:

(1)课程名称的确定

各小组均提出了自己的课程名称,如"视听节目编导与制作""电视节目编导与制作""教育电视节目制作""影视节目策划与编导""影视节目编导与制作""教育视频编导与制作""影视节目编导理论与实践"等。经过各组的激烈讨论后,决定在"电视节目编导与制作""视听节目编导与制作""影视节目编导与制作"3个名称中做选择。从课程的内涵、覆盖面、发展性等方面综合考虑,最终确定本课程的名称为"影视节目编导与制作"。

(2)学习对象的确定

该电视教材预设学习对象是教育技术学本科专业学生,但考虑到电视教材的稀缺性及传播性等因素,希望有更多学习者受益。经过讨论后确定学习对象为:有志于视听资源开发、影视节目创作且具备一定理论基础的学习者。本电视教材应具有专业化、大众化、普适化等特点。

(3)课程内容的确定

各小组都形成了自己的内容目录且各有特色,基于课程内容的完整性、逻辑性、专业性等考虑,以第四小组的内容目录为蓝本进行修订完善,最终形成了"影视节目编导与制作"电视教材的内容目录(如表2)。

表2 "影视节目编导与制作"课程目录

第0章 课程介绍
第1章 影视节目概述
  1.1 影视节目的概念
  1.2 影视节目的内涵与类型
  1.3 影视节目的现状及其发展趋势
  1.4 影视节目的创作过程
  单元测试(作业等)
第2章 影视节目创作人员及分工
  2.1 影视节目创作人员概述
  2.2 制片人
  2.3 导演
  2.4 编剧
  2.5 摄像
  2.6 编辑
  2.7 其他角色
  单元测试(作业等)
第3章 影视节目创意策划
  3.1 影视策划的概念
  3.2 影视策划的原则
  3.3 影视策划的流程
  3.4 影视策划的内容
  3.5 影视策划文案的写作
  单元测试(作业等)
第4章 影视节目文字稿本的编写与创作
  4.1 影视节目文字稿本概述
  4.2 影视节目的选题
  4.3 影视节目的选型
  4.4 影视节目的选材
  4.5 影视节目的结构
  4.6 文字稿本画面与解说词的创作
  单元测试(作业等)
第5章 分镜头稿本的编写与创作
  5.1 分镜头稿本概述
  5.2 分镜头稿本的格式
  5.3 分镜头稿本撰写的一般原则
  5.4 经典影视案例片段分析
  5.5 分镜头稿本案例分析
  单元测试(作业等)
第6章 摄像基础
  6.1 摄像机的种类与功能
  6.2 摄像机的主要性能指标
  6.3 影视摄像的一般原则
  6.5 固定镜头拍摄
  6.6 运动镜头拍摄
  6.7 声画结合
  单元测试(作业等)
第7章 影视照明
  7.1 影视照明概论
  7.2 常见影视照明器材
  7.3 光效的构成
  7.4 典型布光法与布光风格
  7.5 自然光的应用
  单元测试(作业等)
第8章 影视节目现场拍摄工作
  8.1 导演的场面调度
  8.2 演员的表演要求
  8.3 摄像师的工作
  8.4 拾音工作
  8.5 照明师的工作
  8.6 场记的工作
  8.7 其他岗位工作
  单元测试(作业等)
第9章 编辑基础
  9.1 非线性编辑系统概述
  9.2 Edius的环境设置
  9.3 素材管理与剪辑
  9.4 视频布局
  9.5 视频滤镜
  9.6 转场特效
  9.7 键控效果
  9.8 Edius字幕设计
  9.9 声音处理与合成
  9.10 Edius媒体输出
  单元测试(作业等)
第10章 影视后期包装
  10.1 影视后期包装
  10.2 视觉特效制作
  10.3 字幕制作
  10.4 调色
  10.5 后期特效软件After Effects的基本操作
  单元测试(作业等)
第11章 影视节目的评价
  11.1 影视节目评价的意义与施行
  11.2 影视节目评价的标准
  11.3 影视节目评价的方法
  11.4 影评撰写
  单元测试(作业等)
第12章 影视节目作品赏析
  12.1《肖生克的救赎》场景赏析
  12.2《喜剧之王》构图赏析
  12.3《辛德勒的名单》角色赏析
  12.4《迷失三角洲》镜头赏析
  12.5《雨人》剧情赏析
  单元测试(作业等)

(三)项目分工:任务分配与协作

本案例的教学内容——电视教材的开发是一项较大的工程,合理分工协作是完成任务的前提,以一章为一个独立任务,13章对应13个小组,每个小组完成一章电视教材开发。每一章的知识容量、难易程度、工作量有所不同,每个小组结合多种因素有自己的选择意愿。如何给各小组分配不同的任务对教师来说是一个难点,教师根据任务的难度及工作量设置不同的任务评价权重,在总评环节体现出学业成绩评价的差异化。借鉴高考填报志愿的方式,让每个小组按序填报3个意向任务,整合后在课堂上公示。如果该任务只有一个小组选择则直接对应;如果该任务有多个小组选择则各小组陈述开发构想,由所有学生及教师共同决定最适宜的小组对应该任务。第5组由于只有2位同学,由教师直接分配完成第一个任务(第0章 课程介绍)。任务分配环节充分体现了学生意愿及民主,同时发挥了必要的教师决断作用,整体进展顺利,学生保持了很好的积极性与热情。

(四)项目实施:团队按序完成各环节任务

1.电视教材表现形式设计

当下以视听语言作为载体开发的学习资源层出不穷,如用录屏方式制作的微课、用Flash和PowerPoint等软件开发的多媒体课件、用录播教室记录的教学实录等,表现方式多样化。本案例中要开发的电视教材充分运用电视技术、视听艺术的优势及特点,制作满足电视规范、生动有趣的学习资源。各小组在观摩优秀案例的基础上进行小组讨论,确定本小组电视教材的表现形式,并说服班里的其他同学认同本小组创意。经过集体讨论,形成了真人讲解、拍摄为主、录屏为辅、后期合成的开发路径。以课程目录为参考,每小节开发一节视听课(视频)。

2.电视教材教学设计

电视教材不同于常规电视节目,其分镜头脚本创作的实质是教学设计。电视教材的教学设计与传统教学设计有明显差异,电视教材的教学设计要充分考虑视听化、可视化。各小组针对本组的电视教材章节名称,进一步查询相关资料,加强相关知识学习,要求每个小组成员均独立完成一个主题的教学设计,并在小组成员间进行讨论,最后由小组修改形成定稿。

3.PPT课件设计

无论是否在电视教材中呈现PPT,PPT的设计都不可或缺。教师指定几位学生进行PPT模板设计,形成所有小组的共用模板,保证本电视教材形式的统一性。各小组结合本组内容及教学设计,运用模板制作在电视教材中呈现的PPT课件。

4. 确定拍摄方案

拍摄方案是摄制成功的关键,对团队各岗位角色有明确定位,要求岗位角色能圆满完成相关任务,对拍摄环境、道具进行提前准备。拍摄方案模板见表3。

表3　电视教材拍摄方案模板

"×××××"电视教材拍摄方案								
小组人员分工								
组别	导演	摄像	主讲	录音	灯光	道具	场记	
一、前期准备 　1. 设备调试 　2. 人员安排 　3. 环境布置 　4. 其他								
二、拍摄时间								
三、拍摄地点								
四、工作人员要求 　1. 主讲人 　2. 演员 　3. 摄像师 　4. 录音 　5. 灯光 　6. 道具 　7. 场记 　8. 其他								
五、拍摄安排 　1. 机位安排 　2. 拍摄内容								
机位号	时长	拍摄对象	景别	画面	声音	备注		

5. 实施拍摄工作

实际的拍摄工作涉及环节较多,对主讲人、摄像师、拍摄场地、灯光、拾音系统等有较高要求,各小组要按照拍摄方案开展拍摄工作。其间组内出现无法解决的问题时,由教师提供适度支持或调整拍摄方案。拍摄过程中出现了设备短缺等问题,但整体推进顺利。

6.实施编辑工作

经过前面几个环节的教学,学生已经具备基础编辑技能。本环节的重点是如何将主讲人视频、录屏片段、个性化画面、字幕、特效有机融合,编辑出具有可读性、可传播的视听作品。在该环节,各小组成员积极参与,较为顺利地完成了编辑工作。

7.作品评价

本案例采用了评价表对学生综合作品进行评价。教师在多媒体教室播放小组作品,每位同学均参与其他小组作品的打分,不参与本组作品的评分,最后取学生小组互评的平均分。教师用相同评价表对小组作品进行评分。作品总分为学生评分×0.5+教师评分×0.5。作品观摩评价是一次重要的学习机会,学生参与积极性很高,本环节取得了很好的效果。

五、教学评价和反思

(一)教学评价

1.学生评价

课业成绩是学生在本案例的教学中综合表现的体现,包括课程知识与技能掌握程度、自主学习状况、团队协作能力、学习态度与表现等多个方面。本案例的学生学习评价主要由考勤与表现(10%)+个人作业(20%)+小组作业(20%)+综合作品(50%)构成。考勤与表现根据学生出勤及课堂实际表现评分,小组作业和个人作业根据完成质量进行评分,综合作品有专门的评价标准。结合评价规则,本案例中学生学业成绩90分及以上的有12人(20%),80~89分的有42人(71%),70~79分的有3人(5%),60~69分的有2人(3%)。学生整体上取得了较好的学业成绩且主要集中在80分以上,这与小组协作学习且协作学习评价占比较高有关。不足之处是未能较好地体现学生个性化学习差异。

2.教学相关评价

本案例的教学过程由教师设置项目及任务,提出具体要求,提供支架。学生自主学习及团队协作完成项目任务。在项目中实践,在实践中提升,整体上取得了较好的教学效果。

本案例在教学形式上使用任务驱动促进项目推动,由学生协作完成电视教学资源的开发,其每一个环节任务均包括学生在本门课程中需要掌握的必备技能,教师通过统一讲解、小组探讨、集体讨论等方式让学生理解并掌握了本课程的知识与技能。从教学成效上看,该教学形式是行之有效的。

(二)教学反思

1.可取之处

本案例紧贴课程教学目标,通过项目式协作学习开展教学实践活动。在真实的情景中开发具体项目,极大地调动了学生的学习热情与创造性。在项目实践中完成本课程的学习内容,学生基本掌握本课程要求的专业技能,达到了预定学习目标。可取之处主要体现为以下几点:

(1)真实的项目设计能调动学生的学习兴趣,触发学生主动学习;

(2)适宜的任务难度能提升学生的自主学习能力,拓展学生的课程学习知识面;

(3)教师合理介入能保障项目学习高质量推进;

(4)小组协作学习能提升学生团队协作、沟通交流的能力,增进学生之间的友谊;

(5)明确的评分标准让学习有的放矢,使学生在正确的学习方向上逐渐达到学习目标;

(6)开发的成果(电视教材)具有较高质量,具有传播及推广价值。

2.不足之处

本课程的教学改革实践已经推行数年,教学模式趋于稳定,但仍然存在不足,主要体现在以下几个方面:

(1)分组方式单一,人员构成还需优化

为了团队和谐、各项任务高效推进,本课程分组尊重学生个人意愿、自由组队,带来的问题是学生可能仅与好朋友、室友、成绩好的同学组队,不能做到成员间的优势互补,团队成员特点趋于相似,不能最大化体现团队的再塑性、互补性、带动性、挑战性。一些学业成绩落后、学习倦怠的同学被边缘化,违背团队共同进步的初衷。建议今后在类似课程的分组上采用一定程度的随机组队,而非完全任凭学生自愿。

(2)评分权重不够优化,未能充分体现学生个性化差异

课程学业成绩评价中,个人表现为考勤与表现(10%)+个人作业(20%),小组表现为小组作业(20%)+综合作品(50%)。个人表现与小组表现比例为3:7,最终的结果是小组成员间的成绩无显著差异,未能完全体现学生在课程学习过程中的真实表现。建议增加个人表现权重,增加小组成员间的互评与自评。

(3)个别环节的干预不够,导致个别任务推进不够高效

本案例在小组分组时存在2人一组的极端情况。虽然教师已经积极干预,并且提出解决方案,但仍然以尊重学生意愿为前提,未将2人分配到其他小组,导致此小组人员力量不够,团队优势未能充分发挥。此外,由于摄像机、无线话筒、拍摄场地紧缺,导致拍摄工作进展偏慢。今后教师可以组织学生排日程表,提高设备、场地的使用率。

"教育电视节目制作"课程教学采用项目式协作学习已推行数年,教学效率较高,学习效果较好,受到广大学生的欢迎与好评。本案例逐渐完善后可以作为本课程长期开展的教学模式。

作者简介:冉怀敏,贵州师范大学教育学院副教授。

密室逃脱

——基于加密与解密算法的教学设计与实践

杨晓娟　黄威荣　李顺美

《中华人民共和国网络安全法》明确要求保障信息安全,防止网络数据泄露、窃取或篡改。《普通高中信息技术课程标准(2017年版)》指出信息安全是信息技术学科核心素养"信息意识"和"信息社会责任"中的重点内容,要求学生具备一定的信息安全意识与能力,拥有积极的学习态度、理性的判断能力和发散的思维能力,在现实和虚拟空间中遵守信息法律法规和公共规范。

当今社会信息量剧增,对信息保密性要求不断增强,但是网络中虚假信息泛滥,信息泄露现象日益严重,对社会产生了较大的危害。本案例基于加密与解密算法的内容,围绕"密室逃脱"项目展开教学,让学生在项目活动中学习数据加密和解密的知识,培养计算思维,树立保护信息安全的意识。现阶段,学生已具有一定的程序语言基础,可以先将算法建立数学关系抽象出来,再依照流程图使用"自然语言—流程图—Python语言"将实际问题按算法的描述方式由易到难逐步明确,最后将加密、解密的算法内容贯穿整个项目,推动各个任务的逐层递进,促进学生循序渐进地理解加密、解密的原理,提高学生用计算机解决问题的兴趣和能力。

一　教学目标和内容

(一)教学目标

1.信息意识

能够理解数据加密和解密的概念和原理,学会设置安全密码来保护数据安全。

2.计算思维

通过将恺撒密码抽象为字符串的替换操作锻炼抽象思维,在把明文、密文当作字符串处理建模的过程中,感受计算机运行速度,实现问题解决。

3.数字化学习与创新

能够适应数字化学习环境,养成数字化学习与创新的习惯,学会借助计算机及数字化工具解决问题,实现自主学习、知识分享与创新。

4.信息社会责任

了解密码加密、解密的方式,能够分析生活中由密码引起的数据安全问题,理解数据保护的意义,尊重社会公德和伦理,履行数据安全保护义务,承担社会责任。

(二)教学内容

本案例基于教育科学出版社2019年出版的普通高中《信息技术 必修1 数据与计算》"第三单元 认识数据"中"加密与解密"的部分内容。教学时,首先,让学生了解密码的概念,即用来核对用户ID以验证用户就是本人的一组字符;其次,让学生学习设置安全密码的技巧;最后,让学生掌握加密与解密算法的原理。其中涉及数据类型(字符串、字符)、字符与ASCII码、函数ord( )与chr( )、分支语句、条件(逻辑)表达式。

二 实施对象

本案例的实施对象为贵州E中学高中一年级(15)班学生,该班级学生已具备一定的逻辑思维能力和字符编码的基础知识,了解计算机解决问题的一般过程。但这一阶段的学生在分析问题、设计算法方面还停留在"模仿"阶段,即对程序语言、代码语句的思考和书写不够熟练和规范,对算法的认识和理解程度存在差异。本案例围绕主题项目"密室逃脱"进行教学,以期帮助学生从中获得破解密码的成就感,增加学习的趣味性。

三 教学环境和工具

(一)教学环境

本案例在基于云渲染的智慧教室中开展教学活动,借助物联网技术、云计算技术、AI智能技术构建人性化、智能化的便于师生教学交互的智慧学习空间。

(二)教学工具

教学工具包括AR/VR穿戴设备、3D LED大屏、沉浸式立体模式环幕投影、交互智能平板、教师课件、学生学案以及可随意移动的桌椅等。

基于云渲染的VR/AR智慧教室主要包括中央控制系统、扩音系统、视频显示系统、录播系统、教室电脑/自带电脑、高清媒体矩阵、VR教学系统、AR教学系统、交互式VR编辑播放系统和云渲染平台。教师佩戴VR头盔、握住手柄,在3D LED大屏前进行交互式VR教学讲解操作。学生可以在3D LED大屏上实时观看教师视角,学习VR展示的内容;也可以直接通过流媒体服务器推送至VR头盔的内容进行沉浸式学习;还可以根据教师的讲解,通过头盔手柄、鼠标键盘、手势识别等多种VR交互方式自由进行交互式课件操作,并与教师沟通、探讨,以实现真正意义上的师生互动教学。此外,教师全景机位和学生全景机位将全程记录教师授课、学生互动过程。

四 教学过程

本案例教学活动包括创设情境、新知导学、实践演练、任务探究、巩固提高和归纳小结等六个环节。

(一)创设情境:置身密室

将密室逃脱第六季第九关内容实时展示在3D LED大屏上供学生观看,教师佩戴VR头盔、握住手柄,在3D LED大屏前进行导学;学生"置身"密室情境中,依据NPC(非玩家角色)的提示和教师的指导完成"密室逃脱"项目活动;教师借助智慧教室中的NPC对学生项目活动进行评价并显示量化结果。其目的是激发学生的学习兴趣,引导学生思考,导入课题。因为概念比较简单,所以学生先在体验实例的过程中自行学习明文、密文、密钥的内涵,再由教师解释各个概念,最终形成保护数据安全的意识。

NPC:欢迎来到密室逃脱第九关,我是小N,下面我们一起来开启冒险之旅吧!

现在我们被困在如图1所示的密室中,此时应该如何向同伴发出求救信号

"HELP"且不被其他人知晓?(学生佩戴 VR 头盔、握住手柄,置身于"密室"环境中)

图1 密室环境

生1:可以借助房间内现有的何种物品表达?

生2:如果用"HELP"求救信息,怎样才能在其他人不知道的情况下让室外的同伴知道?

生3:那我们就需要对"HELP"进行改变,室外救我们的同学要知道暗号才能救我们。(学生尝试借助手柄相应功能发出求救信号)

生4:那我们现在将"HELP"进行转换,比如将楷体的 H 转换为 Harlow 文体("HELP"的转换如表1)。这样"HELP"就转换为阴符" "。(按住手柄,发出求救信号)

表1 "HELP"明文、密文转换

明文	阴符
H	
E	
L	
P	

师:这个密室逃脱求助的过程,就是对明文加密的过程。那么什么是加密呢?

生1:加密就是让别人看不到原有的信息。

生2:加密是隐藏原来的信息,没有钥匙就看不到。

师:同学们说到了几个关键词,即"原有的""隐藏"和"看不到"等,下面一起

来看一下加密的定义。(展示加密的定义,让学生在移动终端上完成连线)

加密就是将原始信息(数据)隐匿起来,使之在缺少特殊信息(数据)时不可读。原始信息(数据)称为明文,加密后的信息(数据)称为密文。将密文还原成明文的过程称为解密(或解码)。

师:判断求救信号中何为明文、密文、密钥,完成连一连。

(二)新知导学:加密原理

探究任务一　开启秘密通道

NPC:除了发出信号等待救援,还可以进行自救,密室书架上有一本书,上面记录了逃生的方法。

生1:在平板上点击,屏幕上出现在书架第二层找到并打开了书籍。书中这样写道:在书架背后,有一条秘密通道,但是现在需要对字符"ENCRYPT"进行加密,输入密码后,通道才能开启。

生2:我们现在要对"ENCRYPT"进行加密,在秘密通道中输入正确的密码就可以逃出密室了。

NPC:小N科普。

恺撒大帝在征服高卢、袭击日耳曼和不列颠的多次战斗中频繁使用加密技术。恺撒加密就是简单地将明文中的每一个字母用字母表中该字母后的第三个字母替换。例如,将明文中的a用d替换,b用e替换……z用c替换,这就是恺撒加密。

生1:原来恺撒加密就是将每个英文字符循环替换为该字符后的第三个字符。

生2:根据提示,"ENCRYPT"字母都往后推三位,加密后应该是"GQFUBSW"。

生:输入密码,顺利进入密室通道。

【设计意图】此部分通过任务探究的方式让学生理解加密原理。通过情境创设,学生可以在加密、解密过程中建立感性认识,在发现加密规律的过程中初步感受恺撒密码的加密算法,为后续理解加密原理做铺垫,同时培养学生的抽象思维能力。

学生进入通道后3D LED大屏显示加密轮盘(如图2),演示动画。

NPC：小 N 科普。

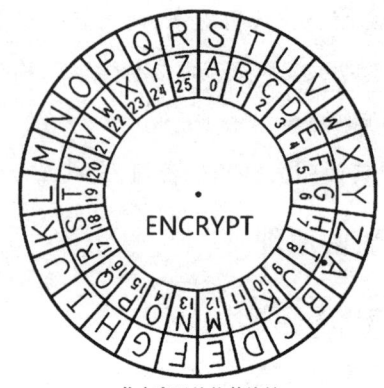

单击密码轮使其旋转

S	T	U	V	W	X	Y	Z	A	B	C	D	E	F	G	H	I	J	K	L	M	N	O	P	Q	R
A	B	C	D	E	F	G	H	I	J	K	L	M	N	O	P	Q	R	S	T	U	V	W	X	Y	Z
0	1	2	3	4	5	6	7	8	9	10	11	12	13	14	15	16	17	18	19	20	21	22	23	24	25

图 2　加密轮盘

算法抽象：使用 ASCII 编码将明文、密文、密钥建立表达式。

生：使用 ASCII 编码如何将明文、密文、密钥建立数学关系表达式呢？

【设计意图】巩固先前所学的密码概念，同时了解明文加密后字母的变化规律，衔接后文用 ASCII 编码建立有关明文、密文、密钥的数学关系表达式的环节。

学生动手操作、动口表达，在平板导学案上完成加密公式推导。

生 1：根据恺撒密码将明文中的每一个字母用字母表中该字母后的第三个字母替换的规律，我们可以使用将明文中的每一个字母用字母表中该字母后的第五个字母替换进行推导，检验是否正确。

生 2：字母 A-U 偏移量：密文=明文+5。字母 V-Z 偏移量：密文=明文-21。

生 3：字母 A-U 加密后变成了 F-Z，ASCII 值的范围由 65-85 变为 70-90。字母 V-Z 加密后变成了 A-F，ASCII 值的范围由 86-90 变为 65-69。print ord(Q)，结果显示 81；Print chr(81)，结果显示 Q。

生 4：所以可以推导明文、密文、密钥利用 ASCII 编码建立数学关系表达式为：ciphertext=chr(ord(clear text)+5)，ciphertext=chr(ord(cleartext)-21)。

【设计意图】深入认识恺撒密码的由来，利用 ASCII 编码建立有关明文、密文、密钥的数学关系表达式；通过问题引导学生发现三者之间的变化关系，将算法抽象建模，为之后利用计算机解决此问题奠定基础。

生 1：根据以上数学关系，我发现 Python——ASCII 编码转换中 ord() 函数：返回对应字符的 ASCII 编码的十进制数；chr() 函数：用来表示 ASCII 码对应的字符。

生2:所以以上函数用程序语言表达偏移量公式。字符A-U:密文=明文+5。字符V-Z:密文=明文-21。

【设计意图】在Python—ASCII编码转换中,将ord( )函数和chr( )函数作为十进制数之间转换的桥梁,通过这两个函数即可将之前的加密公式Python化,也为后续的程序代码的理解降低了难度。

(三)实践演练:程序设计

实践演练一　加密流程设计

3D LED大屏显示移动流程图框(如图3),学生梳理加密流程,教师评价及纠正。在此部分,学生在教师的引导下进行实践演练,分别进行加密流程设计和加密运行程序书写。使用流程图能够帮助学生降低语言理解难度,培养学生分析、解决问题的能力。

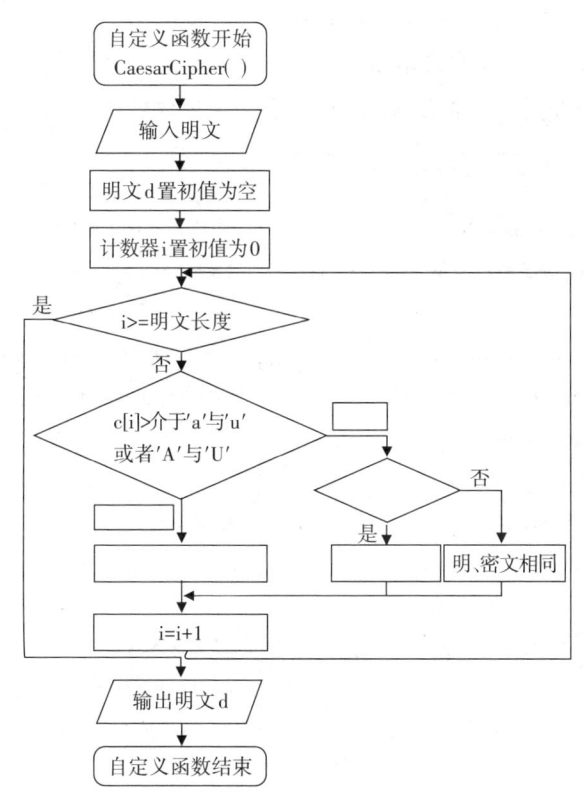

图3　恺撒加密算法流程

学生1和学生2上台补全流程图框内容及条件判断,其他学生在平板导学案上完成流程图的设计。

NPC:完成情况结果量化(见表2)。

表2 流程图移动及补全流程线完成情况

总人数	未完成/待完成人数	完成人数	完成率
40人	8人	32人	80%

【设计意图】流程图是由自然语言向程序语言的过渡,其目的在于降低程序语言理解的难度,提高学生分析问题、设计算法的能力。

教师根据流程图的完成情况,对应引导程序语言的书写,并逐句展示。

实践演练二　加密流程设计

NPC:小N科普。

明文和密文是两个文本框对象,用于接收待加密的文本和显示加密后的密文。get方法用于接收文本框中的数据,delete方法用于删除文本框中的内容,insert方法用于将数据插入文本框内。

学生打开恺撒.py,根据流程图,完成加密程序代码的书写(如图4)。

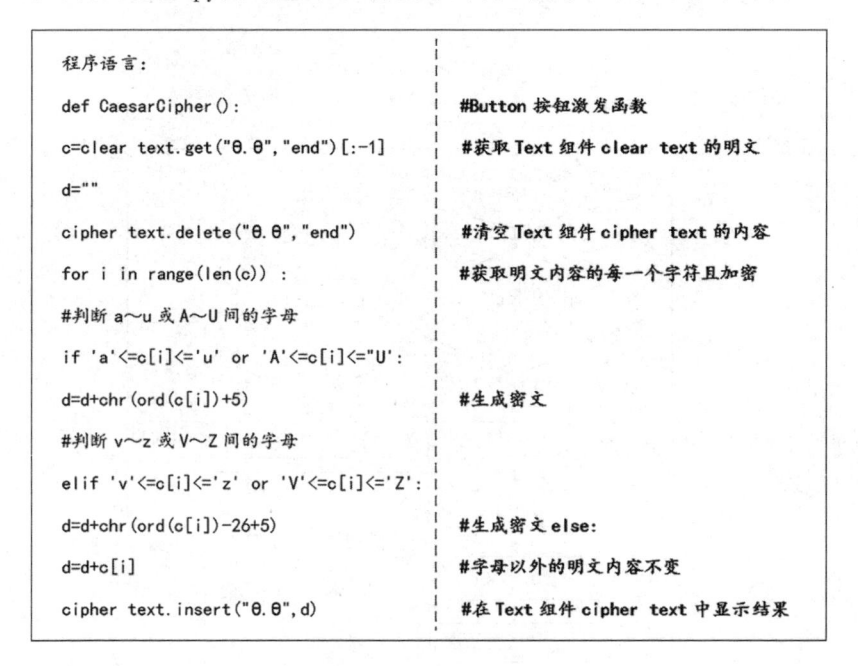

```
程序语言:
def CaesarCipher():                              #Button 按钮激发函数
    c=clear text.get("0.0","end")[:-1]           #获取 Text 组件 clear text 的明文
    d=""
    cipher text.delete("0.0","end")              #清空 Text 组件 cipher text 的内容
    for i in range(len(c)):                      #获取明文内容的每一个字符且加密
        #判断 a~u 或 A~U 间的字母
        if 'a'<=c[i]<='u' or 'A'<=c[i]<='U':
            d=d+chr(ord(c[i])+5)                 #生成密文
        #判断 v~z 或 V~Z 间的字母
        elif 'v'<=c[i]<='z' or 'V'<=c[i]<='Z':
            d=d+chr(ord(c[i])-26+5)              #生成密文 else:
            d=d+c[i]                             #字母以外的明文内容不变
    cipher text.insert("0.0",d)                  #在 Text 组件 cipher text 中显示结果
```

图4　加密算法程序

NPC：完成情况结果量化（见表3）。

表3 单个小写字母加密程序编写完成情况

总人数	未完成/待完成人数	完成人数	完成率
40人	4人	36人	90%

【设计意图】学生根据加密流程自主完成字母加密方式的书写，进一步巩固和提高设计算法的能力和问题解决的能力。

实践演练三　自主设计算法

师：同学们了解了明文、密文的转换流程，并体验了加密程序的书写，现在根据恺撒加密算法，尝试设计并实现自己的算法。

生：我们将上面的算法程序进行简化，得到如图5所示的程序，随机输入一个字母都可以进行加密。

```
程序语言：
Clear text=input('请输入一个字母')
If 'A'<=clear text<='U' or 'a'<=clear text<= 'u':
    Cipher text=chr(ord(clear text)+5)
Elif 'V' <=clear text<='Z' or 'v'<=clear text<= 'z':
    Cipher text=chr (ord(clear text)-26+5)
Else:
    Cipher text=clear text
Print(cipher text)
```

图5 学生设计的程序算法

NPC：完成情况结果量化（见表4）。

表4 单个字母加密程序编写完成情况

总人数	未完成/待完成人数	完成人数	完成率
40人	4人	36人	90%

【设计意图】巩固算法设计，让学生形成不断优化算法的意识，有助于学生建立计算思维。

(四)任务探究:逃出密室

探究任务二　破译恺撒密码

NPC:此时,从密室的窗户外扔进来一个纸条,上面写着"Brx rqob kdyh whq plqwxhv"。你能根据恺撒密码的原理,破译这串密码吗?

生1:解密算法是加密算法的逆运算。

生2:但是相对于刚才对字母加密来说,这串字母太长了,如果是100个甚至1000个字母怎么办?

生3:如何利用计算机程序进行解密呢?

【设计意图】此部分是对前面加密算法的逆运算,让学生理解解密就是加密的逆运算,解密原理其实就是算法抽象;让学生意识到加密、解密内容过长时利用计算机解决问题的优势;引导学生学会使用现有的加密知识去解决解密问题,实现举一反三,培养学生分析问题和抽象思维的能力。

生1:解密原理其实就是算法抽象。

各组学生完成图6中代码的书写,将"Brx rqob kdyh whq plqwxhv"破译后的正确密码输入密室锁,打开密室门。

```
程序语言:
Cipher text=input('请输入密文')
If 'F'<= cipher text<='Z' or 'f'<=cipher text<= 'z' :
    Clear text=chr(ord(cipher text)-5)
Elif 'A' <=cipher text<='E' or 'a'<=cipher text<= 'e' :
    Clear text=chr(ord(cipher text)+26-5)
Else:
    clear text=cipher text
Print(clear text)
```

图6　密文、明文转换

生2:提炼解密公式:字母 F-Z:明文=密文-5。字母 A-E:明文=密文+21。

生3:所以"Brx rqob kdyh whq plqwxhv"破译后是"Eua utre Ngbk zkt sotzaky"。

3D LED屏幕中NPC继续提示:恭喜你,成功逃出密室!

【设计意图】解密是加密的逆运算,其程序与加密大体相同,目的是检验学生对加密、解密重点的理解,从而突破重难点,从中体验成功逃脱密室的喜悦。

(五)巩固提高:优化算法

解密是加密的逆运算,恺撒密码中移位"3"是其加密与解密的关键,称为密钥,因此我们以此推导移位"5"并验证公式,设计了流程和算法并实现密室逃脱。此部分是对所学内容的巩固和拓展,能够培养学生的发散思维,让学生明确保护好密钥是做好数据安全的关键,树立个人信息安全意识。

思考与讨论

师:同学们认为恺撒密码安全吗?有什么方法能提高恺撒密码的安全性?
生1:只是相对安全,我们还可以在此基础上进行加密,使其更安全。
生2:我们也要利用密码保护好自己的数据安全,不然数据泄露可就糟了。
生3:我知道除了可以用恺撒密码加密之外,还有摩斯密码、栅栏密码和当铺密码等,都可以用来加密。

【设计意图】引导学生树立信息安全意识,思考身边数据的安全性,以及如何利用所学去保护个人数据安全。

(六)归纳小结:梳理知识

师:请同学们用思维导图总结今天所学的知识点。
生:利用Xmind等App画思维导图总结加密与解密的定义及原理。
师:同学们,中文字符又将如何进行加密和解密操作呢?
生1:中文字符和英文字符一样,都是对数字加密。
生2:加密前要转换成对应的数据,并且要进行算法的优化。

【设计意图】梳理知识、强化重点,并留给学生更多的思考空间。

五 教学评价和反思

本案例围绕"密室逃脱"这一项目主题,将教学目标分解成数个难度逐步递增的小任务,以游戏的形式串联加密、解密全过程,不仅增加了教学内容的趣味性,还能让学生在游戏中树立保护信息安全的意识。

在教学过程中,首先,教师引导学生根据系统NPC的提示自主进行任务探索与发现;同时,依据学生的反馈及时调整教学过程并灵活应对教学过程中出现的问题;然后,依照提出问题、分析问题、设计算法、编写程序(完善流程图)四个步骤,让学生在观察、思考与尝试中逐步完成四个游戏任务,进而加深对加密、解密原理的认识,逐步掌握用计算机解决问题的技能。在本案例中,教师在不同情境中扮演不同角色,如引导者、助学者和合作者等,给予学生最大化的发挥空间,以期更好地培养学生发现问题和解决问题的能力;通过数据加密、解密过程的项目活动,培养学生的抽象思维、建模、分析和解决问题的能力,深化学生对加密与解密的实际价值的认识,加强学生对个人信息安全防护的意识。

教学中也存在一些有待改进之处,如在教学目标上,未明确加密、解密过程中需要解决的问题与算法、程序语言之间的关系;在教学评价上,缺乏针对性、多元化的评价体系;在教学过程中,应适当增加小组合作探究任务,确保每位学生都能参与其中,提升学习效果。

作者简介:杨晓娟,贵州黔南经济学院信息学院教师;黄威荣,贵州师范大学教育学院副教授;李顺美,贵州师范大学附属中学教师。

基于纸笔系统的数字化作业平台应用案例探索

刘军　刘海群　高凯凯　郭朦

自1955年教育部颁布了首个专门解决学业负担的文件《关于减轻中、小学校学生过重负担的指示》以来,国家依次从"以学生身体健康出发、以缓解升学压力为目标、以推进素质教育为抓手、以基础教育课程改革为依托"四个阶段来减轻学生学业负担。2013年,教育部对小学作业形式、补课现象及考试要求等方面分别提出了相关意见。2021年,习近平总书记在中央全面深化改革委员会第十九次会议中指出,义务教育最突出的问题之一是中小学生负担太重,"校内减负、校外增负"现象突出,要深化教育教学改革,提升课堂教学质量,优化教学方式,全面压减作业总量,降低考试压力。同年7月,中共中央办公厅、国务院办公厅印发了《关于进一步减轻义务教育阶段学生作业负担和校外培训负担的意见》,提出坚持学生为本,着眼学生身心健康成长,保障学生休息权利;全面压减作业总量和时长,减轻学生过重作业负担。国家不断出台学生作业减负相关政策文件,表明国家高度重视学生作业减负问题。要实现真正的减负,还需要持续关注和思考问题解决的新思路。

随着新一代信息技术在教育领域的不断应用,智能电子设备进入课堂,这对教学有一定的促进作用,但电子设备对青少年的视力影响也不容忽视。对屏幕的过度依赖会导致眼睛周围的肌肉疲劳,还容易分散学生的专注力,这也引起了国家的重视。教育部等八部门联合印发的《综合防控儿童青少年近视实施方案》明确要求学校布置作业不依赖电子产品,使用电子产品开展教学时长原则上不超过教学总时长的30%。纸笔系统作为智慧课堂教学的一种新形态,保留了传统书写习惯,能对书写时间、书写作业类型等数据进行及时采集与处理,科学合理记录学生跟书写有关的学习过程,为分析学生作业量、作业时长及准确率等提供了新思路。

研究团队在贵州省某学校调研发现,在当前的作业模式下,学生作业量多少是合适的没有明确界定,学生作业过程的数据无法进行实时采集与处理。基于此,本案例从落实国家作业减负政策要求出发,设计开发纸笔系统收集学生作业过程数据,精准分析学情,并应用于初中数学的教学实践活动中,实现学生学习过程及作业的数字化监测,运用新型信息技术手段来促进教育教学改革和创新。

一 教学目标和内容

(一)教学目标

1.知识与技能

掌握算术平方根的概念,能够描述算术平方根与平方根之间的联系和区别;学会运用根号表示正数的算术平方根,能够通过推理验证等活动解释相关公式的内在逻辑。

2.过程与方法

通过小组探究和实践操作,能够将知识技能与实际案例结合起来,构建自己的知识框架,形成有逻辑的思考方式;感受智能纸笔技术在课堂中使用的效果,初步学会运用推理逻辑解决问题,发展严谨的数学思维,养成细心认真的态度。

3.情感态度与价值观

培养动手操作的能力和合作交流的意识,增强探究思考与团结协作精神;从生活实际着手预设问题,创设情境,将所学知识运用于实际问题,学以致用。

(二)教学内容

本案例选择的是人教版数学七年级下册第六章第一节第1课时的内容"算术平方根"。算数平方根是初中数学中的重要概念,学习本课时的内容能为之后学生学习立方根及运用平方根进行基本运算和解决实际问题打下基础,为引入无理数作铺垫,是学习实数的预备知识,同时也是今后学习二次根式、一元二次方程等知识的基础。

二 实施对象

本案例面向初中一年级某班级的42名学生。初中一年级学生的好奇心较强,思维比较活跃,能够与同学进行一些问题的探讨、交流,也具有一定的知识迁移和知识运用能力,但注意力不易集中。因此,在课堂中要更注重培养学生的自主学习能力、合作探究能力,在知识层面上更加关注其深度和广度,所设计的活动要更加关注学生情感态度的培养和价值观的提升。

三 教学环境和工具

(一)教学环境

本案例在已安装纸笔系统的智慧教室开展教学活动,智慧教室中有互动式多媒体交互白板——希沃白板。纸笔智慧课堂能够体现传统纸笔书写与现代信息技术的深度融合,同步呈现学生书写内容,实现纸上写、屏上看,可还原学习小组讨论过程中的笔记步骤;师生可以共同跟随书写的思路过程,实现师生之间、生生之间的思维互动,为课堂互动增加了更多的动态性和可能性。教师可以灵活快速地获取网络资源,智能纸笔与纸笔系统相结合,持续记录和分析课堂产生的数据,为教师掌握学生课堂学习情况与调整教学计划提供了有力的数据支撑。

(二)教学工具

本案例教学中使用了10张面积为$1dm^2$的小正方形纸张和纸笔通智慧课堂平台。纸笔通智慧课堂平台的具体功能如下:

(1)选择班级:在页面右上角选择班级和科目,用于显示不同班级和科目使用智能笔的学生,灰色表示智能笔未连接,亮色表示智能笔已连接。

(2)实时书写:点击实时书写进入实时书写页面,左侧可以选择展示书写的学生,也可全选。学生书写时,姓名头像上会显示正在书写图标,笔记能够实时显示在客户端上。在右下角点击清屏,会清除学生书写笔记内容;自动投屏关闭,将不展示任何一个学生的笔记内容。

(3)内容批改:教师可直接对学生的笔记进行批改,右下角可使用橡皮擦除批改痕迹;点击放大,可放大学生笔记;点击清空,可清空教师点评内容,不清空学生笔记。

(4)答题器:将客户端页面最小化,桌面上会出现纸笔通截图的图标,点击截图可在任意课件、文档或者扫描试卷上进行截图,可选择单选题、多选题、判断题和组合题,选择完成后可自动进入答题器页面。

(5)答题情况查看:提交成功后,点击不同的选项,显示选择学生名单和占比,更好地帮助教师了解学生情况;教师在点击答案处选择正确答案,可查看学生答题情况,关闭页面时自动保存答题情况。

(6)答题与抢答:学生在智能本上用智能笔选择正确答案,单选题多次选择以最后一次选择为最终答案;多选题需要重新选择时,先点重选,再选择答案即可(学生选择答案时,头像外框解释:绿色——答题1次;黄色——答题2次;红色——答题3次以上)。教师在客户端点击抢答,点击开始后,学生使用智能笔在练习本任意页点击举手。倒计时3秒后,若无人抢答,可选择再来一次;直到有人抢答,显示抢答成功。

(7)随机选人:教师在客户端点击随机选人,点击开始后,将在系统中随机选择某一学生回答问题。

四 教学过程

(一)情境导入

师:学校要举行美术作品比赛,小林想裁出一块面积为25 dm²的正方形画布,画上自己的得意之作参加比赛,这块正方形画布的边长应取多少?请同学们说一说解决问题的思路。

生1:我觉得25 dm²数值不算大,可以一个数一个数套入算面积,如果刚好为25 dm²,那就是对应要取的边长长度了。

生2:因为5×5=25,所以正方形的边长应该取5 dm。

生3:题目中提到了画布的面积为25 dm²,我觉得可以采用面积求法反推的思路,边长乘以边长等于面积,因为5×5=25,所以正方形的边长应该取5 dm。

师:同学们很棒!大胆地讲出了自己的想法和思路,如果用第一个同学的办法,同学们觉得可行吗?有没有更好的办法呢?

全体学生:是可行的,肯定有更好的解决办法。

师:是的,没错,这个办法是可行的,但是只适用于小的数值,如果是大数值,就很难快速知道画布的边长了。第二位同学和第三位同学的思路很相似,都是正确的,第三位同学的表达很不错,值得表扬。那如果正方形的面积如表1中所示,请同学们算出边长并试着填表。

表1　求解正方形的边长

正方形的面积/dm²	1	9	16	36	$\frac{4}{25}$
正方形的边长/dm					

师：同学们填完表后,请告诉老师它们的共同特点是什么。

生：都是已知一个正数的平方,求这个正数。

师：对了,那接下来我们就进入今天要学习的内容:算术平方根。我们先来了解一下算术平方根的概念以及性质。

(二)新课讲授

1.算术平方根的概念

一般来说,如果一个正数 x 的平方等于 a ,即 $x^2=a$,那么这个正数 x 就叫作 a 的算术平方根。a 的算术平方根记为 $\sqrt{a}$,读作"根号 a ",a 叫作被开方数。

2.算术平方根的性质

(1)正数只有一个算术平方根,且恒为正;

(2)0的算术平方根为0(规定);

(3)负数没有算术平方根。

师：请同学们思考一下,依据算数平方根的性质,$\sqrt{a}$ 的意义是什么呢？

生：$\sqrt{a} \geq 0$。

3.练一练：求下列各数的算术平方根,并将答题过程写在智能本上

(1)100;(2)$\frac{49}{64}$;(3)0.0001。

教师使用纸笔通智慧课堂截取题目在屏幕上,学生使用智能笔在智能本上开始作答。屏幕上显示的题目,当大部分学生完成后,选取一部分学生查看答题情况。

(三)合作探究

师：现在老师手上有两个面积为 1 dm² 的小正方形,请同学们思考一下,能否用这两个面积为 1 dm² 的小正方形拼成一个面积为 2 dm² 的大正方形？

全班共分为5个小组,每个小组发两张面积为 1 dm² 的小正方形纸张,以小

组为单位针对问题展开讨论,限时4分钟。教师走下讲台查看各小组讨论情况。快到截止时间时,教师通过大屏幕实时查看小组讨论情况。讨论完成后,教师展示各小组讨论情况和过程性记录笔记,抽取两个小组代表说明本组的思考过程和问题解决思路,教师再进行点评和总结。

第2小组代表张同学:我们小组没有讨论出可行的解决思路,刚开始我们小组想着先用笔画出应该怎样剪开后再拼接起来,想到按照对角线剪开或剪成更小的正方形,但是怕不能拼成目标样式,所以就想着再思考思考怎么剪,结果就到时间了。我们应该早点尝试的,也许能找出正确的解决方案。

第5小组代表李同学:可以将2个面积为1 dm^{2}的小正方形纸张分别沿对角剪开,得到4个完全相同的等腰直角三角形,然后以等腰直角三角形的斜边为大的正方形的边,就可以拼成一个面积为2 dm^{2}的正方形了。

师:两位同学的发言思路都比较清晰,值得表扬!虽然第2小组由于时间问题最后没有找到解决方案,但是也有了初步的想法,课下可以继续探索;第5小组的解决思路是正确的,接下来我们一起来试一下看能不能行。

(四)巩固练习

教师运用纸笔通智慧课堂快速截取题目功能,将网络资源中的题目呈现在大屏幕上,让学生作答。学生可以抄写题目,也可不抄写题目。

1. 16的算术平方根是多少?

2. 16^2的算术平方根是多少?

3. $\sqrt{16}$的算术平方根是多少?

教师根据学生作答情况,表扬和鼓励一部分学生,展示作答比较准确的学生的作答过程,让全体学生能够直观地看到做题顺序和大致解题思路,教师再对大部分人容易出错的练习题进行详细讲解。

(五)课堂小结

教师带领学生一起回顾本节课所学的主要内容,并抽取部分学生回答以下问题:

1. 什么是算术平方根?如何求一个正数的算术平方根?

2. 本节课你学到了什么知识?有什么收获?

通过总结梳理本节课所学内容,让学生对核心内容加深印象。

五 教学评价和反思

(一)教学评价

本案例的教学评价方法是观摩课堂的四位教师对本节课堂教学进行评价打分,共有五项评价内容,分别是教学目标、教学内容、教学方法与策略、教学实施效果及学生学习,具体评价标准如表2所示。

表 2　课堂教学评分表

课程名称		授课教师		
评价内容	评价标准		分值	得分
教学目标	1.教学目标明确、具体、适当 2.符合学生实际情况		15	
教学内容	1.内容正确、无科学性错误 2.难度适宜、任务层次清楚、过渡自然 3.内容上具有一定的创新		15	
教学方法与策略	1.课时安排得当,时间分配合理 2.教学方法灵活,富有一定的启发性 3.能体现教师主导、学生主体的关系 4.注重学生主动获取知识,突出学生实践能力培养		30	
教学实施效果	1.师生交流畅通,课堂气氛活跃 2.小组分工明确且合理,学习内容达标率高 3.能熟练并恰当使用信息技术开展课堂活动		20	
学生学习	1.课堂参与度高,能够有效地交流合作 2.培养学生自主学习的能力 3.学生情感、态度、价值观积极向上		20	
总分				

观摩课堂的四位教师对本堂课教学进行了打分,通过整理和分析各项评价内容的数据,呈现满分与平均得分情况的对比。通过整理与分析发现,教学目标、教学内容、教学方法与策略、教学实施效果四项得分较高,学生学习一项得分相对偏低。

(二)教学反思

1. 技术使用不熟练,使得教学环节衔接不自然

教师对于课堂上使用的纸笔系统操作不是很熟练,例如在合作探究环节,教师会时不时地点开小组讨论过程记录,切换各小组实时笔记,在一定程度上分散了学生讨论的注意力,学生会有意识地关注其他小组的讨论情况。在这种情况下,教师应该在前半段讨论时走下讲台去查看学生的讨论情况并进行一定的指导或引导,在讨论即将结束的时候再直观地观看过程性的讨论情况。

2. 学生缺少自主学习和协作创新的机会

本节课大多数学生探究以学生小组合作完成为主,缺少学生自主学习的机会。一些简单的知识应该让学生自主学习,检验学生掌握知识的情况可以通过提问或者做题的方式。本节课教师要求学生思考问题,但是没有引导学生协作创新,寻找新的想法和解题思路,在学生解答后也没有再带领学生进一步思考其他解题思路和方法,应该多为学生创造思维发散和创新发展的机会。

作者简介:刘军,贵州师范大学教育学院教授;刘海群,贵州师范大学教育学院硕士研究生;高凯凯,贵州师范大学教育学院硕士研究生;郭朦,贵州师范大学教育学院硕士研究生。

基于智慧教室促进学生个性化
学习的教学实践探索

阮志红　饶翔

　　个性化学习是课堂改革的必然方向和趋势。在新时代教育改革的浪潮中，个性化学习是培养创新型人才的关键因素，亦是学习型社会具备终身学习能力的迫切需求。《国家中长期教育改革和发展规划纲要（2010—2020年）》指出，坚持以人为本的理念，尊重学生个人选择，鼓励个性发展，创新人才培养模式，不拘一格培养人才。《教育信息化十年发展规划（2011—2020年）》提出，要高度重视个性化学习，面向所有学习者提供个性化、终身化的学习环境支持。个性化学习以学习者个性差异为基础，强调要针对学习者的个性特征和发展潜能采取恰当的方法、策略、内容、过程和评价等，使学习者能按照自身的节奏充分而自由地发展。个性化学习强化了学习者的主体性地位，强化了学习者的自主学习认同感，形成了学习与个性、学习与自主性、学习与能动性相适应的教学形态。因此，倡导个性化学习对变革课堂教与学的方式，实现创新人才的培养，有着十分重要的意义与价值。个性化学习虽然备受推崇，但因学习环境参差不齐、师生教学理念尚未转变等现实困境，相关研究多停留在理论层面，教学实践亟待深入开展。

　　智慧教室助推教育信息化新基建和教学模式的创新发展。教育新基建是为满足教育高质量发展需要提供数字转型、智能升级、融合创新等服务的基础设施体系，具体包括新网络、新平台、新资源、新校园、新安全、新应用。[1]智慧教室是当下智慧教育落地现实课堂的重要产物，作为教育信息化新基建的新应用，已然成为中小学课堂创新教学模式的重要着力点。智慧教室能利用移动教学终端、交互式电子白板、学科学习工具等，创造个性化、数字化、智能化的学习环境，记录和分析学生的学习过程，以数据驱动和干预教学决策，从而实现个性化学习。智慧教室改变了传统的物理教室环境，强调学习过程数据的获取与反馈，技术赋能的规模化、个性化学习是对传统教学模式的革新。简言之，个性化学习是智慧教室发

---

[1] 祝智庭,郑浩,谢丽君,等.新基建赋能教育数字转型的需求分析与行动建议[J].开放教育研究,2022,28(2):22-33.

展追求的未来愿景,要实现个性化学习,需要依托智慧教室的学习环境。但从已有研究成果来看,智慧教室支持个性化学习实现的理论探讨日益增多,而教学实践探索的相关成果却寥寥无几。本案例基于智慧教室进行个性化学习的课堂教学实践探索,以期能够将智慧教室有效融入个性化学习场景,提高学生的个性化学习体验和学习能力。本案例采用教育实验法进行教学实践,选取成绩、人数等相差不大的两个班级进行课堂教学,通过实验班和对照班的前后测数据对比,检验智慧教室能否促进学生的个性化学习。

一 教学目标和内容

(一)教学目标

　　教学目标的设计要以学生个体特征为切入点,从学生个体的认知发展和知识水平差异出发,引导学生循序渐进地开展学习,最大化实现个人的最近发展区,使学生在学习过程中体验到获得感和成就感。传统课堂对具有差异的学生采用"一刀切"的方式,教学目标、教学方法、教学过程等模具化、一统化,俨然形成用一把尺子衡量所有学生的流水线批量化生产模式。结果可想而知,造成了学生话语权、自主性、个性发展丢失的"三无"状况。这显然是与以学生为中心的素质教学理念不相符的,没有遵循因材施教、鼓励学生个性发展的教学原则。在统一教学目标的课堂教学实践中,教师希望班级所有学生奋力达到相同的预设学习目标,但随之带来一个不可逾越的现实问题:基础差的学生达不到既定目标,基础好的学生不满足实现目标,该学习目标并未符合大多数学生的理想状态。鉴于此,要贯彻落实以学生为中心、促进学生个性发展,则需要设计梯度学习目标。换言之,根据学情分析设计差异化的学习目标,让学生在达到每一个阶段的目标后拥有获得感和成就感,从而激发学生内在的学习动机,更好地实现下一个学习目标。

　　梯度化教学目标的设计要关注理论知识和实践技能,使学生在理论应用到实践的过程中逐渐形成学科思维逻辑。需要说明的是,梯度学习目标的确定,是学生根据智慧教室中其档案、学习风格、学习起点等因素,进行差异化学习目标的自主选择。而对于个别犹豫不决的学生,教师及时同其进行讨论,但最终的选择权和决定权仍在学生本身。基于此,教学目标的具体设计如表1所示。

表1 差异化教学目标设计

目标层次	使用对象	目标描述
基础目标	基础薄弱的学生	认知要求:理解快速选择工具和魔棒工具的概念及用处 操作技能:学会使用快速选择工具和魔棒工具进行图片处理的基本方法与简单操作
巩固目标	中等水平的学生	认知要求:掌握快速选择工具和魔棒工具的使用方法与特点,能够说出该工具组与其他选择工具的区别 操作技能:能够熟练运用快速选择工具和魔棒工具灵活处理图片,根据要求完成案例的操作
提升目标	学习能力较强的学生	认知要求:灵活运用快速选择工具和魔棒工具进行图片处理与创作 操作技能:在完成案例实践的基础上,灵活地运用相关工具进行图片的设计与创作,进一步提高常用工具的实践应用能力与审美能力

(二)教学内容

依托智慧教室的学习环境,选择"图形图像处理"专业基础课程,以Photoshop常用工具章节的教学内容进行案例设计。通过分析"图形图像处理"课程标准与教学要求,结合学生的学习特质,为智慧教室在真实教育场景的实践应用提供一些参考,为实现学生个性化学习提供新的思路。

"图形图像处理"是教育技术学本科学生的专业必修课程,是培养学生专业能力的核心课程之一。"图形图像处理"是一门理论与实践、技术与艺术相结合的课程,强调学生通过大量案例的操作练习,掌握图像后期处理的方法和技巧。在理论知识学习和动手操作实践的基础上,培养和提高学生的创新思维、实践技能和审美能力。针对教育技术学本科教育的特点,该课程着眼于学生专业技能的训练,注重学生专业思维的养成,强调学生面对未来工作岗位需求的学习适应力。该课程内容主要分为基础篇、图形图像篇、综合篇,采用任务驱动和项目教学的方法进行教学设计。

"快速选择工具与魔棒"是计算机专业创新规划教材《图形图像处理》第一章第三单元"探秘Photoshop常用工具"中的内容。本节课主要学习利用快速选择工具与魔棒工具实现图像的快速抠取,通过实践掌握这两个工具的使用方法,并能够运用到现实生活当中解决实际问题。从教材的编排设计来看,本节课在整本教材中起着承上启下的重要作用,既承接了前面的Photoshop图形图像概念、操作界面、选区构图等基础知识学习,又为后续章节图像的色彩模式、路径与图形、蒙版与通道等课程内容的深入学习奠定基础,由浅至深采用螺旋式的方式提升教学内容的难度。

二 实施对象

本案例面向教育技术学专业本科一年级学生,基于智慧教室的软硬件学习环境支持,充分利用学习全过程数据的获取与分析驱动教与学的进程与决策,促使智慧教室的课堂转型迈向数据支持的规模化、个性化学习,帮助学生获得良好的学习体验。教育技术学专业本科一年级学生,处于刚从高中基础教育阶段过渡到本科教育阶段,对专业课程的学习表现出一定的好奇和兴趣。从学生的认知发展来看,该阶段的学生已形成抽象思维,具备独立学习与适应学习的能力。从专业学习基础来看,教育技术学专业学生来自贵州省各个地区,学生信息技术学习基础差异较大。通过实地调研和学生访谈,了解到大部分学生高中基本没有接触"图形图像处理"课程,少部分学校开设了课程但没有真正实施。该专业学生在课程学习开始前,有一半以上的人完全没有接触过"图形图像处理"课程的基础知识。通过开学至今一个半月的课程学习,学生已经具备Photoshop的操作界面、选区构图的基本知识,套索工具组等常用工具的基本理论知识与实践操作基础,但是教师发现学生对于利用选区工具快速抠取图形的掌握并不熟练,还不能设计出美观的作品。因此,在教学过程中,教师要做到理论知识讲解与动手实践训练并驾齐驱,通过以学促做、以做促学的方式更好地帮助学生进行知识建构。

三 教学环境和工具

本案例依托智慧教室进行设计和实践,借助智慧学习平台对学习过程进行数据采集和分析,进而促进学生的个性化学习。依据黄荣怀等人提出的智慧教室类型[1],本案例选择的智慧教室属于"深体验型",为学生提供开展自主、合作、探究学习的智慧学习环境。

智慧教室的建设要从校情、学情及培养要求等现实视角综合考虑。本案例的实施学校的智慧教室建设具有如下特点:一是采用多屏演示和活动桌椅组成圆桌式的小组合作形态,一改以往只有一个显示屏和固定的秧苗式座位分布形态。研究表明,圆桌式的座位分布能够提高课堂活动效果,学生离讲台显示屏越近,其学习动机水平越高。二是购买了一体机学习终端设备,考虑到各专业课程

---

[1] 黄荣怀,胡永斌,杨俊锋,等.智慧教室的概念及特征[J].开放教育研究,2012,18(2):22-27.

培养人才的不同特点,学生学习终端要能够保障PS、AE、CAD等专业软件的安装和运行。三是师生借助智慧学习平台进行个性化学习。智慧学习平台集课堂教学管理、学习交互活动、学习资源管理等教学软件功能于一体,无须安装多个软件便可体验一站式教与学服务。因新冠疫情开展"停课不停学"在线教学期间,学校根据教学需要选择超星学习通作为学习平台,一直沿用至今。基于此,智慧教室的学习环境如图1所示。

图1 智慧教室学习环境

　　超星学习通是一款基于移动终端和电脑终端的智慧学习平台,通过将线下物理学习环境和线上虚拟学习环境融合,为师生的教与学提供一站式支持和服务。超星学习通不仅可以提供丰富的学习交互形式和学习资源库,还可以利用大数据技术全程记录学生的学习过程,通过学习数据的反馈帮助教师进行科学的教学干预和决策。查阅相关文献可知,超星学习通俨然成为智慧教学平台的典型代表,实践证明,该平台能够为学生进行个性化学习提供必要的信息技术支持,学生有着良好的学习交互和学习满意度。超星学习通提供多元新颖的学习交互活动支持学生拥有良好的强交互学习体验,如抢答、投票、随机点名、分组等形式多样的交互活动。

　　此外,超星学习通还提供优质多元的学习资源,促进学生课堂学习的有效进行。智慧教室在优质学习资源提供方面的显著优势,不仅在于资源呈现类型和教学法的丰富性,更在于学习资源的生成性,一改往常提供的静态、预设的学习资源。换言之,强调师生在学习过程中经共同思考、讨论、互动产生生成性学习资源,注重培养学生的自主建构和创造能力。如师生共同探讨完成的电子板书、课堂笔记、问题解决方案等,可以及时分享并保存到学生个人学习空间当中,极大提高了学生学习的参与感和获得感。学生在自主学习过程中遇到的两大现实难题是学习孤独感和如何获取优质学习资源。基于此,超星学习通设有师生在线学习社群,学生在学习过程中有任何疑惑,可以同教师和同学进行实时交流。

在智慧教室学习环境的支持下,通过超星学习通平台对学生课前、课中、课后的学习进行过程性数据的采集,以学习过程的数据反馈驱动师生教与学决策的科学化、驱动师生教与学过程的可视化、实现个性化学习的规模化。学生学习过程性数据的获取与记录如图2所示。

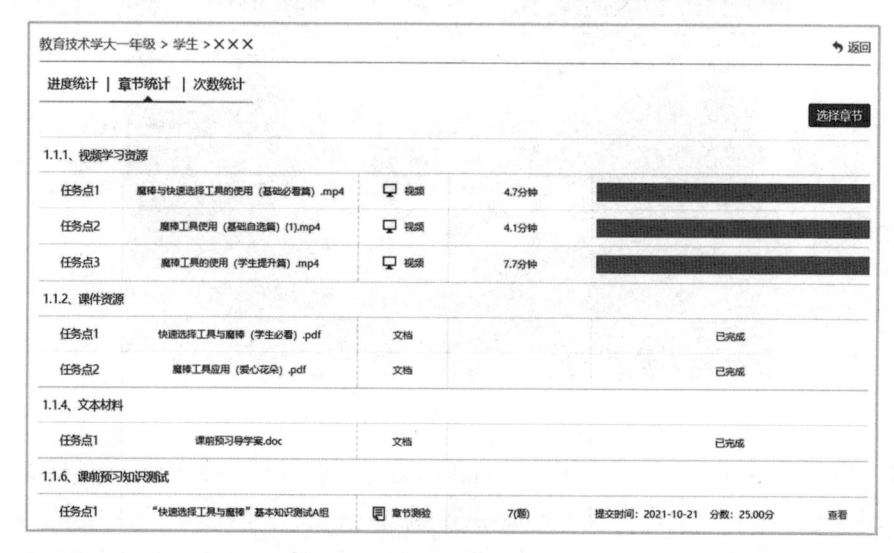

图2 学生学习过程性数据的记录

四 教学过程

(一)课前自主预习,明确学习目标

教师通过超星学习通平台的课程模块创建新课程和班级,并添加相应学生信息。通过课程模块提供的章节、教案和资料功能,将设计好的学习资源分类上传到学习平台,学生自主选择丰富的学习资源进行预习。本案例推送的学习资源如图3所示。在自主预习过程中,教师选择超星学习通"讨论"的交互功能设计讨论选题,师生之间可以进行交流探讨。若学生不知该如何选择学习资源,可以查看导学案中的课程学习引导,或是及时通过消息功能联系教师帮助学生快速进入学习状态。

```
∧ 第1章 第3节课程
    ∧ 1.1 "快速选择工具与魔棒"课前预习学习资源        ○  ✓
        1.1.1 视频学习资源                        ❸  ✓
        1.1.2 课件资源                           ❷  ✓
        1.1.3 案例素材                           ○  ✓
        1.1.4 文本材料                           ❶  ✓
        1.1.5 讨论区                             ○  ✓
        1.1.6 课前预习知识测试                     ❸  ✓
    ∧ 1.2 课中新知探究学习资源                     ○  ✓
        1.2.1 微课视频                           ❶  ✓
        1.2.2 电子文档学习资源                     ❷  ✓
        1.3 课后学习拓展资源                       ❶  ✓
```

图3　教师推送的学习资源

教师通过超星学习通平台统计模块的学习任务统计功能可以查看班级学生整体与个人预习进度。对于个别进度缓慢的学生,教师可以通过教学预警功能进行提醒和交流,适当干预学生学习进展。

学生自主预习完成后可进行学习测验,检验对知识的掌握情况。教师根据课程预习内容的特点,设计基础性、巩固性、提升性学习测验,满足不同知识水平的学生根据自身预习情况进行自主选做的需求。教师不仅可以查看班级所有学生的测验成绩,也可以单独查看某位学生的答卷,方便教师一对一地给予学生个性化学习反馈。学习一定是学生自主发起和维持的,教师只需要做好学生学习的引路人。学生需要根据智慧教室学习平台上的数据,驱动学习决策的科学合理落实,而不是被动地接受教师的安排。

综上所述,学生的"学"是课堂教学设计的重要依据,更是教师教学策略调整的重要来源。教师要充分掌握学生的学习过程性数据,从学生学习参与度和学习测验的相关数据,来判断课堂教学设计的科学性,及时调整教学方法和策略,有效促进学生学习。

(二)课中新知探究,学习任务分层

课堂学习是促进学生知识内化、自主建构知识体系的重要阶段。在课堂新知探究的过程中,教师要充分利用智慧教室学习环境组织和引导学生个性化学习活动的开展,使学生拥有良好的个性化学习体验,提升学生的个性化学习能力。

1. 旧知回顾梳理,教师答疑解惑

教师根据课前预习的数据反馈,针对学生出现的共性与个性问题进行答疑解惑。教师利用智慧教室学习通平台课堂活动模块提供的随机点名、投票和抢答等功能,引导学生积极参与课前预习的知识回顾与重难点讲解。通过师生之间的双向交互,对课前预习的知识点进行复习。学习通平台能够支持学习过程的参与和记录,积极参与的学生将会获得积分奖励,并记录到学生个人的学习报告当中。

2. 感知问题情境,选择学习路径

教师通过课件呈现2021年世界环境日中国主题"人与自然和谐共生",说明学校将举办"世界环境保护日"环保宣传比赛,请学生运用所学知识设计宣传海报进行参赛,获奖作品将会被选为学校本年度的宣传资料。当学生置身于创设情境中时,请学生思考两个问题:一是教师展示的海报案例主要运用了Photoshop的哪些常用工具?二是制作宣传海报的具体步骤有哪些?

学生感知具体的问题情境后,代入所学知识进行思考并尝试解决问题;根据教师所提供的学习资源,自行选择学习路径,决定资源类型、学习顺序等。

3. 明确学习任务,小组合作探究

根据难易程度和先后顺序,将学习任务具体划分为三个子任务。教师通过学习通平台课堂活动模块提供的学生分组任务功能,按照异质分组的原则,考虑到所学内容的难度,将三人分为一组。学习小组的物理分布情况是按照活动式桌椅拼成圆桌小组,这样小组成员能及时沟通交流。小组成员明确学习任务及分工后,各自开始动手实践、上机操作,每个人都能参与到课堂学习活动当中。在各个小组完成学习任务的过程中,教师要引导和组织好各小组的合作,鼓励学生积极表达自己的看法,促进小组合作探究学习的有效落实。小组合作探究内容作为重要的生成性学习资源,学习通平台支持学生进行保存和分享。

4. 展示小组作品,进行多元评价

各个学习小组在规定时间内完成环保主题宣传海报的制作,并通过学生端提交给教师进行汇总。教师利用学习通平台课堂活动模块的随机点名功能,抽取学生汇报小组学习成果,包括小组分工、设计创意、使用工具及作品展示等。教师针对学生的小组学习作品汇报,进行作品点评与问题总结。教师通过学习通平台课堂活动模块的问卷功能,将Photoshop作品评价量表送发给各个小组,采用教师评价、小组互评及学生自评的多元评价方式,对各个小组本节课的学习成果进行评价。对于环保主题宣传海报的设计与制作,小组提交的部分作品如图4所示。教师采用作品分析法,根据学生提交的作品评价量表,计算权重占比并给出评定结果。教师将两个班级的作品进行对比分析,从而比较教学效果。

图4 学习小组提交的作品

5.随堂练习巩固,夯实学习成果

小组汇报完毕后,通过随堂练习促进学生知识内化。教师通过学习通平台课堂活动模块的随堂练习功能推送试题到学生端,学生完成相应的随堂测试。教师根据随堂测试的数据反馈情况,有针对性地讲解学生学习的难点问题。随后,教师呈现思维导图,再次带领学生梳理本节课的知识点和学习重难点,夯实学生的学习成果。

(三)课后自主反思,以思促学提升

教师根据学生课前、课中的学习表现,有针对性地给予反馈,引导学生从元认知的视角进行学习反思,从而促进学生的个性发展。教师将学生的个人学习报告(如图5)一对一反馈给学生,帮助学生客观审视学习过程,促进学生进行自我反思,并针对学生的学习表现设计基础、巩固、拓展三个难度层次的作业,分为选择题和实操题,帮助学生进行及时的查缺补漏。在完成作业过程中,学生可以通过交流工具或讨论区随时同教师和同学进行交流。

图5　学生个人学习报告

五 教学评价和反思

(一)教学评价

从本案例的课程特点和教学目标来看,教学评价要遵从"多维多元"的理念。在评价主体维度,教师不再是唯一的评价者,学习过程的参与者都要对学习者做出评价,教师评价、生生互评、学生自评缺一不可。在评价方式维度,不再过于注重总结性评价,强调学生参与学习过程,强调诊断性评价、形成性评价和总结性评价三管齐下。在班级授课制的现实环境下,形成性评价的实施要依靠智慧学习环境中学习过程数据的记录与反馈,比如,学生课前预习情况、学习测验情况、讨论发言数、投票抢答等互动情况。将学前评、学中评、学后评贯穿落实到个性化学习过程当中。只有做到评价主体多元化和评价过程动态化,学生才能对自身学习情况有一个清晰的认识与把握,从而进行深层次的剖析和学习反思,最终提高学习的自我效能感。结合本案例的课程内容特点,作品是课堂教学效果的重要载体,应采用作品评价法和教育实验法相结合来评价教学实践效果。

1.作品评价法

作品评价是根据课程目标及总体要求,对各个学习小组完成的作品从作品内容、技术性、创新性、作品汇报四个方面进行评价考量。需要说明的是,作品评价的主体是多元的,改变以往教师对教学结果"一锤定音"的局面。教师将作品评价量规表通过学习通平台发送给各个学习小组,以教师评价、小组互评、学生自评的方式进行打分,并按照权重占比40%+30%+30%计算作品总得分,从而得出作品评价的结果。

教师将两个班级的作品进行对比分析,从而比较教学实践效果,如表2所示。通过作品对比发现,实验班学生的优秀作品明显多于对照班,作品的技术性、创新性及小组汇报情况整体表现更加突出。

表2 对照班与实验班学生作品评定情况

班级	优秀作品 人数	优秀作品 比例	良好作品 人数	良好作品 比例	中等作品 人数	中等作品 比例	合格作品 人数	合格作品 比例
教育技术学1班（对照班）	3人	9.7%	9人	29%	12人	38.7%	7人	22.6%
教育技术学2班（实验班）	6人	19.4%	15人	48.4%	8人	25.8%	2人	6.5%

2.教育实验法

基于智慧教室的课堂教学不单单注重实践效果如何,更加注重学生个性化学习能力的培养。本案例选取G市某学校教育技术学专业两个班级的学生作为实验对象,分别设为实验班和对照班。依据本案例的教学设计和教学过程进行教学实施,观察该模式下学生的个性化学习能力培养,通过实验前测与后测数据进行具体的对比分析。关于个性化学习能力培养的量表设计,主要参考我国学者闻娟从心理学视角构建的中学生个性化学习能力评估量表,以及我国学者樊雅琴从教育教学视角构建的个性化学习评价量表。将两个量表的共同之处进行梳理总结,结合本案例实际情况适当修改形成问卷。本案例设计的量表一共有六个维度,采用李克特五级量表进行设计。其中,各个指标设计的具体题数依次为3个、3个、4个、3个、3个、4个。

个性化学习模式实践前与实践后,分别对实验班学生发放量表进行填写。通过数据分析可知,基于智慧教室的课堂教学实践能够提高学生的个性化学习能力,但学生在各个指标上的成长程度各不相同。其中,智慧教室环境下的课堂实践应用后,学生的自我管理能力,即自我监督和调控学习进程的能力有了较为明显的提高。

(1)自主学习能力前后测对比

个性化学习在实践中能否维持,根本在于学生的自主学习能力。通过SPSS软件的数据分析,学生自主学习能力在模式应用前后测的数据对比如表3所示。通过前后测的均值差异对比,可知个性化学习模式对促进和提高学生的自主学习能力具有一定的可行性。其中,前后测均值差异最大的是第一个题项,学生表示智慧教室学习通平台可以及时接收学习预警,促使自己积极主动完成学习任务和提升内在学习动机。此外,个性化学习模式还能够帮助学生明确课程学习的重难点,提升学生运用已有知识体系解决实际问题的能力。

表3　自主学习能力前后测数据对比

具体题项	前测均值	后测均值	前测标准差	后测标准差
1.我能够积极主动完成教师提出的学习任务	2.88	4.31	0.707	0.780
2.我能够准确说出本节课学习内容的核心概念并把握学习重难点内容	2.59	3.84	0.979	0.821
3.我能够将本节课所学的新知识与原有知识、生活实际等联系起来,尝试去解决实际问题	2.78	3.81	0.608	0.677

(2)合作学习能力前后测对比

个性化学习并不意味着是一个人的学习,学生的学习过程一定是个人自主学习和小组合作探究的结合。合作学习能力的前后测数据对比如表4所示。由表4可知,个性化学习模式对提升学生的合作学习能力具有明显效果。其中,前后测均值差异最大的是第一个题项,智慧教室支持下个性化学习模式提供的多元互动深受学生青睐。此外,通过个性化学习模式的实践应用,学生在吸纳他人意见方面也有了一定的进步。小组学习本就希望学生实现思想的碰撞,在多种声音中学会批判地改进。学生表示,智慧教室学习环境能够为其提供必要的学习支持,此项均值的差异效果也较为明显。

表4　合作学习能力前后测数据对比

具体题项	前测均值	后测均值	前测标准差	后测标准差
1.参与小组讨论时,我会主动发表观点	2.75	4.31	0.672	0.859
2.小组合作完成学习任务时,我会积极采纳其他成员的不同看法	3.09	4.34	0.688	0.787
3.在小组探究学习过程中,我能为同伴提供必要的学习支持	2.88	4.09	0.833	0.856

(3)自主管理能力前后测对比

自主学习不仅体现在学习的主动性上,更外化为自主管理能力。如表5所示,个性化学习模式进行实践应用后,学生的自主管理能力有了明显的提升。其中,前后测均值差异最大的是第四个题项,学生普遍认为,智慧教室支持下的个性化学习模式能够促进自己对学习过程的监控和反思,促进自我管理能力的提升。此外,学生认为,个性化学习模式能够帮助自己了解自身学习偏好和优势,促使自己克服懒惰的问题从而促进个性发展,自己制订学习计划的能力也有所提升。

表5　自主管理能力前后测数据对比

具体题项	前测均值	后测均值	前测标准差	后测标准差
1.我能够根据自身学习特点,量身制订个人学习计划	2.91	3.97	0.734	0.740
2.我能够发挥自身学习优势,提升自己的学习动机	2.78	4.02	0.792	0.734
3.我能够对学习过程进行自我监控和反思,克服学习惰性等问题	2.69	4.00	0.862	0.718
4.我会通过学习平台的预警和监测等功能,提高自主学习管理能力	2.63	4.03	0.942	0.822

(4)问题解决能力前后测对比

个性化学习不但要发展学生的个性,更要能够使学生形成解决问题的能力。问题解决能力的前后测数据对比如表6所示。显而易见,个性化学习模式能够有效提升学生的问题解决能力。其中,前后测均值差异最大的是第二个题项,即学生认为个性化学习模式的应用能够提升其独立解决简单问题的能力。基于此,学生普遍认为,智慧教室能够帮助自己尝试通过多种途径去解决问题,以及主动发现问题并进行描述的意识与能力。

表6　问题解决能力前后测数据对比

具体题项	前测均值	后测均值	前测标准差	后测标准差
1.我能够主动发现学习中的问题,具备一定的问题意识	2.72	3.94	0.729	0.759
2.我能够自主解决学习过程中遇到的简单问题	2.88	4.34	0.609	0.701
3.我会采取上网查资料、请教老师等方式,处理部分个人难以解决的问题	2.87	4.25	0.733	0.762

(5)反思学习能力前后测对比

学习反思在个性化学习模式当中是不可或缺的,学生应当具备学习反思和自我调整的能力。学生的反思学习能力前后测数据对比如表7所示。其中,第一个题项的前后测均值差异最大,表明个性化学习过程中学生较为注重学习反思,具备良好的学习反思态度和习惯。学生也普遍认为,个性化学习模式能够促进其对自身学习成果的反思并改善学习不足之处。此外,当学生被问到会自觉审视学习结果是否实现预期学习目标时,虽然整体的均值差异相对不大,但仍旧呈现上升的趋势。

表7　反思学习能力前后测数据对比

具体题项	前测均值	后测均值	前测标准差	后测标准差
1.我会主动反思自己的学习过程,并作出适当的调整	2.72	4.13	0.851	0.660
2.我会自觉审视学习成果是否达到预期目标	2.63	3.94	0.707	0.669
3.我能够对自己的学习成果进行自我评价	2.75	4.00	0.762	0.622

(6)思维创新能力前后测对比

创新思维的培养,是教与学追求的最佳理想状态,亦是个性化学习追求的目标之一。学生的思维创新能力前后测数据对比如表8所示。总体而言,依托智慧教室开展的个性化学习模式,使学生整体的思维创新能力有了较大提升。其中,前后测均值差异最大的是第三个题项,即学生表示智慧教室提供了各种学科工具,可以帮助其及时进行知识梳理。面对陌生或熟悉的问题,学生表示将主动同已有知识体系相联系,探索用不同的方法去解决问题。当调查到学生能否利用所学知识进行原创作品的设计与制作时,数据表明个性化学习模式应用后学生在这方面有了一定的进步。

表8 思维创新能力前后测数据对比

具体题项	前测均值	后测均值	前测标准差	后测标准差
1.面对陌生的问题,我会采用将新旧知识联系的方式尝试解决	2.69	4.16	0.851	0.669
2.面对熟悉的问题,我会用新知识或网络查找的新办法进行解决	2.88	4.03	0.707	0.867
3.我会通过思维导图等学习方式梳理学习内容并形成知识体系	2.37	4.09	0.806	0.856
4.我能利用所学知识进行原创作品设计与制作	2.78	4.19	0.762	0.693

(二)教学反思

基于智慧教室促进学生个性化学习的教学实践,是一次以学生为中心、发展学生个性的教育改革探索和尝试。在智慧教室的有力支持下,实现规模化的个性化学习成为可能,数据驱动课堂学习成为新的研究范式。通过文献梳理发现,智慧学习环境下的个性化学习成为研究趋势,其理论研究日益增多,但教学实践相关研究有待深入。究其原因在于智慧学习环境相对空泛,不同研究者使用不同的智慧学习环境,有的研究者使用电子书包,有的研究者基于雨课堂平台,因此,相关研究还不能为一线教师提供可直接借鉴的教学实践案例。智慧教室作为智慧教育落地教育实践的产物,全国各地基础教育阶段正在大力建设和推广应用。基于智慧教室如何进行教学模式的革新,相关实践探索有待深入开展。

本案例将研究视角聚焦于具体的智慧学习环境,基于智慧教室促进个性化学习的案例设计与应用,是一次行之有效的教学实践探索,能够为一线教师提供具有现实意义的启发。本案例结合智慧教室的环境特征和学生特质设计课程,方案提出教学过程的实践环节及具体实施过程,通过学习过程数据驱动和干预教学决策与进展,从而促进学生的个性化学习。教学实践数据表明,基于智慧教室的学习环境能够有效促进学生的个性化学习,使学生获得良好的个性化学习体验。本案例针对教学过程采用学习数据图的方式进行具体呈现,可以帮助一线教师清晰了解教学过程的具体实践流程,如何对学习过程数据进行可视化分析来驱动教学决策和进程,在此基础上进行智慧教室支持个性化学习的本土化探索。与此同时,拓宽了智慧教室在基础教育阶段的应用思路,尤其是为智慧教室的常态化教学应用提供了一定参考。虽然本案例取得了一些研究成果,但在实践过程中受主客观环境的限制,也出现了一些值得反思的问题,具体如下:

第一,案例教学内容相对单一,教育实践的周期性与反思性方面未来要持续加强。由于客观环境的限制,本案例只是针对某节教学内容进行具体的设计和实践,案例教学实践的周期性较为有限。不同学段、不同课程的教学要求和学生身心发展特征不同,基于智慧教室的学习环境如何实现个性化学习,具体的实践效果是否能达到预期设想,亟待研究的后续开展并进行实践。由此,未来可考虑面向教育技术学其他专业课程进行大规模的设计和应用。不同专业课程具有不同的特点与育人标准,如何充分利用智慧教室的软硬件环境促进学生个性发展,教学实践过程应如何设计和实施,这仍需进一步进行实践探索。

第二,智慧教室支持下的课堂教学对师生数据素养提出了较高要求。智慧教室作为教室信息化建设的最新形态,势必会变革课堂教学的形态和模式。个性化学习如何在智慧教育场景中进行实践,是智慧教室发展到一定阶段的内在诉求。换言之,智慧教室环境下学习数据驱动的课堂学习已成为必然。智慧教室虽支持学生学习全过程的数据记录,但学习平台记录、捕获学生的过程性数据后,如何通过数据的分析可视化为教学策略,有效促进教师的教与学生的学,成为教学实践过程中出现的难题。由此,教师和学生应逐步提高自身的数据素养,提高对学习数据的捕捉力、分析力及决策力。教师作为教育的领路人,要通过对学习数据的获取、分析,及时做出科学合理的教学决策,引导学生尽可能地实现最近发展区,在原有基础上获得最大程度的个人成长。而学生作为个性化学习的主动发起者,要能够对学习数据如何帮助自己了解学习参与性有较强的敏锐性,利用学习数据客观认识学习过程,反思自己当下的不足并进行改进。

作者简介: 阮志红,贵州师范大学教育学院副教授;饶翔,贵州省仁怀市第六中学教师。

技术支持的县域乡村紧缺薄弱学科教学探索

刘军　高凯凯　刘海群　郭朦

教育公平一直是中国教育持续发展的实践命题,教育不公平现象在城乡教育、区域教育之间尤为突出。乡村学校课程设置无法满足学生的实际需求,音乐、美术、科学等素质课程,在教育水平相对落后的地区,因教师严重缺编或流失,导致这类课程"开不齐、开不足、开不好"的现象普遍存在。为了缓解乡村薄弱学校和教学点缺少师资导致"开不齐、开不足、开不好"国家规定课程的问题,教育部积极推进"专递课堂"的建设,推广"一校带多校、一校带多点"的教学模式,并在湖北、安徽、海南、云南、四川等多个省市积极实施并取得了显著的成效。2020年,教育部发布《关于加强"三个课堂"应用的指导意见》,明确要求到2022年,全面实现"三个课堂"(专递课堂、名师课堂、名校网络课堂)在广大中小学常态化按需应用。逐步实现依托信息技术的"优质校带动薄弱校、优秀教师帮扶普通教师"帮扶模式制度化,实现优质教育资源的均衡配置,进而实现公平而有质量的教育。专递课堂作为信息时代的产物,在国家政策的支持和教育工作者的努力下,为乡村学校输送丰富的优质课程资源,帮助薄弱学校"开齐、开足、开好"国家规定课程,提升乡村教育质量的重要作用已经得到广泛的认可。由此可见,专递课堂的建设与应用成为教育资源优质均衡、促进教育公平的重要的途径与举措。

据调查,目前,乡村薄弱校或教学点义务教育课程的设置出现结构性失衡、远程教学主讲教师备课不符合学生实际、教学交互性差等问题。为探索技术支持县域乡村紧缺薄弱学科教学的实践路径,贵州师范大学于2021年11月启动了"5G+乡村教育"项目,充分发挥学校国家级教育综合实验教学示范中心"5G+乡村教育"实验室的直录播系统、互动智慧教室平台优势,组织实施了贵州师范大学"5G+乡村教育"三个课堂系列活动,从课前备课到课后评价反馈设计了专递课堂的教学过程,并在贵州省仁怀市、贵州省遵义市等多所中心学校以及乡村学校教学点组成教学共同体进行试点,探索技术支持下英语、音乐课程的教学过程,以期在实现教育资源优质均衡发展的同时增强远程教学的交互性,促进乡村学生的个性化发展。由于篇幅限制,本案例着重展示团队面向某中学初中一年级学生开展的音乐专递课堂的实践探索。

一 教学目标和内容

(一)教学目标

(1)通过对《中国人民解放军进行曲》的学习与赏析,了解进行曲的节拍、速度、情绪、节奏、结构上的主要特点以及相互之间的联系。

(2)通过对《中国人民解放军进行曲》的欣赏,了解此曲中的附点节奏、切分节奏以及休止符的运用,使此曲节奏感强,表达雄壮有力的情绪,表现当代军人坚忍不拔、勇往直前的特点。

(3)通过对阅兵式片段的欣赏,树立民族自豪感、增强民族自信心。

(二)教学内容

本案例的教学内容是人教版七年级音乐教材中的《中国人民解放军进行曲》。该部分课程从赏析歌曲入手,帮助学生了解进行曲的特点,主要从节拍、速度、情绪、节奏、结构上进行分析;同时,让学生感受其旋律中的同音重复、旋律的重复与变化重复创作手法的运用,为后续课程的学习打下坚实基础。

二 实施对象

本案例中的音乐专递课堂面向的是贵州省某中学初中一年级学生,该校音乐课程基本处于未开课状态,学生缺乏基本的乐理知识,但是参与过远程教学过程,具有使用信息化设备的基础。

三 教学环境和工具

本案例的教学环境是一种以实体空间为载体,通过网络技术连接不同实体空间中各种相关的教学要素构成的集数字化学习资源、软件设备、实体场所以及配套的服务设施为一体的学习空间。该教学环境既包括物理空间(如图1),也包括虚拟空间。

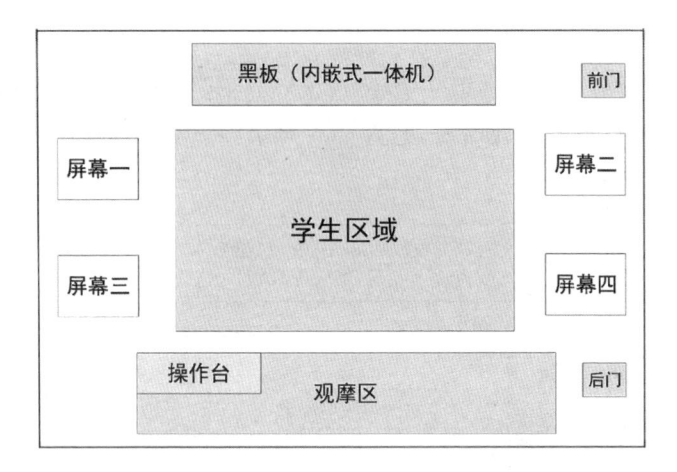

图1 "5G+乡村教育"物理空间平面图

其中,课堂实体空间配有无线桌面交互展台和智慧课堂交互系统(如图2),解决了因距离或网络等因素造成的信号传输问题,能够有效实现教学过程音视频的采集、传输、存储,在不改变传统教学习惯的同时实现实时记录课堂实况。

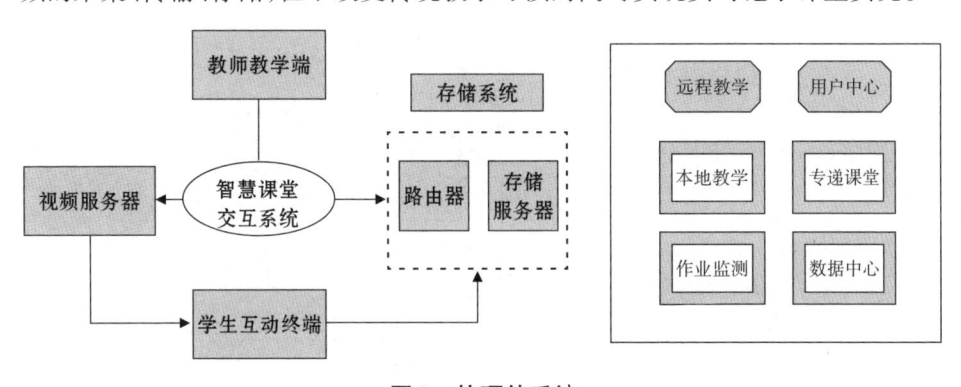

图2 软硬件系统

四 教学过程

专递课堂的教学过程分为三个部分:(1)协同备课。该环节的目的是根据分校学生的基本情况经过多重交流研讨形成上课使用的最终的文稿。(2)协作上课。该环节是整个教学过程中的重中之重,不仅是为乡村学校薄弱学科教学进行的探索,更是为第二次专递课堂的开展提供借鉴。(3)同步听评课。该环节是教学过程中的最后一个环节,主要展示基于网络的听评课的形式,以及记录课堂的方式。

（一）协同备课

协同备课是教学过程的第一个环节，该环节主要经历"交流备课—第一次研磨—第一次修订—第二次研磨—定稿"五个环节。该活动过程在一周之内完成，具体流程如图3所示。

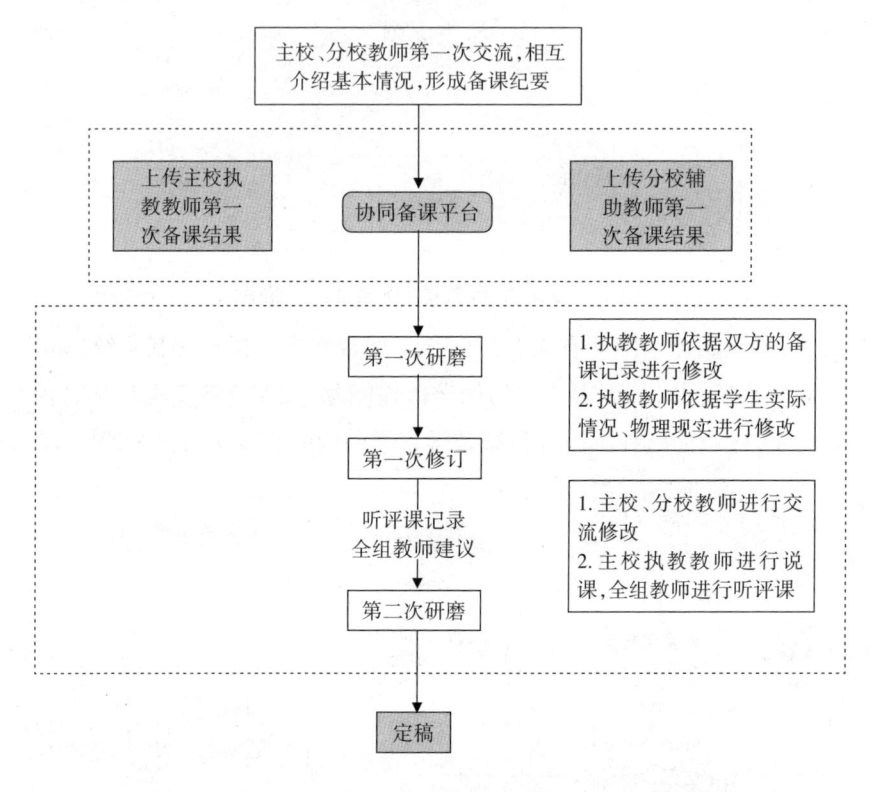

图3　协同备课流程

在主校开始上课的前一周，由主校执教教师连同分校教师在全体教师会议上进行交流，主要交流内容如下：

（1）分校教师向主校教师介绍学校的硬件配备情况、参与课堂学生人数以及学生的基本情况；

（2）主校执教教师须告知分校教师和学生要做好哪些准备工作；

（3）进行分工，明确各单位相关人员的职责。

在交流之后形成备课纪要，上传至协同备课平台。双方教师根据备课纪要进行第一轮备课并将备课结果上传至平台，主校执教教师根据双方的备课记录、学生的实际情况以及物理现实进行第一次研磨修改，完成第一轮的修订工作。之后主校、分校教师在交流意见的基础上由主校执教教师进行说课，全组教师进行听评课并给出意见,执教教师根据听评课记录以及全组教师的意见进行修改,完成第二次研磨并形成最终的定稿。

本案例在进行音乐专递课堂的教学探索中,采用协同备课流程完成备课,并根据教学点的实际情况以及对音乐专递课堂教学的深入反思制定更加详细的任务分工,用以区分主讲教师和辅助教师在备课、上课、课后辅导上的分工与基本职责(如表1)。

表 1　专递课堂中"双师"任务分工

	主讲教师	辅助教师	教学点学生
备课环节	①制订教学计划,明确教学目标 ②主动与辅助教师沟通,了解农村教学点学生的基本情况 ③选择适宜的教学策略和内容 ④将编写的教案与辅助教师交流,提出对学生课前学习的要求 ⑤做好课前教学准备,确保网络、仪器设备正常	①跟主讲教师进行沟通,将学生的基本情况与主讲教师进行深入交流,了解课堂的教学计划和目标 ②根据学生实际情况对教案给出本土化建议 ③将主讲教师对学生的要求落到实处,配合主讲教师督促学生做好课前准备 ④了解音乐课程的基本知识,对课堂教学提出合理的建议 ⑤检查仪器设备,保证设备正常运行	①根据自己的需要提出合理的建议 ②提前预习,做好课前准备工作 ③按照规定要求参与课堂
上课环节	①明确教学目的,创设适宜的课堂环境,激发学生的学习积极性 ②确保讲授具有条理性、科学性、可理解性 ③组织课堂讨论,对学生进行提问,加强与学生的互动交流 ④布置适度课堂训练任务,及时解决学生的疑难问题 ⑤管理课堂	①协助主讲教师营造良好的课堂氛围,落实主讲教师发布的任务 ②将学生的疑难及时反馈给主讲教师 ③协助主讲教师组织学生讨论,检查学生的学习进度 ④在不影响主讲教师教学的前提下,适当维持课堂纪律	①积极参与课堂,认真听讲,遵守课堂规则 ②提出自己的疑问,发表自己的看法 ③积极与主讲教师互动,主动完成课堂练习 ④课堂内容过难或进度过快时,及时反馈给主讲教师或者辅助教师
课后辅导环节	有条件时参与学生的课后辅导工作	①做好学生的思想教育工作,帮助学生养成良好的学习习惯 ②必要时寻求主讲教师的帮助 ③将学生课后的学习情况反馈给主讲教师	①积极主动地完成课后作业 ②将课堂学习的知识运用到生活实践中

(二)协作上课

1.教学准备

执教教师根据最终的教学计划,准备多媒体教学课件、教学音频和视频。贵州师范大学教育学院提供技术保障,安排专人负责调试设备,确保该校的硬件设施、5G网络等正常运行。

2.导入

教师利用智慧课堂交互系统播放了阅兵式的材料,并请学生一边欣赏中国军人的风采,一边做一些简单的动作体验背景音乐带来的力量感。教学点和中心校的学生的课堂实况可以通过系统在相应的电子屏幕上显示。在该过程中,主讲教师开始收集学生学习的过程性数据,并通过电子屏幕进行分组展示。在观看完阅兵材料之后,主讲教师与学生交流对解放军的印象,引入今天的内容《中国人民解放军进行曲》。

3.新课讲授

教师向学生展示《中国人民解放军进行曲》的歌谱,播放这首歌曲并向学生提问:请同学们结合刚才播放的视频材料,从歌曲的旋律、节奏以及歌曲塑造的形象等方面思考这首歌曲表现了什么。在学生思考的过程中,辅助教师协同主讲教师对学生进行随机分组并按照圆桌式座位排列进行就座,给出两分钟的时间让小组进行讨论,派出一人进行回答。在讨论过程中能够听到学生七嘴八舌地说:"表现了一种强大的力量。""表现了人民军队豪迈雄壮的军威。""表达了一种雄壮豪迈的气概,一种勇往直前的气魄。"……课堂氛围十分和谐融洽,教师的教学风格、教学方式能够深深吸引网络两端的每一位学生。教师让每一个小组选派一位代表进行回答,在回答过程中不断鼓励、引导学生,通过这种方式学生积极融入课堂,参与度极高。

学生的座位不再采用传统的秧田式排列方法,而采用的是圆桌式的座位排列方式,目的主要有两个:其一,这种排列方式有利于学生的交流互动,容易调动课堂的整体氛围;其二,这是一节有技术支持的专递课堂,学生的实时情况通过摄像头在屏幕上呈现,这种排列方式能够将所有学生都呈现在屏幕上,增强学生的课堂参与感。这也是保证课堂效率的一个基本前提。

主讲教师借助技术手段和交互策略增强教师、中心校学生与分校学生交互的便捷性,提高教学临场感,进而打破物理空间的限制,让不同空间的学生真正有"同上一节课"的感觉。在与学生进行了深入互动的基础上,主讲教师开始了视谱演唱,伴随着悠扬的钢琴声,教师开始哼唱旋律,在哼唱过程中有意识地引导学生去体会歌曲各个部分节奏、旋律的特点,开始了分段教学。

(1)提问学生:引子部分表达了什么情绪?节奏上有什么特点?

教师引发学生思考"引子部分是否由1、2两个小节构成",启发学生感受以三个"向前"开头,音调越来越高(重复播放开头音乐,让学生体会音调的变化)。教师问:"请同学们思考一下,为什么以三个'向前'开头并且音调越来越高呢?"学生甲:"是在积攒情绪。"学生乙:"是在为后面高昂的情绪做铺垫。"……这一部分一方面在逐渐引动人的情绪;另一方面它以主音重复的高音进行,引出了附点八分节奏的动机用音符模仿了冲锋号的效果,似乎吹响了战斗号角,振奋人心,一下子把人的情绪拉到高潮,并且这个动机贯穿歌曲的始终。此处最后一个音可以适当延长时值,为后面主体部分的进入做好情绪准备。

(2)通过连续启发追问,帮助学生掌握进行曲的特点与节奏。

教师问:第一段起止于哪个小节?它的节奏有什么特点?第一段从3~37小节构成AA'的结构,以富有动力感的切分节奏围绕主三和弦的和弦音依次上行,进行到高八度主音,以附点四分节奏得到强调。这段歌曲以主和弦为骨干音,以富有动力感的切分节奏、附点四分节奏和具有稳定感的均衡、规则的八分节奏交替出现,形成充沛、激昂的律动感。高潮部分由附点八分节奏构成的核心动机三次重复强调,扩充了乐句结构,由低向高推进到歌曲最高音,构成勇往直前、不可战胜的宏大气势和强大力量。

教师让学生比较不加任何节奏的演唱和加附点与切分节奏的演唱二者的区别,感受加上附点和切分后给人的感觉是什么。

教师问:第二段起止于哪个小节?节奏、音高有什么特点?第二段由38~45小节构成简短的连接句。休止符的运用缓解了音乐前进的动力,形成短暂的休憩,以及情绪和力量的转折,为歌曲高潮的到来做铺垫。

教师问:第三段起止于哪个小节?节奏、音高有什么特点?第三段从46小节至结束。在平稳的两个乐句之后,附点八分节奏构成的核心动机由低向高不断推进,在高音上短暂停留之后,坚定地结束在主音上。

教师问:全曲大量运用了附点和切分节奏,目的是想表现什么?整首歌曲具有进行曲的特点,富有动力感,以及坚定不移、奋勇向前的气势。

4. 课堂练习

通过完整的教学,学生对整首歌曲有了深刻的认识,在此基础上再次播放《中国人民解放军进行曲》,让学生再次感受作品的结构,体会歌曲传达出来的豪迈雄壮的气概;让学生根据之前的分组,听着音乐采用不同的动作进行表现,激发学生的创造力、想象力以及表现力。

教师让学生有感情地演唱并进行点评,不正确的部分进行现场纠正并让学生进行评价,增强学生的课堂参与度。之后,教师请学生起立与教师一起跟着音乐伴奏共同演唱,主讲教师进行指挥,提醒学生把握力度与情感的变化。

5.课堂小结

主讲教师进行总结。

师:同学们,今天我们接触了进行曲这种音乐体裁,并欣赏了由著名的作曲家郑律成所作的《中国人民解放军进行曲》。通过学习,我们更好地掌握了该歌曲的演唱技巧,深刻了解了为什么好歌、经典曲目可以流传至今,广为传唱。同时,我们也学习了这种类型的乐曲可以通过哪几方面来赏析。这节课到这里就全部结束了,感谢各位同学的积极参与。

(三)同步听评课

传统模式下的听评课,形式单一,教师只能采用文字记录,并且受时间、空间等因素的制约。传统模式下的听评课,主校教师、分校教师必须在同一时间、同一地点进入同一个课堂才能参与该活动,如果错过可能就无法参与到听评课中来。基于此,本案例尝试探索网络听评课的模式,目前已经可以实现现场评课、录像评课、直播评课等多种评课形式,还可以采用录音、摄像、拍照等方式记录课堂的精彩瞬间,丰富了课堂记录方式,大大降低了教研活动的成本。

音乐专递课堂上的听评课改变了传统的听评课模式,采用的是"现场+录播"的方式,具体操作方式为将全组教师分为两个部分,一部分参与现场听评,另一部分对录制课堂的音视频材料进行听评,然后集中起来进行讨论,分析教学过程中存在的问题以及值得借鉴的地方。主要讨论以下几个方面的内容:

(1)两种听评课的方式对课堂感知的差异,有什么有效的方法可以解决;

(2)教学过程中存在什么问题,学生的参与度与线下课堂存在什么差异;

(3)这种教学模式相较于传统课堂存在什么优势;

(4)学生学习效果的测评。

通过对这些问题的探讨,教师能够充分认识到专递课堂"双师"协作模式的优劣势,以便在实际应用过程中规避一些常规问题,提高课堂效率。

五 教学评价和反思

关于本次活动的反思与评价,经过商讨决定采用问卷调查、专递课堂的教学评价量表以及教研组成员的听评课记录和建议三个维度的数据,对本次专项活动的开展效果进行定量和定性分析。

(一)互动方式方面

通过对上述数据的分析,专递课堂的弊端不容忽视。在传统的授课方式下,教师与学生是面对面的互动交流,教师能够及时发现并解决学生遇到的困难。而在基于网络的专递课堂中,学生面对的只是一套智能设备,降低了互动交流效率,同时由于网络卡顿、延时、图像模糊等技术问题,教师与学生的互动存在延时,甚至教师对一些学生的问题不能够及时反馈。在整个教学过程中发现,执教教师利用点名册点名与学生互动是最有效的方式,会让学生感觉十分亲切。与此同时,全体教研人员还需要继续钻研、磨课,丰富能够提高师生互动的高效方法,并在每一次的专递课堂中根据实际情况及时做出调整。

(二)硬件设施方面

乡村学校教室往往只有一块屏幕,缺乏完整的录播系统,学生回答问题时需要手持话筒才可以收音,主校教室顶上安装有话筒可以集中收音。分校学生在回答问题时需要传递话筒,这会造成互动的中断,延长教学时间,影响教学质量。本案例中的某中学教室顶上安装有完整的收音系统,学生与主讲教师的互动不再依靠传递话筒,互动效果、课堂氛围明显强于英语专递课堂。因此,若要实现"三个课堂"在中小学的常态化应用,应当更加关注乡村学校的硬件设施建设,减少外界条件带来的阻碍。

(三)作业点评方面

作业环节无法直接辅导学生。专递课堂进入作业环节后,主校执教教师通过屏幕无法直接看清楚学生的作业细节,难以进行实时点评、现场辅导。在这一环节中,主校执教教师只能对着屏幕隔空说一些注意事项。面对这种尴尬境地,执教教师往往会产生一种无力感。为了缓解作业点评困难的问题,音乐专递课堂教学采取了"双师"协作的模式,分校教师辅助执教教师完成课堂作业的实时反馈,并取得了良好的成效。

作者简介:刘军,贵州师范大学教育学院教授;高凯凯,贵州师范大学教育学院硕士研究生;刘海群,贵州师范大学教育学院硕士研究生;郭朦,贵州师范大学教育学院硕士研究生。

融合参与式学习的中职BOPPPS混合式教学

张秀丹　阮志红

近年来,虽然国家对职业教育的重视程度越来越高,但中职教学仍存在诸多问题,学习者学习兴趣不浓、课堂参与度不高等问题在中职公共课的教学中尤为明显。针对中职公共课程,当前国内学者主要集中于在典型混合教学理论的指导下,以改进课程教学效果、提升教学质量为目标,运用相关的平台与多种教学样态及教学法等的融合,构建相应的教学模式,开展了一系列的混合教学改革研究。这些研究取得了一定的成效,但多数研究论据不足或缺乏具体的实证研究过程,有的研究基础理论薄弱,有的则缺乏实际教学案例及相应的效果验证。由此可见,教学改革方向应转向教与学的内在过程,让学习者对学习产生兴趣并积极参与到教学中,增强学习者在教学中的正向影响力。在中职教学中,设法充分调动学习者的主观能动性和学习积极性,促进教与教、教与学、学与学的全面互动,加强学习者在课堂上的参与度,才能进一步提高中职教育教学质量。

参与式学习是一种体验式的学习方式,它强调以人为本、学习者积极参与、尊重学习者学习主体性及个性发展等现代教育观念。[1]而BOPPPS模型是一种以教学目标为导向、以学生为中心、以建构主义和交际法为理论依据,强调学生在课堂教学中进行参与式互动学习、课堂教学成效及时反馈的闭环式教学活动。[2]因其将课堂教学过程分为导入(bridge-in)、目标(objective)、预评价(pre-assessment)、参与式学习(participatory learning)、后评价(postassessment)、总结(summary)六个环节,简称为BOPPPS。[3]以参与式学习环节为核心的BOPPPS教学模型为中职的教学改革提供了新思考,基于此,本案例利用云班课网络教学平台搭建线上线下混合教学环境,开展参与式学习的中职BOPPPS混合式教学,有一定的理论价值和实践意义。

---

[1] 曾琦,杜蕾.参与式学习的本土适应性分析[J].教育理论与实践,2005(15):43-45.
[2] 张建勋,朱琳.基于BOPPPS模型的有效课堂教学设计[J].职业技术教育,2016,37(11):25-28.
[3] 张建勋,朱琳.基于BOPPPS模型的有效课堂教学设计[J].职业技术教育,2016,37(11):25-28.

一 教学目标和内容

(一)教学目标

本次任务的教学目标如表2所示。学生在了解项目一"选购与调试家用计算机"的项目任务内容后,先认识硬件,了解硬件的功能,了解当前主流计算机的性能和配置,以及当前市场和网上商城的计算机价格及趋势,掌握购买计算机的主要指标。该任务主要通过场景设计,让学生根据预设的条件和选购计算机的要求来列出合适的计算机硬件配置清单。

表2 "计算机硬件的组成"教学目标

目标维度	教学目标
素质目标	1. 培养信息意识,增强信息敏感度,判断信息价值
	2. 培养运算思维,强化解题能力,运用合理的算法
	3. 创造数字化的学习环境,提升对学习过程和资源的有效管理能力
	4. 培养信息安全意识,增强在信息社会中维护信息安全的能力
知识目标	1. 了解组成计算机的主要部件及其功能和作用
	2. 了解计算机的基本硬件组成及其相应指标
	3. 将低碳、节能理念渗透在家庭电脑选购过程中
技能目标	1. 掌握计算机各硬件之间的搭配原则,能根据需求制定装机方案
	2. 能根据用途列出计算机硬件性能清单,评价其是否合理

(二)教学内容

"计算机应用基础"是为中职一年级学生开设的一门必修基础课,是一门实践性较强的零基础入门课。通过本课程的学习,使学生了解计算机常见的软硬件知识,对近年来较前沿的VR、大数据及人工智能等热门知识有所认识,掌握主流操作系统Windows的基本操作,熟练使用常见的办公软件Office。本课程旨在为学生将来走上工作岗位打下良好的基础,并激发学生自主学习的能力,促进学生职业能力与道德的培养。本课程的课程目标如表1所示。本课程的考核方式为闭卷考试,细分为理论考试和实际操作考试两大块,各占50%的比例。

表1 "计算机应用基础"课程目标

目标维度	课程目标
知识目标	1. 能了解计算机软硬件系统的基本知识,了解计算机网络及相关信息技术,熟练使用Windows这一主流操作系统
	2. 熟练掌握添加、删除、查找等Word 2010文档编辑软件的基本操作技巧,能够应对办公中常见的文档编辑
	3. 熟练掌握表格编辑软件Excel 2010的基本操作技巧,能够运用常见的功能进行计算、统计、分析等表格的处理
	4. 熟练掌握演示文稿软件PowerPoint 2010的基本演示功能,并对网络基础知识有一定的了解
能力目标	1. 具备良好的动手能力,处理文档时可以使用常用的Office软件
	2. 具有较好的逻辑分析能力,在办公作业中能够较快地完成任务
	3. 具有良好的沟通展示能力,能对工作中的数据进行分析和展示
	4. 具有较好的自学态度和自学能力,完成工作任务时能融会贯通地运用各种技能
素质目标	1. 具有认真严谨的工作态度
	2. 具有良好的职业道德素质
	3. 具有良好的团队合作精神
	4. 具有一定的分析问题的能力
	5. 具有综合运用知识解决问题的能力

本案例根据"计算机应用基础"课程中项目任务的难易程度,选择了教材中重要且较难的任务"计算机硬件的组成",其对应的章节内容是配套教材中项目一任务1"认识计算机硬件 填写配置清单"。通过小组合作学习引导学生参与其中去完成任务,学生4~6人为一组,彼此间分工明确、互帮互助,利用教师提供的资源和集思广益的办法,共同解决所遇到的难题,锻炼合作能力。教师利用网络教学平台云班课辅助教学,适时引导,增强学生在小组学习过程中的投入度。

二、实施对象

本案例面向某中等职业学校信息工程一年级的学生。在本研究中,主要从学生的一般特征、在接触课程教学前的预备知识及学习偏好三个方面进行学情分析。

(一)学生的一般特征

学生的一般特征包括年龄特征、学习动机、对新知识学习的期望、学习背景等。目前,在校的中职一年级学生几乎都是"00"后,也称"千禧一代",他们最大的特点就是生活在中国的移动网络时代,即使是来自偏远山村的学生,他们也会每人配置一部智能手机,为移动学习提供了条件。另外,受新冠疫情的影响,学生更是处于一个全新的教育信息化时代,对于在线学习比较熟悉,并且能够很好地接受在线学习。在这样信息量巨大的网络时代,学生对于新知的渴求度远高于以往的学生,并且具有一定的独立思考能力,但对事物的真假是非分辨能力还不足。期望在这样的社会背景下快速高效地学到自己想学的东西,是他们的共性。

(二)学生的预备知识

预备知识主要指学生在开始课程学习之前就已经知晓或掌握的知识和技能,以及这些知识和技能对新知识的学习有何影响等。通过实地考察和访谈了解到,参与"计算机应用基础"课程教学的学生来自不同的教育环境和背景,他们之间在应具备的计算机基础知识方面差距较大,有的学生是零基础,对于计算机正常的开关机流程还未掌握,而有的学生虽然知识不够系统,却掌握了不少操作技能。基于九年义务教育体制下大多数学生在中小学接触过计算机,但对于计算机的学习不够系统,可知学生已掌握的课前预备知识参差不齐,基础较为薄弱,且因为长期不使用,遗忘情况较普遍。

(三)学生的学习偏好

学习偏好主要是从学生心理方面进行分析的,指在教学过程中学生偏爱的学习方式、喜欢使用的工具或资源以及在学习时表现出的个人情感对学习的影响等。现今课堂教学模式多种多样,如自主学习、合作学习等,学生因个人的性格喜好等原因可选择不同的学习方式进行学习,以此促进自己的知识建构和技能提升。据了解,多数学生更喜欢合作学习。若在学习过程中没有了教师的监督或同学的帮助,学生很少会主动地去完成课后的学习任务。在信息化时代,学生不满足于学习资料仅仅以文字或图片的形式进行呈现,更期待教师能提供形式多样的学习资源,从而选择适合自己的资源进行学习。同时,教学工具和资源的多样化,使学生在学习过程中对工具的适应、资源的筛选难度变大,虽然学生普遍的适应能力较强,但对自己的信心不足,需要教师进行合适的引导与帮助。

三 教学环境和工具

在本案例中,教学环境是将线上的网络学习环境和线下的面对面课堂教学环境相结合,也是课堂外学习与课堂内学习的结合。学生通过课外在线学习明确学习目标,掌握所要学习的知识点,在师生互动交流时使知识点进一步内化,结合课堂上教师的指导与实践,完成整个知识体系的建构。

本案例选择的网络虚拟学习环境支持的平台是云班课。云班课是一款基于移动互联环境,以增强课堂教学互动为主要目的研发的一款永久免费的教学工具。云班课的功能覆盖了教与学的各个环节,包括考勤、教学资源、课堂教学活动、学习参与活动,以及个性化人工智能助手等方面,这使得教与学的过程得以顺利进行,且记录在案,有利于后期教育工作者和学生的教学反思与总结。

云班课基于移动互联的环境,在手机APP和电脑WEB端均可使用,但是两者之间略有区别,如表3所示。手机端方便师生随时随地地进行操作和即时互动。电脑端功能齐全,能够承载大量的文件传输、学习过程数据导出等复杂程度较高的操作。二者各有优势和使用场景,在使用云班课的过程中,应将两种方式结合起来,辅助教学的效果会更好。

表3 云班课在手机APP与电脑WEB端的功能区别

设备	手机APP	电脑WEB端
功能	参与签到	教学包
	语音控制	从教学包创建班课
	私聊	批量上传资源
	勋章	编辑图文页面资源
	课程圈	资源库管理
	心意卡片	题库导入
	从其他应用转发文件至暂存区	活动结果导出
	挂科预警	班课数据导出
	手机投屏	教学报告
		学习报告

云班课平台针对不同身份的使用者,功能略有不同。对于教师而言,云班课的功能较为丰富,有创建班课、教学资源管理、教学活动管理、成员管理、班课消息管理、班课数据收集及导出、教学包和教研圈等。该平台在课堂教学中还有着丰富的活动辅助功能,如讨论、头脑风暴、投票、问卷、测试和小组任务等。对于学生而言,云班课的功能与教师角色的功能是相对的,有加入班课、资源学习、参

与教学活动、接受班课信息、查看班课消息、查看个人学习数据、使用课程圈等。

基于云班课的庞大功能，教师可以借助此网络教学平台更好地完成教学工作。本案例中使用频率较高的功能如图1所示。

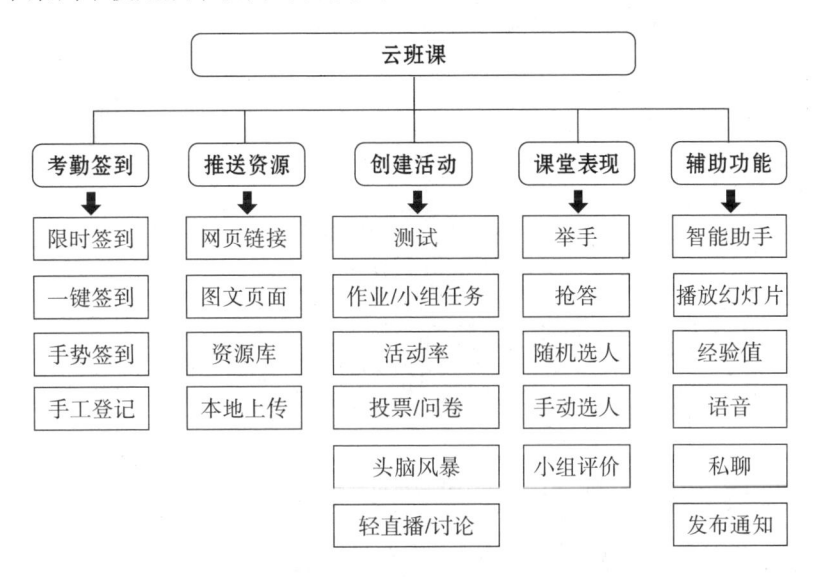

```
                          云班课
    ┌──────┬──────┬──────┬──────┬──────┐
  考勤签到  推送资源  创建活动  课堂表现  辅助功能
  限时签到  网页链接   测试    举手    智能助手
  一键签到  图文页面 作业/小组任务 抢答   播放幻灯片
  手势签到  资源库    活动率   随机选人  经验值
  手工登记  本地上传 投票/问卷  手动选人  语音
                    头脑风暴   小组评价  私聊
                    轻直播/讨论         发布通知
```

图1　云班课平台功能

鉴于云班课强大的教学辅助功能，教师可以通过该平台轻松地实现资源推送、考勤统计、课堂互动、组织教学活动、获取学习反馈等操作，学生可以实时接收到教师发布的资源和信息、参与教学活动、与教师和同学交流互动、反馈学习中遇到的问题和疑惑等。在线下的面对面课堂教学环境中，教师和学生、学生彼此之间亦可进行面对面的交流沟通，弥补网络虚拟学习环境中的情感缺失。该校拥有自己的信息化教学中心，提供的机房及其设备完全能够满足学生的学习需求。

要实现本案例的教学环境，教师和学生每人均需要置备一部移动智能手机或平板电脑，在教学过程中，必须保证教师和学生的智能移动设备的内存是充足的、网络是顺畅的且具有必备的教学APP（云班课、视频播放器、WPS Office、图片编辑器等）。

四　教学过程

在本案例的教学中，实验班基于BOPPPS模型的混合式教学模式进行教学实施，具体流程如图2所示。流程图中有底纹的环节为线上教学的环节，其余

135

为线上和线下混合教学的环节。

	流程	说明	步骤用时
1	自主学习确定目标	教学阶段:课前 教学方式:线上教学 要点:1.教师提前发布教学资源和目标内容 　　　2.学生线上自主学习	课前完成即可
2	教学前测	教学阶段:课前 教学方式:线上教学 要点:1.教师提前发布摸底测试题 　　　2.学生在课前完成测试,记录疑难点	课前完成即可,建议设定测试时间10分钟以内
3	课程导入	教学阶段:课中 教学方式:线下教学 要点:1.上课时完成测试则继续,直至全体完成教学前测 　　　2.及时评价前测结果 　　　3.处理学生反馈的疑难点 　　　4.选择合适的教学方法导入课程	15分钟
4	参与式学习	教学阶段:课中 教学方式:线上+线下教学 要点:1.充分利用平台功能激起学生学习兴趣 　　　2.选择不同的教学方法,避免课堂死板 　　　3.课堂活动以学生为主,教师为辅	50分钟
5	教学后测	教学阶段:课中 教学方式:线上教学 要点:1.提前制定教学后测试题,涵盖课堂知识点 　　　2.尽量让所有学生参与教学后测 　　　3.及时评价测试反馈的教学结果	15分钟
6	课堂总结	教学阶段:课中 教学方式:线上+线下教学 要点:1.教师点评课堂教学,概括知识点和技能点 　　　2.学生查缺补漏,完成知识的体系建构	10分钟
7	教学反思拓展提升	教学阶段:课中 教学方式:线上教学 要点:1.教师及时做出教学反思并提出解决策略 　　　2.教师发布拓展资源供学生提升训练	完成即可

图2　基于BOPPPS模型的混合式教学实施流程

本案例的教学过程主要分课前知识准备、课中教与学、课后自我完善三个阶段。

(一)课前知识准备

课前阶段主要在云班课网络教学平台上完成,具体任务由教师通过云班课的"消息"功能发布通知,学生在上课之前完成相应任务即可。此阶段的主要目的在于让学生明确教学目标,完成课前自学。

1."目标"(O):明确教学目标

教师利用云班课的"班课通知"功能新建通知,发布"计算机硬件的组成"的教学目标、教学重难点及主要教学内容,如图3所示。学生接收"消息"通知后自行查看,平台记录学生的查阅轨迹并反馈给教师,如图4所示。

图3　班课通知的新建页面　　图4　班课通知查阅反馈

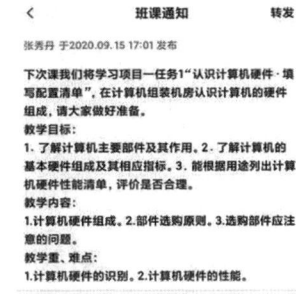

2.教学资源的分发与查看

教师将与教学任务相关的文件资料、视频等上传到云班课的"资源库",并发布到对应的班课资源组,学生利用自习时间查阅教师发布的资源。教师可通过查看情况,了解学生是否查看资源,以及查看的时长和时间。

3."前测"(P):摸底环节

教师在云班课活动库"测试"功能中创建课前摸底测试的试题,并发布到云班课,供学生在课前自学阶段自我检验知识点的掌握情况。创建测试活动的界面如图5所示。

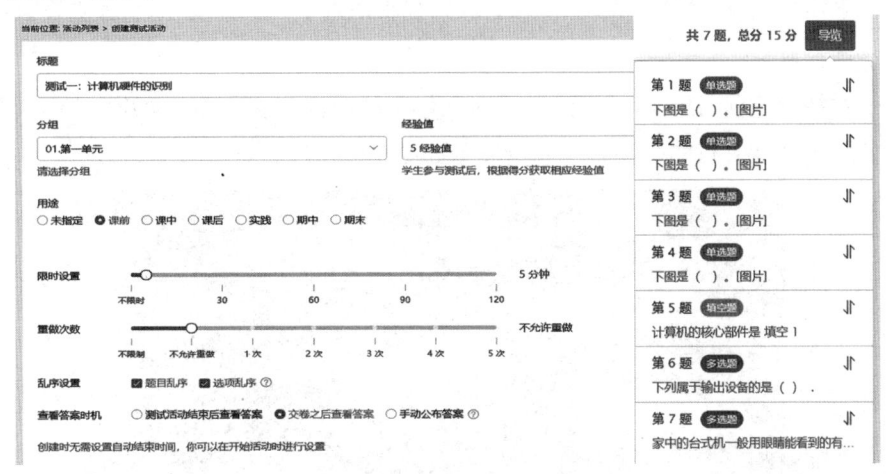

图5　创建测试活动的操作界面

(二)课中师生共同参与,完成知识传递

课中阶段主要以学生为中心,以教师引导为主,利用多种教学方式刺激教学,利用云班课平台中的"课堂表现""课堂活动"等功能活跃课堂气氛,激起学生主动

参与课堂教学的兴趣,完成知识传递的全过程。

教师在课上利用5分钟时间总结学生课前自学情况、点评课前测试结果,与学生讨论交流测试中的突出试题,总结预习情况,引出新知。教师抛出问题:"同学们,计算机的基本硬件都有哪些呢?"教师利用云班课的"举手""抢答""随机选人"等功能让学生积极参与问题的回答,活跃课堂气氛,快速将学生的思绪带入课堂。

1."导入"(B):课程任务引入环节

教师采用项目引入法创设具体教学情境,做出任务描述,引导学生融入角色。为了让学生能够见到实体的硬件设备,体验组装的操作过程,本次课程教学安排在计算机组装实训机房进行,让学生在完成选购家用计算机的实际任务过程中掌握计算机硬件的基本组成,了解此次任务的具体学习目标。具体任务描述如下:

师:根据张悦妈妈的工作需求,张悦选购的这台家用计算机的基本要求是:第一,性价比要高,价格控制在5000元左右;第二,计算机在当前是主流配置,能让张悦妈妈在家里的计算机上备课、上网查资料和日常办公,运行速度顺畅;第三,在以上条件的基础上增加部分外置设备,增强计算机的功能。张悦决定学习识别计算机零部件、整机相关知识及其选购技巧,列出个人计算机配置方案,并在合适的渠道进行购买。

在授课之前,让学生利用5分钟时间学习教材内容,一一对照实训机房内提供的各类硬件进行实物识别。实物展示如图6所示。

图6 计算机各硬件实物展示

实物对照学习结束后,教师将机房内常见的计算机基本硬件依次摆出展示,而后抛出问题引导学生思考:"这些硬件的基本性能是什么?"

2."参与式学习"(P):知识建构环节

(1)传授讲解:教师结合教材中的硬件组成及其各部件的介绍,引导学生对照具体实物深入认识各个硬件设备。

(2)演示组装:教师将一整套基本硬件摆出,在课堂上给学生演示如何将各硬件组装到机箱里,引导学生分析各部件的性能及其彼此间的关系。

(3)分组演练:教师在云班课中发布小组任务活动"识别计算机硬件并配备",让学生8人一组自由组合,并由选出的小组长分配任务,共同在机房内找出常见的计算机硬件,对各个硬件进行识别,拍照后用手机图像编辑软件命名,配成一套硬件设备后上传至"小组任务"中并提交。教师全程指导,学生在云班课"资源"中查看视频或文字资料辅助识别硬件设备。班课小组任务提交情况如图7、图8所示。以识别正确、硬件查找配套齐全为评分标准,正确率越高且配套硬件数量越多的小组分数越高。

图7　小组任务提交详情　　　图8　各组提交任务情况

(4)活动交流:所有小组提交完毕后,教师随机抽查学生的硬件识别情况。活动结束后,学生可以查阅本组及其他组的作业情况,还可在"讨论区"中留言。

3."后测"(P):检验效果环节

教师利用云班课的"测试"功能发布教学结束后的测试题,检测学生是否掌握本次课的知识内容。测试活动设置为"限时5分钟,不允许重答、题目乱序、选项乱序",以检验真实的学习效果。学生答题结束后,教师在课堂上对测试结果做分析点评,与学生讨论测试中出现的问题。

4."总结"(S):归纳总结环节

教师利用PPT演示总结本次教学中所讲授的知识要点,指出"识别计算机各个部件、掌握计算机硬件的性能"是此次任务的重点及难点。之后让学生绘制思维导图,进行学习总结,完善知识体系。知识点汇总如表4所示。

表4 知识点汇总

知识点	类别	部件	作用
计算机硬件组成	主机	CPU	中央处理器,是决定主机性能的关键部件
		主板	系统的核心,其他各个部件都与它连接
		内存	RAM,暂时存放CPU使用的程序和数据
		硬盘	系统中最主要的存储设备,是外存的一种
		光驱	高容量可移动的光盘驱动器
		显卡	控制屏幕上显示的信息
		声卡	让计算机具备了处理声音的多媒体能力
		网卡	将计算机与网络连接起来,可以共享资源
		电源	负责给计算机的每个部分供电
		机箱	容纳主板、电源、硬盘和系统中其他物理部件
	输入设备	键盘	负责向计算机发布命令和输入数据
		鼠标	目前以光电式鼠标为主
		扫描仪	输入设备,与计算机主机连接,提供将实物图片转变成数码图片的功能
	输出设备	显示器	显示计算机运行结果和人们向计算机输入的内容
		音响	与声卡配合使用,主要用来输出声音
		打印机	与计算机主机连接,提供文档/图片打印功能

教师在云班课发布讨论"电脑故障可能是什么硬件的问题",让学生提出使用电脑时出现的故障,其他学生在题下回答可能造成此故障的原因,以此调动学生的主动性,主动思考故障问题及其与硬件的性能关系。最后以思考问题引出下次课要学习的内容:(1)如何合理制定装机方案?(2)选购计算机时要注意哪些因素?

(三)课后师生总结反思,拓展提升

课后以总结反思为主,教师反思本次课程教学中的优缺点,发扬优点,找到不足之处加以改进;学生反思此次学习收获的知识点和技能,及时将不明白的地方与教师和同学沟通交流,完善自己的知识体系。

教师通过云班课发布拓展资源,让学生更深入地了解计算机系统,具体内容汇总如表5所示;同时发布拓展提升的资源和任务——制定个人装机方案,引导学生根据所学,通过太平洋电脑网自助装机平台完成个人计算机装机方案,并完成计算机配置清单。

表5 拓展内容知识点汇总

知识点	内容
计算机中的存储单位	"二进制"。1)位(bit):0或1;2)字节(byte)。1B=8bit
现代计算机的发展历程	第一代:电子管计算机(1945—1956年)
	第二代:晶体管计算机(1956—1963年)
	第三代:中小规模集成电路计算机(1963—1971年)
	第四代:大规模集成电路计算机(1971年至今)

五 教学评价和反思

(一)教学评价

项目教学任务完成后,需要对每位学生所完成的工作任务进行教学评价,评价的结果可分为优、良、中、差四个等级,具体的评价要求见教学评价表(如表6)。

表6 "计算机硬件的组成"教学评价表

评价项目	评价标准	评价结果		
		自评	组评	教师评
任务完成质量	1.能写出购买计算机的用途			
	2.能利用互联网获取当今主流计算机产品的信息、报价以及典型的计算机硬件配置方案及其配置说明			
	3.能利用太平洋电脑网自主装机平台完成需求的装机配置清单			
	4.能合作完成所需的计算机装机方案,并写出配置策略			
任务完成速度	在规定时间内完成本项任务			
工作与学习态度	1.能积极投入到本次合作学习任务中,认真完成个人任务			
	2.能与小组成员在学习过程中通力合作,表现出团队精神			
	3.在小组协作过程中能很好地与其他成员沟通交流			
综合评价	评语(优缺点与改进措施):	总评等级:		

教师在课后回顾教学全过程,发现利用基于云班课的BOPPPS教学模式确实能够提高学生的学习兴趣,特别是利用"摇一摇"功能随机选人参与课堂活动时,学生的学习热情高涨。从这个过程中可以看出,采用新的教学模式和教学方法可以使学生在课堂上变得活跃,增强了学习的趣味性;灵活地变换教学手段,也可以让学生时刻保持着学习积极性,提高学生在课堂上的投入度和参与程度。从各小组提交的课堂实训任务来看,相较于以往的同内容教学,此次教学任务全班的整体完成度较高,除个别相当内向的学生以外,其他学生都能参与到课堂学习任务中,并及时按要求完成了任务。从学生在云班课平台上的讨论、评价、留言等情况来看,学生之间的互动效果很好,这不仅有助于课堂教学的持续开展,也有利于学生之间的沟通交流,有助于学生的全面发展。

(二)教学反思

本案例将云班课网络教学平台与BOPPPS教学模式相结合,开展了混合式教学。纵观教学全过程,这种混合式教学模式对改变学生的学习态度起到了一定的积极作用,其教学六环节有效地将学生步步引入教学中,其中参与式学习环节在一定程度上增强了学生在课堂学习中的投入度,尤其是在课堂小组任务进行的过程中,全员参与学习的效果极佳,从而可以认定基于云班课的BOPPPS混合式教学模式能够促使学生积极学习,并有效改善本次课的教学效果。

本案例虽有不小的教学收获,但也存在着不足之处,如学生在云班课的活动中参与讨论时,更多的是为了赚取经验值;回答别人的问题时,多数学生也是通过百度查找答案,不愿主动思考问题;课堂小组活动时,班级人数较多,教师的指导不能做到面面俱到,致使个别学习主动性差或性格内向不愿与他人交流的学生未能积极参与到课堂互动过程中。

总结以上问题,拟出解决方案改善教学过程,主要的方法策略有三个:(1)课堂学习氛围不好时,教师可以利用云班课的功能活跃气氛;(2)小组活动时,教师应多指导小组长关注组内学习热情不高的同学,如果小组成员均不能被积极带动,则及时向教师汇报解决此类情况;(3)发起"讨论"活动时,设计讨论的主题应更加具体和细化,对于可加分的发言内容做具体说明,以此调动学生更加用心地去准备问题和解答方案。

作者简介:张秀丹,贵州省机电职业技术学院信息工程系教师;阮志红,贵州师范大学教育学院副教授。

项目式教学在教育技术学专业本科教学实践中的探索

黄琰　吕旭孜

教育技术学是当代教育科学与信息技术相融合形成的新兴学科,也是国家大力发展教育信息化迫切需要的学科。[①]2018年,教育部、财政部和国家发展改革委联合印发《关于高等学校加快"双一流"建设的指导意见》,指出要一体化构建课程、科研、实践、文化、网络、心理、管理、服务、资助、组织等一体化育人体系。同年,教育部印发《教育信息化2.0行动计划》,指出要"统筹各级各类教育的育人目标和信息化发展需求,兼顾点与面、信息化推进与教育改革发展,实现教学与管理、技能与素养、小资源与大资源等协调发展"。这对我国教育技术学科人才培养方向提出了新要求:一方面注重培养学科人才在新媒体、新技术、新理念与新方法指导下的理论研究水平;另一方面注重培养学科人才的实践创新本领。[②]目前,在我国高校教育体系中,主要采取内容导向的传统教学模式[③],知识的传授主要表现为教师主讲,学生静坐听课,学生缺乏知识的运用,接受与运用知识之间形成断层。学生在学习过程中被动地接受与理解知识,主体地位无法体现,发现与解决问题能力、自我探究能力、合作学习能力、创新能力等软实力发展的需要被忽视。[④]

2020年,教育部印发《普通高中信息技术课程标准(2017年版2020年修订)》,指出高中信息技术课程相关教学法应由单一技能训练转化为综合信息素养培养。"学会合作"被视作21世纪教育的四大支柱之一,《中国教育现代化2035》针对教育发展的薄弱环节与面临的突出问题提出了十大教育现代化发展的战略任务,强调要强化学生的合作能力。2018年8月,教育部印发《关于狠抓

[①] 胡钦太,王姝莉.新时代我国教育技术学科高质量发展的机遇与路径[J].现代远程教育研究,2022,34(4):21-28.

[②] 陈丽,王志军,郑勤华."互联网+时代"教育技术学的学科定位与人才培养方向反思[J].电化教育研究,2017,38(10):5-11,22.

[③] 曹高辉,陈菁,王丹.基于PBL的数据分析课程实验设计与实践[J].实验技术与管理,2020,37(11):181-186.

[④] 任英杰,戴心来.网络环境下基于项目的协作学习探究[J].电化教育研究,2004(12):57-60.

新时代全国高等学校本科教育工作会议精神落实的通知》,提出各高校要淘汰"水课"、打造"金课",切实提高教学质量。项目式教学以项目为依托,通过打造任务为导向的师生、生生合作学习情境,让学生在完成项目的过程中不断提高自主解决问题的综合能力,以培养其高阶思维,完成对教育技术学专业学生核心技能的培养与强化,实现高质量的教与学,符合"金课"的教学理念。本案例将项目式教学应用于教育技术学本科生专业课程"教育技术学核心技能强化"中,教师将课程内容分解设计到项目的每个环节中,并布置各个阶段的任务,使学生在项目完成的过程中实现对教育技术学专业学生核心技能的掌握。

一 教学目标和内容

(一)教学目标

本案例的总目标是期望通过本案例的学习,信息技术职前教师能够对信息技术教育与课程的价值具备正确的认识,形成信息技术课程开发的意识与基本能力,发展信息技术教学设计与实施的基本技能,充分理解信息技术教师专业发展的内涵。本案例的具体目标如下:

1. 信息意识

(1)能自觉主动地寻求恰当的方式获得与处理相关文件及资料,分析课程改革情况,为校本课程设计选题确定方向;

(2)通过对校本课程不同阶段文件与相关文献的检索、解读,锻炼对信息变化的敏锐度,分析数据中所承载的信息;

(3)以小组形式合作完成项目,激发个体自发地与团队成员共享信息的意识,发挥信息的更大价值。

2. 计算思维

通过判断、分析和综合相关信息资源,提炼总结校本课程设计与开发的流程与方法,形成运用计算机科学思想方法解决问题的思维方式,并迁移到本组的校本课程开发主题中。

3. 数字化学习与创新

(1)对现有校本课程进行比较与评估,认识其在数字化学习环境方面的优势与局限,选用适合本组校本课程开发主题的数字化资源与工具;

(2)在校本课程设计过程中充分发挥想象力,开展自主学习、协同工作与创新创造。

4.信息社会责任

(1)根据所选学校的实际情况,利用信息工具设计行之有效的校本课程,体会信息环境对教育教学发展的有利影响;

(2)树立信息安全意识,培养信息安全防护能力,遵守信息法律法规和道德伦理规范。

本案例主要需要学生回答两个问题:(1)新修订的义务教育课程方案和课程标准有哪些要点需要关注?(2)在新的课程体系下,如何为当地的中小学校开发高质量的校本课程?在此基础上完成两个任务:(1)对《义务教育课程方案和课程标准(2022年版)》进行梳理与总结提炼;(2)自选一所学校,结合该学校的实际情况,选定校本课程开发主题并完成设计,形成校本课程纲要并公开展示。

(二)教学内容

"教育技术学核心技能强化"的教学内容分为方案规划、资源制作、数据分析、学习设计四个模块。本案例聚焦于资源制作模块,项目的主要产出为一份校本课程纲要。其主要教学内容与要求包括:(1)校本课程的含义及类型;(2)校本课程的开发原则;(3)校本课程及校本教材的设计与开发流程;(4)校本课程设计与开发的主要问题与探索;(5)校本课程及校本教材资源的设计与开发。

目前,我国教师教育课程的突出问题是理论与实践的割裂。师范生的实践性知识不足,知识的性质制约与影响着课程目标、课程内容、教学过程和教学评价。加强对师范生实践性知识的培训,首先应清楚师范生应具备的知识的性质以及知识发展的目标。本案例从对师范生应具备的知识的性质以及信息技术教育本质两个视角出发,在"教育技术学核心技能强化"课程中设计了项目式教学项目"课程设计师:中小学校本课程新编程"。课程采用以实践操作与汇报展示为主的教学方式,让学生在学习过程中由浅入深、由抽象到具体地掌握资源制作的核心技能,以学生实践、交流讨论、汇报展示为主,以教师讲授演示为辅,达到专业核心技能强化训练的目标。

核心技能是人生存与发展必须具备的能力与技能,也是做人的基本能力与做事的基本技能,是从事任何职业都需要具备的基本工作能力。核心技能具有四个特质:第一,人们在职业生涯和日常生活中必需的、最基本的、通用性最强的技能;第二,具有普遍适用性、可迁移性并能辐射到各行业的通用技能和特定技能领域;第三,对人的可持续发展和终身发展具有深远影响;第四,对现代化生产和社会的顺利运转起着关键作用。教育技术学专业的毕业生,在专业核心技能层面,应具备筛选、收集和记录各种形式的信息资源的能力,处理利用、解释和提供数据以解决实际工作问题、提高工作效率的能力,影像设计与制作能力,信息技术教育教学管理及创新应用能力等。

二 实施对象

本案例的实施对象为贵阳市某大学教育技术学本科三年级的学生。该年级的学生不同于大一、大二学生专业课和各项活动较多,也不同于大四学生精力大多用在实习、找工作及考研备考上,其专业课及各项活动较少,因此,该年级学生有充分的时间完成教师布置的课下项目任务。此外,学生在参加"教育技术学核心技能强化"课程之前,已经完成了对学科基础课程如"教育技术学导论""学习科学与技术",专业核心课程如"教学系统设计""信息化教学理论与实践",信息技术应用方向系列课程如"大数据教育实践""人工智能技术"等课程的学习,具备完成课程设计项目的能力。本活动与学生实习紧密相连,为了顺利进行实习,学生会比较重视本门课程,因此,本案例选择此阶段的学生来实施教学。

三 教学环境和工具

本案例的教学环境为多媒体教室。教学工具有腾讯会议、超星学习通以及各种教学网站等(如图1)。本案例采取线上网络学习环境与线下面对面课堂教学环境相结合、学生课堂内学习与课堂外自学及讨论相结合的形式,利用超星学习通平台对学生学习过程进行数据采集与分析,从而进一步掌握学生学习情况。教师利用课上教学环境下发项目任务,学生利用课下时间小组讨论并完成任务。

本案例主要使用超星学习通平台对学生项目完成过程进行监控。超星学习通是面向智能手机、平板电脑等移动终端的移动学习专业平台。师生可以在超星学习通上自助完成图书馆藏书借阅查询、电子资源搜索下载、图书馆资讯浏览、学校课程学习、小组讨论、本校通讯录查看等。超星学习通拥有电子图书、报纸文章以及中外文献元数据,可以为师生提供方便快捷的移动学习服务。超星学习通不仅可以为学生提供丰富的学习交互与学习资源库,更利用大数据对学生的学习过程进行全程记录,并为教师提供及时反馈,帮助教师做好教学决策。此外,超星学习通还通过新颖多元的活动如抢答、点名、投票、分组等为学生提供强交互性学习体验。本案例利用此平台对学生进行分组,并在每周课前下发任务及参考资料供学生自学,同时检查学习进度,开展同伴互评。

图1　主要教学工具

腾讯会议是腾讯云旗下的一款音视频会议软件,具有300人在线会议、全平台一键接入、音视频智能降噪、美颜、背景虚化、锁定会议、屏幕水印等功能。该软件支持实时共享屏幕、在线文档协作。本案例主要利用腾讯会议进行学生学习汇报与教师点评。

四　教学过程

在课程开始前,教师按照课程大纲要求与课程目标设计项目流程与项目阶段,并在学习通平台上创建课程和班级,将项目所需的文献、书籍、网页等辅助资料上传至平台,指导学生加入该课程班级。本案例教学过程坚持以学生为中心,教师提供指导、帮助、协调与监控,其主要环节及师生活动如图2所示。

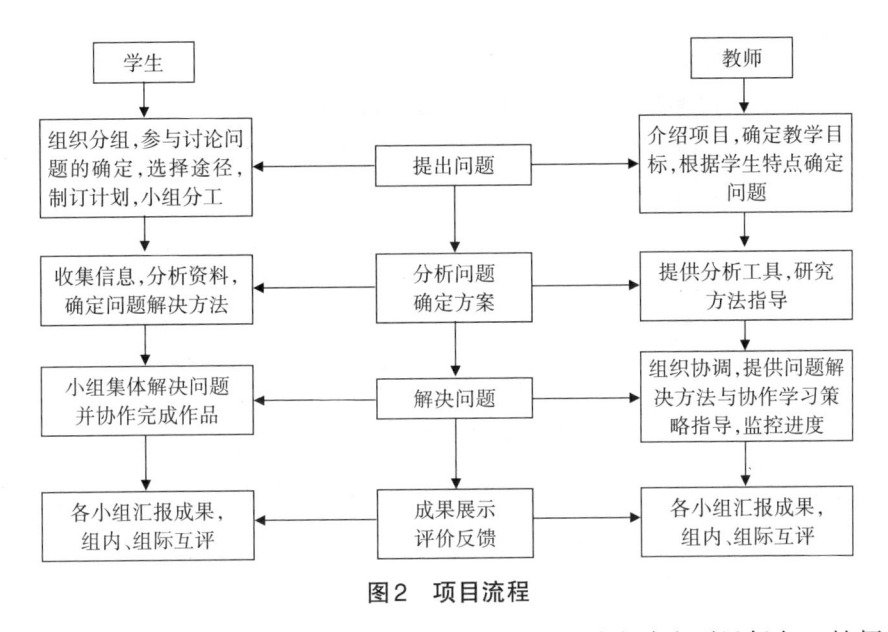

```
   学生                              教师
┌────────┐                        ┌────────┐
│组织分组,参与讨论问│   ┌──────┐   │介绍项目,确定教学目│
│题的确定,选择途径,│←─│提出问题│→│标,根据学生特点确定│
│制订计划,小组分工 │   └──────┘   │问题              │
└────────┘                        └────────┘
     ↓                                ↓
┌────────┐   ┌──────┐   ┌────────┐
│收集信息,分析资料,│←─│分析问题│→│提供分析工具,研究│
│确定问题解决方法  │   │确定方案│   │方法指导          │
└────────┘   └──────┘   └────────┘
     ↓                                ↓
┌────────┐                        ┌────────┐
│小组集体解决问题  │   ┌──────┐   │组织协调,提供问题解│
│并协作完成作品    │←─│解决问题│→│决方法与协作学习策│
│                  │   └──────┘   │略指导,监控进度   │
└────────┘                        └────────┘
     ↓                                ↓
┌────────┐   ┌──────┐   ┌────────┐
│各小组汇报成果,   │←─│成果展示│→│各小组汇报成果,   │
│组内、组际互评    │   │评价反馈│   │组内、组际互评    │
└────────┘   └──────┘   └────────┘
```

图2 项目流程

本案例项目分6阶段完成,主要的项目流程为:(1)讨论项目任务。教师介绍项目内容,对学生进行分组,组织学生分组讨论项目任务,设置小组任务分工。(2)确定课程主题。教师组织学生研读文件及相关资料,完成课程教学背景分析,确定课程主题。(3)课程背景开发。学生课上完成课程背景的确定,包括课程适用年级、课程性质与总课时,小组汇报进度与问题;学生课下确定课程的目标、内容、实施(教学方法等)、评价。(4)初步设计课程纲要。包括小组汇报课程的目标、内容、实施、评价,形成课程纲要初稿。(5)确定最终课程纲要。修订并完善校本课程纲要。(6)展示与评价。利用超星学习通软件完成师评与组间互评。每阶段最后都利用超星学习通软件组织各小组针对上次课下讨论及本次课上各小组成员的表现情况完成组内过程性评价。

以第四阶段课程为例。前三个阶段,学生已经学习了教师提供的辅助资料,包括对相关校本课程的文献学习,完成了对相关政策文件包括《义务教育课程方案和课程标准(2022年版)》与《义务教育信息科技课程标准(2022年版)》的查阅。在学习文献的基础上已经完成了本组的课程背景开发,且已经确定了所选学校,完成了对所选学校特色与需求的分析,设计了课程主题与背景。学生将在第四阶段明确课程的目标、内容、实施与评价等,形成课程纲要初稿。具体任务如图3所示。

一、初步设计课程纲要
- 分析本组设计的课程在新课标中的位置（补充/强化？）
- 明确课程的目标、内容、实施、评价
- 形成课程纲要初稿

二、准备课堂汇报资料
- 汇报时间：6月7日
- 汇报时长：每组5~8分钟
- 汇报内容：1. 阐述课程定位（新课标）；2. 课程的目标、内容、实施、评价

图3　第四阶段学习任务

本案例的教学过程主要包括课前教师下发任务、课中各学习小组汇报任务与课后各小组讨论任务三个阶段，具体过程如下。

（一）教师导入

师：同学们，这节课我们已经进入第四周的学习，上一周我们完成了对校本课程背景的开发，每组汇报了所选择学校的特色与需求，同时也设计并修订了各组课程的主题与背景。上周老师已经将这周的任务下发到了学习通中，经过了一周的讨论，我们应该已经形成了校本课程纲要的初稿。这节课的汇报内容主要有两个：一是阐述本组校本课程在新课标中的定位；二是展示各组设计的校本课程的目标、内容、实施以及评价。

（二）小组汇报

教师利用学习通选人功能随机抽取每组汇报者，被抽选到的小组进行展示汇报，每组的汇报时间控制在5~8分钟。

（三）讨论与交流

各小组进行汇报后，教师利用学习通中的选人功能随机抽取其他小组成员提出自己的意见或建议，各小组根据教师以及其他小组成员给出的意见进行讨论并改进方案。

（四）组间形成性互评

教师利用学习通中的互评功能发放互评任务，各小组根据此次小组成员的

课上汇报表现情况以及课下讨论情况,对组内其他成员进行打分评价。

五 教学评价和反思

(一)教学评价

对学生的评价不能单纯依赖知识评价,在本案例的课程评价中,教师与学生共同承担评价任务,成为学习评价的责任主体。围绕项目课程内容与实践项目,本案例设计了过程评价与成果评价、同伴互评与教师评价相结合的评价方案(如表1)。

表1　课程评价量规

评价项目	评价维度	评价内容
过程评价（50%）	学习态度（10%）	学习目标十分明确,善于反思学习过程,积极优化学习方法,学习态度端正积极
	学习方式（10%）	自主学习能力强,积极倾听与思考,收集、整理和归纳信息等能力极强,善于分析、归纳问题,口头语言表达能力强
	合作交流（10%）	积极主动地与同学配合,乐于帮助同学,善于倾听与接受同学意见,善于倾听并发表自己的有效意见,有强烈的合作意识
	参与程度（20%）	积极参与项目活动,主动承担任务,常常思考、发现关键问题并提出解决方案,积极参与各项交流
成果评价（50%）	选题与背景（5%）	课程名称明确、生动、有吸引力;课程基本项目表述完整、准确;课程背景分析足以支持开设校本课程
	课程目标（10%）	目标数量为3~5个,并包含三维目标;能正确使用结果性目标、体验性目标和表现性目标的表述方式;准确运用目标陈述的四个要素
	课程内容（10%）	课程内容能够覆盖课程目标;课程内容条理清晰、两级目录名称合适;课程内容按一定的组织顺序编排
	课程实施（10%）	教学方法、学习方法互相配合,能够实现课程目标;课程实施设计具有可操作性
	课程评价（10%）	评价方法符合课程目标、课程内容;综合运用各种评价方法;评价方案完整,可操作性强
	文档文本（5%）	内容内在逻辑清晰,各部分之间能够互相支撑形成一个整体;语言简明平实,文风统一,文字、标点、排版规范,背景插图符合纲要内容

(二)教学反思

"教育技术学核心技能强化"是一门实践性和可操作性较强的课程,项目式教学法在该课程中的实施对教师提出了较高的要求。教师应具备先进的教学理念、较高的职业素养、扎实广博的学科知识及驾驭教学的能力。

本案例中,学生在项目式学习中收获良多,主要体现为:

(1)掌握了多学科的相关知识。在本案例的第二阶段,学生需要广泛查阅资料,掌握相关软件与工具的应用。学生在此阶段弥补了前期知识储备的不足,拓宽了知识面。

(2)提高了动手能力和分析问题、解决问题的能力。经过项目式教学的训练,学生各方面能力均有所提高。在项目的各个阶段,学生需要自己解决遇到的问题,在此过程中,学生会有所收获与提升。

(3)培养了团队协作意识。学生在项目开始就被分派到各个小组中,项目的所有环节都需要各小组成员合作完成,团队合作精神贯穿整个项目流程,这对于提高学生的集体荣誉感、张扬个性、表现特长起到了积极作用。

相对于传统教学法,项目式教学在实施中虽然有很大优势,但也出现了一些问题:

(1)部分学生项目参与积极性不高,表现在小组讨论参与度不高、汇报环节不够专注等方面;

(2)部分学生在互评环节打分随意性高,表现为给所有项目都打满分;

(3)部分学生不能及时提交互评分数以及作业资料;

(4)软件中设置的资料提交任务有问题,致使反复设置浪费时间。

这些问题出现的可能原因主要有:

(1)教师与学生对项目式教学实际操作流程不够熟悉,对实际操作中出现的一些问题没有预判;

(2)时间不够充分,小组讨论略显仓促,部分学生没有参与进去;

(3)评前培训不够充分;

(4)对软件没有进行透彻的了解,使一些学生因为软件问题不能及时提交作业。

针对出现的问题,在后续教学中可以采取如下策略:

(1)合理规划课程时间与任务。

(2)对学生进行充分全面的评前培训,帮助学生明确评价要点与注意事项。

(3)详细了解要使用的教学软件的功能,对用到的功能进行预设,减少在教学中可能会出现的失误;预设教学过程中可能出现的问题并拟订教学方案;多熟悉具有相似功能的软件。

作者简介:黄琰,贵州师范大学教育学院讲师;吕旭孜,贵州师范大学教育学院硕士研究生。

智慧课堂环境下协作学习活动设计

韦兰兰　朱毅

随着信息技术与教育教学深度融合的不断发展,协作学习已成为国家新课改倡导的学习方式。新课改的主要任务是转变教与学的方式,如改变课程过于注重知识传授的倾向,倡导学生主动参与、乐于探究、勤于动手。《教育部基础教育司2022年工作要点》强调,大力实施基础教育数字化战略行动,提高课堂教学水平,深化教育教学改革创新。这说明课堂教学质量的提升仍需重点关注。协作学习是学习者以小组的形式,基于共同的学习目标,在一定的激励机制下,为实现个人及集体最大化学习成果而进行合作互助的一系列相关学习行为。[1]本案例基于中国知网以"协作学习"为关键词进行检索,发现相关文献已超过10 000多篇,由此可知,在新课改的带动下,协作学习方式已经深入到日常教学中。通过研读相关文献可知,协作学习有利于培养学生的合作精神、交往能力和集体观念,能凸显学生的主体地位,有助于增强学生课堂交流,对课程改革的发展具有推动作用。

课堂环境建设的目的是让学习者拥有个性化选择和可持续学习的平台与能力。1997年,钱学森先生就提出了"大成智慧学",早已预测了信息化对教育发展至关重要。2012年,教育部颁发《教育信息化十年发展规划(2011—2022年)》,指出要建设智能化教学环境,提供优质数字教育资源和软件工具。这一目标加快了教育信息化的发展进程,也催生了"智慧环境""智慧课堂"等一系列新的研究方向和领域。2016年,《教育信息化"十三五"规划》指出,要依托信息技术营造信息化教学环境,促进教学理念、教学模式和教学内容改革,推进信息技术在日常教学中的深入、广泛应用,适应信息时代对培养高素质人才的需求。2018年,教育部出台《教育信息化2.0行动计划》,提出了"智慧教育",强调改革教育教学方式,这意味着数字环境向智慧环境的转变已成为教育信息化的必然趋势。

---

[1] 黄荣怀,刘黄玲子.协作学习的系统观[J].现代教育技术,2001(1):30-34,41.

2020年,教育部发布《教育新型基础设施建设指导意见》,强调了教育环境的重要性。以上文件都说明,随着教育信息化的发展日益加快,智慧课堂环境的建设也日益完善。

智慧课堂环境携带着强大的信息技术进入新课程改革进程中,为协作学习提供了有力的技术支持。智慧课堂环境提供了丰富的教学资源,便于教师挑选取用,既提高了教学质量,又拓宽了学生的视野。学生在智慧课堂环境中可以按需获取学习资源,灵活自如地开展学习活动,快速进入知识建构的学习过程。智慧课堂环境所提供的强大交互功能,为课堂师生互动、生生互动提供了技术支持,也为建立以学为主的课堂教学环境奠定了技术基础。智慧课堂环境中的智能系统能实时记录学生的学习过程数据和个人信息数据,便于对学生学习情况进行量化、客观评价。

当前,智慧学习环境的建设在中小学已经基本得到普及,也给传统的学校教育带来了一系列变革,推动了教学组织形式和教学模式的转变。开展协作学习是探索智慧环境下真实教学形态的最好方式,且已有学者开展了相关的研究并取得了丰硕的成果,有力地推动了智慧教育的发展。然而,从已有研究成果中可以发现,目前智慧环境下的协作学习活动仍存在不少问题,如智慧环境下组间可通过云协作功能进行实时交流或浏览其他组学习成果,为组内和组间搭便车提供了极大的便利,尤其是组间搭便车最为常见;新型智慧技术的融入带来的不适应感,可能会提高课堂新的非正常学习行为的出现率;也有与传统教学环境相似的隐客、游客、划水等不相关学习行为的出现;小组分工异常、媒体介入异常、人际关系异常等也是该环境下容易出现的现象。[1]综合目前智慧环境下协作学习存在的问题,可知学生的协作能力较弱,仍需要大量的理论研究与实践教学帮助学生有效提升协作学习能力。

一、教学目标和内容

(一)教学目标

中小学信息技术课程的主要任务是:培养学生对信息技术的兴趣和意识,让

---

[1] 何文涛,王良辉,朱玲林,等.智慧教室环境下协作学习的异常行为特征分析[J].中国电化教育,2020(6):88-94,129.

学生了解和掌握信息技术基本知识和技能,了解信息技术的发展及其应用对人类日常生活和科学技术的深刻影响。其总的教学目标是:提升学生的信息素养。信息技术学科核心素养包括信息意识、计算思维、数字化学习与创新、信息社会责任。其中,信息意识是指个体对信息的敏感度和对信息价值的判断力;计算思维是指个体运用计算机科学领域的思想方法,在形成问题解决方案的过程中产生的一系列思维活动;数字化学习与创新是指个体通过评估并选用常见的数字化资源与工具,有效地管理学习过程与学习资源,创造性地解决问题,从而完成学习任务,形成创新作品的能力;信息社会责任是指信息社会中的个体在文化修养、道德规范和行为自律等方面应尽的责任。

本案例的目标主要是:提高学生的信息意识、信息社会责任,让学生了解中国古代的四大发明,学会从工具书和其他参考书籍中查找资料;掌握多媒体演示文稿制作的一般步骤,能够根据演示文稿内容需要修饰幻灯片;感受中国古代人民的智慧和伟大,激发热爱祖国和人民的情感。此外,本次实践活动以协作学习形式开展,旨在提高学生的学习兴趣和协作能力,培养学生的团队合作意识和集体责任感。根据信息技术学科核心素养,本案例的具体教学目标如下。

1. 信息意识

(1)通过搜集相关资料和素材,掌握多媒体演示文稿制作的一般步骤;

(2)能够根据作品的实际需要,调整演示文稿中的图文信息;

(3)结合作品制作要求与美观需求,合理修饰演示文稿作品。

2. 计算思维

(1)通过小组头脑风暴,协商讨论,形成作品设计思路,制定协作学习活动实施方案;

(2)培养严谨的谋划能力,形成分析、洞察、判断的思维,体会团队协作学习的过程和方法。

3. 数字化学习与创新

(1)合理利用数字化学习资源,解决协作学习过程中遇到的问题与困境;

(2)善于利用智慧化学习环境,形成线上线下实时共享、讨论的协作学习空间,创新协作学习形式。

4. 信息社会责任

(1)通过利用智慧平台、网站资源,学会获取和鉴别有效的信息资源;

（2）通过协作学习形式，学会正确使用信息技术进行交流和表达信息。

（二）教学内容

本案例的教学内容选自上海科技教育出版社出版的《信息技术（八年级下册）》中的"综合实践活动一　四大发明"。本次综合实践活动主题为"四大发明"，主要实践内容为搜集四大发明的相关材料，了解其背景和相关人物，制作相关的多媒体演示文稿（幻灯片）。在制作过程中，要求小组内部进行明确的分工合作，把责任落实到每个成员，并形成协作学习过程性电子档案记录；在最终的作品展示环节，要求学生进行组间评价和组内个人自评、组员互评，帮助学生反思协作学习过程中存在的问题。

二　实施对象

本案例选取的实施对象是贵阳市某中学八年级四班学生，共48人，其中男生20人，女生28人。按照6人为一小组，可将整个班级学生划分为8个小组，这样每组学生人数一样，便于教师活动的开展和协作学习活动的分工合作。选择该班级进行实践教学的原因主要有三点：一是在该校刚建成智慧课堂环境时，该班学生在七年级曾作为智慧课堂实验班，在智慧课堂环境下开展过长达一学期的智慧教学活动。师生对智慧课堂环境的熟悉程度、软硬件的操作相对于其他班级具有明显的优势，极大地方便了协作学习活动的开展，减少了许多不重要但又不可缺少的研究工作环节，为后期教学实践工作的开展节省了许多工作量。二是协作学习活动中，人数太多必然导致小组数或小组内部人数过多，从而导致分组不均或是分工异常，而该班的人数、男女比例较为适合协作学习小组的组建。三是经前期了解，学生开展协作学习活动的机会非常少，即使有合作学习的机会，更多是形式上的，很少有真正的协作学习活动，学生的协作能力得不到有效提升，渴望得到更多协作学习的机会。

三　教学环境和工具

本案例在云校教育云提供的智慧课堂环境下开展活动。该环境具有多样化、智能化的特征，是能实现在线互动授课的智慧化学习环境。

本案例中智慧课堂环境硬件设施包括平板电脑50台、美视充电柜1台、无线AP(西加云杉)2个;软件平台或工具包括电子书包系(云校软件)50套、教师端授课助手、管控系统(智航云)50套、智能服务运维平台、极域电子教室软件、协作交互工具、希沃白板、希沃展台(如图1)。由于本案例教学内容为信息技术课程,因此需要结合计算机多媒体教室与智慧课堂环境的配套设施开展协作学习活动。

图1 智慧课堂实施环境

本案例中教师主要配置了授课助手软件帮助其实施课堂教学活动。授课助手可以协助教师解决在教学过程中遇到的教学资源难组织、备课时间地点受限、备授课场景难转换、学生作业与成绩难监控等问题。教师使用授课助手实现信息化教学的具体流程如图2。该软件在任意普通电脑上都可以用教师账号登录,运用系统提供的海量优质资源进行教学前的备课。上课时运用电子白板或学习一体机便可轻松对接学生手中的"电子书包",向学生展示之前备课时精心准备的教学课件,呈现之前备课时精心准备的教学资源,实现教师与学生的信息交互。此外,授课助手界面简洁易懂,教师很容易上手。

本案例中学生使用装有"电子书包"系统的平板,连接教师授课助手进行学习。云校基于移动学习终端和互联网技术,本着尊重学生的差异化发展的理念,以实现个性化、多元化学习为主旨,成功研发"云校电子书包",包含互动课堂、日常作业、随堂笔记、错题报告、提分宝、名师课程、同步微课、云校学苑和安全云校等四类9个学习功能模块,即云校智慧课堂系统,贯穿课前、课中和课后整个学习过程。

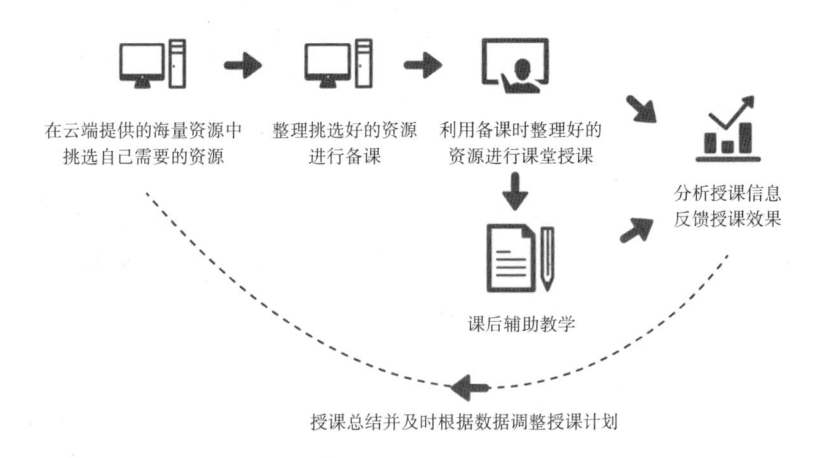

图2 授课助手实现信息化教学流程

四 教学过程

为了更清晰地展示教学过程,本案例设计了具体的教学流程图(如图3),便于教学实践的开展。

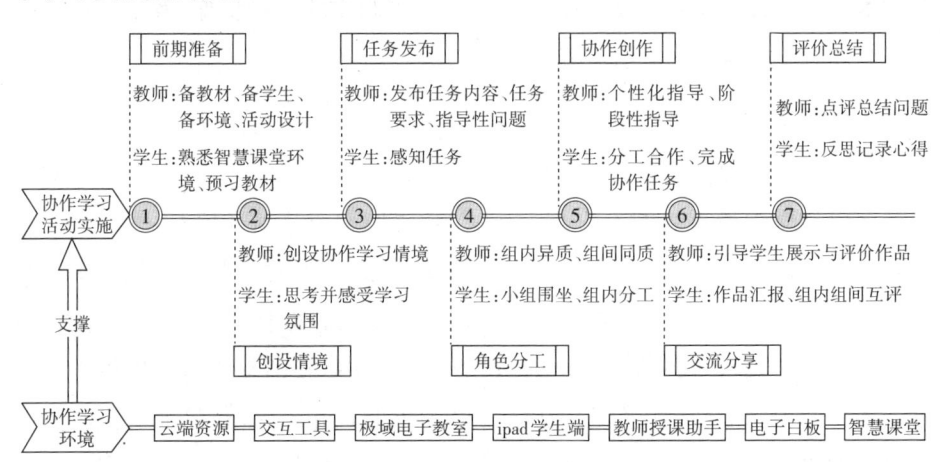

图3 本案例教学流程

(一)前期准备

在开展协作学习活动前,教师需要先根据课程大纲和教学目标设计协作学习活动。在设计协作学习活动前,教师需要先熟悉授课内容,在设计理念的指导下进行教材分析、学情分析,确定教学目标、教学重难点、教法学法,了解并利用智慧课堂学习环境,做好教学准备,明确教学设计思路,设计教学过程。

1.设计理念

本课以培养与提高学生的协作能力为最终目标,通过设计并学习四大发明的相关知识,着眼于学生的全面发展,让学生感受中国传统文化的魅力;通过协作学习活动形式开展教学,立足于每一位学生的发展,让每一位学生都能参与到协作学习活动过程中,体验协作学习带来的成就感。

2.教材分析

本课内容选自上海科技教育出版社出版的《信息技术(八年级下册)》中的"综合实践活动一 四大发明"。本课内容是在学生学习完了相关的演示文稿知识后,为了检验学生的学习情况而开展的综合实践活动,让学生在了解中国古代四大发明的同时,利用本学期学习的幻灯片演示文稿的相关知识,设计演示文稿框架,制作演示文稿,并向全班展示。

3.教学重难点

本案例的教学重点为掌握多媒体演示文稿制作的一般步骤;教学难点为能根据设计需要恰当修饰演示文稿。

4.教法学法

教学方法主要是讲授法、参观法、学习指导法、协作学习、自主学习。讲授法是课堂教学中最重要的方法之一,在课堂协作学习活动开始前,教师需要向学生讲解实践活动的主题、任务内容、任务要求等;参观法是教师带领学生参观相应的案例,让学生提前预知协作学习最终成果的大概样式;学习指导法是协作学习活动必不可少的方法,在活动的整个过程中,教师都要适时地给学生提供必要的学习指导;协作学习是让学生以小组形式开展学习,培养与提高其协作能力的必要手段;自主学习是在任务分工后,组员以自主学习形式完成各自的小组任务。

5.教学准备

教学准备包括课件与素材的准备、智慧课堂环境调试、电子学习档案设计、课堂观察量表设计、评价表设计等。

6.教学设计思路

为了培养和提高学生的协作能力,本案例主要采取协作学习形式开展学习活动。首先,教师介绍实践活动的主题、任务内容、任务要求等,向学生展示可供参考的案例模板;其次,组内明确责任分工,递交协作分工表;再次,学生开展协作学习活动,教师提供适时适机的学习指导;然后,小组作品展示分享,开展组内组间互评;最后,师生总结评价本次协作学习活动的效果,反思其存在的问题并记录学习心得。

(二)创设学习情境

上课前,教师先让学生翻到教材"综合实践活动一 四大发明",了解协作学习活动的主题;教师创设四大发明学习情境,设置并询问与四大发明相关的问题。

1.课堂师生对话

师:同学们,请翻到教材第87页,你们看到了什么内容呢?

生:综合实践活动一 四大发明。

师:很好,这节课我们的协作学习活动的主题就与四大发明相关。

师:四大发明是哪四大发明呢? 它们的主要用途是什么呢?

生:造纸术、指南针、火药、印刷术,用途嘛,说不上来。

师:它们有什么历史意义? 起源于哪个朝代? 发明人是谁?

生:造纸术是蔡伦发明的,指南针是战国时期的。

师:这些问题或许有些同学清楚,有些同学可能以前学习了解过部分,有些同学可能也看过相关的书籍,但是大家很少对四大发明进行具体研究,没有系统性的认识,所以很难记住。

师:今天我们就以"四大发明"为协作学习活动主题,以小组为单位,利用本学期学习的制作多媒体演示文稿的相关知识,学习并制作与四大发明相关的演示文稿,向全班展示并汇报四大发明的相关内容。

2.设计意图

通过创设问题,把学生迅速拉入课堂的思考氛围中;引入四大发明的相关问题,激发学生对活动主题的好奇,既熟悉又陌生的主题让学生更想去系统性地了解其相关知识,进而引出协作学习活动的主题和要求。

(三)任务发布

这一环节主要是教师通过智慧平台发布协作学习任务,学生接收并感知学习任务和要求。

1.课堂师生对话

师:老师已经将活动的任务内容、任务要求发送到你们的平板学习端,同学们赶紧接收学习任务。

师:本次活动的任务内容和任务要求即搜集关于中国古代四大发明的相关资料,设计演示文稿框架,制作演示文稿。

生:具体应该如何做呢?

师:同学们以小组为单位,分工合作,从工具书、互联网或者智慧课堂平台中查找关于中国古代四大发明的资料,主要包括历史背景介绍、四大发明的作用、相关任务介绍等多方面的资料;整理搜集到的资料,然后根据文字资料去搜集相关的图片、视频、音频等资料;最终制作一份多媒体演示文稿向大家介绍四大发明。

生:明白了。

师:在进行小组协作学习的过程中,各小组要做好学习活动记录和相关资料的备份留档并提交。

学习活动记录如表1所示。

表1 协作学习活动记录

四大发明	资料简介	来源

生:我们可以按照什么流程开展协作学习活动?

师:各小组可先进行角色分工,将责任落实到每一位成员身上;接着策划本小组的协作学习活动的实施方案;然后查找相关资料并制作多媒体演示文稿,根据设计需要适当修饰本小组的协作学习活动成果;最后向全班同学展示分享你们小组的文稿,所有同学开展组内与组间互评,总结反思自己在协作学习过程中存在的问题和学习心得。

师:协作学习活动策划方案可以Word文本、演示文稿、思维导图等形式呈现,各小组根据兴趣自行选择。

生:好的。

师:老师给大家提供了一个Word版本的方案参考模板,如表2所示,其他形式也主要包含以下内容。

表2 协作学习活动实施方案

活动主题		组名		活动时间	
一、活动主题的背景					
二、活动主题的意义					
三、活动主题的目的					
四、活动实施计划					

2.设计意图

任务发布通过智慧平台直接传输到学生平板端,便于学生在协作学习过程中随时查看学习任务内容;解读任务内容及要求,讲解协作学习形式和收集的资料范围,帮助学生明确具体要完成的任务;告知相关的协作学习流程,帮助学生有效开展协作学习。

(四)角色分工

这一环节主要是在教师的引导下,学生小组进行任务分工,将任务责任落实到每一位成员的身上,让每一位学生都参与到协作学习的过程中。

1.课堂师生对话

师:为了让大家清楚自己具体要做什么,现在已发送任务分工表到学生端,各小组商讨每位组员的角色扮演,并提交至智慧平台内。

生:好的。

各小组商讨每位组员的角色和义务,并填写任务分工表(如表3)。

表3　协作学习小组任务分工

角色	责任分工	组员安排
组织者/记录员	主要负责协调本组与其他组之间、本小组成员之间的关系;完成角色分配,进行任务分工;对本小组内的活动进行组织、管理、记录	
方案策划者	有了明确的主题后,主要负责策划本小组作品的制作方案、实施计划以及资料收集的方向(可以用思维导图、幻灯片、Word、Excel等工具体现方案)	
资料收集员	主要负责收集相关学习资料(如文本、图片、视频、音频等相关资料),并转交给PPT制作人,形成资料集	
PPT制作员	主要负责制作本小组最终的PPT作品(幻灯片演示文稿)	
汇报员	主要负责最终作品展示并讲解本组作品的制作思路和作品介绍	

2.设计意图

通过讨论进行任务分工,让各小组成员明确自己的角色,充分体现学生的责任意识;通过讨论,了解组内成员最擅长的方面,进行任务内容的合理分配。

(五)协作创作

这一环节主要是学生以小组形式开展协作学习活动,小组成员各尽其职,组员之间相互交流、讨论完成协作学习任务。教师在各小组之间巡视指导,给予学生适当提醒。

1.课堂师生对话

师:各小组在策划协作学习活动实施方案或者搜集相关资料时,可以先思考一个问题:中国古代的四大发明对人类的贡献是什么?

生：(思考、检索相关资料。)

师：(提醒各小组)为了使将要制作的演示文稿更具有说服力,搜集的资料应该包括哪些方面的内容呢?

生：发明人、时间、作用、制作过程、意义。

师：很好,同学们可以多搜集相关资料,看看还有哪些方面,尽量全面。

师：记录员记得记录你们小组的活动过程。

巡视一会后,教师对学生进行如下指导。

师：我看到很多小组都搜集到了很多资料,尤其是文本资料居多,其他的视频、音频、图片等资料是否有呢? 能否搜集到与你的文字相匹配的其他相关资料呢?

师：负责演示文稿制作的同学需要学会根据小组搜集的资料合理确定需要的幻灯片数,安排好每一页的介绍内容和需要加入的图片、视频或音频等。

师：所有的小组都要思考以下几个问题:四大发明只有四项,是否只需要用四张幻灯片来介绍就可以了? 还可以设置哪些幻灯片? 位置如何安排? 除了顺序结构外,还可以采用什么演示结构? 是否可以实现?

教师给学生提示后,再去巡视各小组的完成进度,发现有的小组使用了超链接的功能实现非顺序结构的演示,有的小组利用前面所学对幻灯片进行了适当的修饰,总体而言还不错。

师：最后再给大家一些提示,要根据设计插入足够数量的幻灯片;插入文本框,输入文字后要进行校对修改;如果你插入图片,要适当调整图片的大小、位置及同文字的关系;设置页面之间的切换方式,以便更好地向全班同学展示你们小组的作品。

师：在制作演示文稿时,大家可以思考三个问题,即 PowerPoint 文字、图片的输入同其他软件有何不同? PowerPoint 图文混排的方式与 Word 有何不同? 幻灯片之间有哪几种切换方式?

教师再次巡视指导各小组的协作学习,提醒各小组提交相关材料,将实施方案、资料集、活动记录、制作的演示文稿等上传到智慧平台系统当中。

2.设计意图

在各小组进行协作学习的过程中,教师在小组之间巡视,遇到问题给予相应的指导,根据协作学习的完成进度,给予所有小组相应的实践指导和问题提示,引发学生的思考与研究,帮助学生更好地完成协作学习任务。此外,学生的讨论主要以线下面对面的方式开展,需要资料共享时则依靠线上的协作交互平台。各种活动记录、实施方案等都是基于学生平板上的学生端完成的,这种方式便于教师在后台看到各小组的完成情况。图4、图5是学生小组协作学习的过程性照片。

图4　学生协作学习讨论(一)

图5　学生协作学习讨论(二)

(六)交流分享

这一环节主要是在教师的引导下,各小组汇报员向全班同学展示与讲解本组作品的制作思路和主要内容,并开展组内与组间评价。

1.课堂师生对话

师:请各小组将你们的演示文稿提交至智慧课堂平台,按小组顺序汇报各小组的作品。

生：我是第一组的汇报员，我将汇报我们小组制作的四大发明的相关内容……

教师在学生进行作品分享时，适当引导学生如何正确地分享重点内容，讲出作品的特色和亮点。

师：第一小组的作品展示分享完毕，现在有5分钟时间小组内部成员可以进行补充发言，其他各小组可以发表对该小组作品的看法、建议等。

有组内成员进行补充的，也有其他小组成员给出了相应的意见。

师：现在请其他小组对该小组进行评价，评价表在智慧平台中的评价系列表当中，大家在你们的平板学生端即可在线进行评价。

后面各小组的汇报流程基本都是汇报员先汇报，组内补充，其他小组发言，再对小组进行评价，只不过不同小组会有差异，包括汇报员的语言表达能力、其他小组发言的方向等都需要教师进行适当的引导。教师需要对不同的小组和不同的学生进行合理的指导，教师的评价也要根据学生的各方面表现恰当进行。

师：现在所有小组都已经展示并汇报完毕，对各小组的评价也基本完成。老师从智慧平台的教师端看到大家的评价表都已经提交，所有小组都对其他小组给出了相应的评价、建议，相信对该小组成员来说是一次不错的成长机会，让他们知道了自己的优缺点，以及下一步应该如何改进。

师：接下来，我们就要开展小组内部的评价，请所有同学基于平板进入智慧课堂平台，找到小组内部评价表，填写个人自评、组员评价组长、组长评价组员等系列评价表并提交。在此过程中，大家反思一下自己在协作学习活动中的行为、态度、存在的问题等。

师：老师在后台看到已经有很多同学填写了评价表并提交了，其他同学抓紧时间。

以下是学生展示分享的过程图（如图6、图7）和协作学习活动评价相关材料截图（如图8）。

图6　学生小组作品展示（一）

图7　学生小组作品展示（二）

名称	修改日期	类型	大小
个人自评.doc	2022/6/2 14:24	DOC 文档	32 KB
组员评价其他小组.doc	2022/6/2 14:24	DOC 文档	37 KB
组员评价组长.doc	2022/6/2 14:25	DOC 文档	30 KB
组长评价组员.doc	2022/6/2 14:25	DOC 文档	32 KB

图8　协作学习评价相关材料截图

2.设计意图

展示分享主要是让学生输出自己的学习成果，在教师和其他小组成员的评价中发现自己的优缺点，找到目前还存在的问题。对于汇报的学生而言将会是比较大的挑战，在分享过程中可以发现，有的学生表达流利清晰、不怯场，而有的学生一说话就害怕，所以教师会请本小组的其他成员一起上来帮助汇报员切换幻灯片，也给汇报员更多鼓励和勇气，同时教师也会时刻关注所有学生，鼓励汇报员，引导其他学生耐心等待。此外，每个小组情况不一样，都需要教师根据具体情况进行适当的引导。

(七)评价总结

在这一环节,教师点评总结所有小组的作品和协作学习过程,找出各小组进行协作学习的优缺点,同时反思自身的问题。学生在教师的引导下反思自己在协作学习过程中存在的问题,记录学习心得,并基于智慧课堂学生端进行自我评价。

1. 课堂师生对话

师:老师先对整个协作学习活动进行一个总体的评价,再具体说说老师看到的各小组的优缺点和比较严重的问题。

首先,第一次协作学习活动任务还是圆满地完成了,各小组同学的配合度也比较高,每个小组都提交了相应的材料,完成率还是不错的;其次,老师在巡视各小组的过程中发现,有些同学之间进行了相互讨论与交流,资料会通过协作交互平台进行分享,减少了一定的工作量,在制作演示文稿时很多同学也会综合前面所学知识进行设计和修饰;最后,老师也发现了一些问题,有个别同学不知道自己应该做什么,这表明小组内的分工没有很明确,小组成员对每个角色应该做什么不是很清楚,这也是老师没有给大家解释清楚。还有些同学做了一些与协作学习活动不相关的事,老师不一一点名。

师:现在同学们也来说说自己的感受。

生:我感觉自己搜集的资料很难复制下来。

生:我是记录员,我要记录我们小组的活动过程和完成情况,但我发现有时候大家的意见好像不一致。

生:我比较喜欢这种协作学习,大家可以一起商量如何制作作品。

…………

师:看来同学们对这一次的协作学习活动都有很多感触,现在同学们可以基于平板在学生端的作业板块写下自己的感受、自己存在的问题、给老师的建议。

2. 设计意图

这个环节旨在让学生和教师都对协作学习整个活动进行反思,既要看到突出的亮点,更要看到存在的问题,帮助下一次协作学习活动更好的开展。

五、教学评价和反思

(一)教学评价

教学评价是依据教学目标对教学过程及结果进行价值判断并为教学决策服务的活动,是对教学活动现实的或潜在的价值做出判断的过程。教学评价主要是对学生学习效果的评价和教师教学工作过程的评价。

从教师层面分析,最重要的是教师的教学设计、组织、实施等方面。本案例中的初中信息技术课程综合实践活动是对全书所有知识点的一个综合运用,在进行教学设计时需要尽可能涵盖大部分知识点,让学生能够巩固并实践所有的知识点。本案例教学目标比较笼统,如制作一份多媒体演示文稿,并没有强调演示文稿的具体制作要求;又如根据需要对演示文稿进行修饰,并没有给学生具体的知识点提示,导致学生可能会遗忘哪些知识点可以用于演示文稿的制作与修饰。可见,教学目标的设计应尽可能清晰明确。在教学的组织与实施过程中,教师需要加强对协作学习过程的监督与指导,灵活处理协作学习过程中的突发问题。在此次协作学习过程中,随着协作学习的开展,教师给予了多次循序渐进的指导,对各小组的协作学习进度起到了良好的推动作用。在学生展示分享过程中,教师引导学生如何展示作品以及如何对其他作品进行评价和给出建议。

从学生层面分析,课堂中存在部分不相关的学习行为,如有的小组极个别成员会讨论与小组任务无关的话题或偏离主题,有的一言不发,有的找机会刷视频、打游戏或睡觉,还有的离开位置,在教室乱跑或与其他组同学说话。这些现象在协作学习活动过程中一直都会存在,需要教师在组织和实施时尽早发现并及时阻止。教师在教学设计时应尽量考虑到所有学生的学习水平,让所有成员都能有效参与协作学习活动。此外,本节课基于电子学习档案自动收集了学生的学习活动记录、评价表和自我反思总结等。可以看出,大部分学生还是很喜欢协作学习形式的,只是平时很少开展类似的课堂学习活动,学生之间相互协作的能力较弱,导致协作效率和协作质量还有待提高。

(二)教学反思

针对本案例,反思如下:

首先,在协作学习活动开始前,没有向所有学生解释清楚任务分工表中各角色的主要职责和义务,没有强调分工与合作之间的相互联系,让学生以为自己只要负责自己该完成的任务就好了,导致小组的集体荣誉感不高,学生学习的积极性也受到影响,甚至有部分学生出现搭便车、划水等现象。

其次,在各小组进行协作学习活动过程中,教师根据大部分小组的完成情况给予各小组阶段性的提示和问题引导,但也有个别小组的协作学习进度跟不上节奏,这时候需要教师进行有针对性的指导。教师应该及时关注智慧课堂平台上的实时记录,判断学生可能会遇到的情况并给予及时的帮助。

最后,在学生作品分享评价环节,教师需要关注全班所有学生的纪律情况,引导学生对相关作品进行有效补充和评价,并反思总结自己在协作学习过程中存在的问题。

作者简介:韦兰兰,贵州师范大学教育学院硕士研究生;朱毅,贵州师范大学教育学院副教授。

UClass智慧教学在"摄影技术"课程教学中的实践

陈捷

教育技术学是一门典型的交叉学科,涉及教育学、心理学、媒体传播学、计算机科学、美学等多门学科;它的最终目的是利用各种资源优化教学过程,达到最优的教学效果。媒体传播学中最重要的一部分内容是摄影,而媒体传播学本身又是教育技术学中的一个重要组成部分。"摄影技术"作为教育技术学专业发展方向课,是本科师范生的一门专业基础课,以培养学生的艺术感染力、提高学生的审美能力、加强学生的图片编辑能力为教学目标。通过该课程的学习与训练,学生在知识、素质和能力等方面能够达到独立从事设计、摄影及相关工作的要求。

"摄影技术"课程具有教学内容多、技术更新快、实践性强、涉及面广等特点。目前,学校的"摄影技术"课程多数还是采用传统讲授式的课堂教学方式,也就是以教师为中心,在课堂中运用讲授法,将摄影的相关理论知识与摄影中需要展现的艺术修养通过语言向学生进行传授,学生在学习过程中只是被动地接受而缺乏主动性,从而使得教学效果不尽如人意。此外,"摄影技术"课程是要培养具有综合素质的专业人才,而非只懂技术的单一型人才,但是在传统课堂教学中经常会忽视对学生思想素质和审美能力的培养,只重视摄影技术的培训。因此,要上好这门课,真正提高学生的理论素养和实践能力,需要对该课程进行反思和改革。

新媒体的出现,不仅使该课程的理论知识得以完善,也为教师和学生之间的沟通营造了良好氛围。在高校教学中,现代化设备的运用,使摄影教学从传统教学向智慧教学转变。UClass智慧教学平台是针对高职教师打造的混合式教学平台,能帮助教师轻松开展创新教学,促进管理向数字化、智能化转变。本案例依托UClass智慧教学平台,采取任务型教学法进行摄影理论知识的教学,在任务的驱动下,逐步完成各个学习目标;通过教学平台及时收集学生学习的反馈信息,及时解答学生提出的问题;让学生在平台上展示、交流,化被动为主动,解决学生学习缺乏主动性的问题,达到提升教学效果的目的。

一 教学目标和内容

(一)教学目标

基础教学目标:熟练掌握单反相机的使用方法以及各种拍摄参数的调节,能够运用单反相机根据具体的拍摄要求调节参数并拍摄出不同效果的照片。

高阶教学目标:将摄影中的构图、用光等理论知识运用于生活,培养观察能力,提高审美能力,学会在生活中发现美、捕捉美、鉴赏美、创造美。

(二)教学内容

本案例的教学内容为"摄影技术"实践课程中的"熟悉摄影器材"。该内容从照相机的基本结构和原理入手,让学生熟悉单反相机的构造,了解照相机;以技术为基础,详细讲解照相机的性能、单反相机的构造,着重强调摄影技术的训练,让学生在讲练结合中掌握单反相机的使用方法,更深层次地学习摄影构图、光线、声音等的运用技巧,为后续课程夯实基础。

二 实施对象

本案例的教学对象是教育技术学专业一年级本科生。作为初识摄影的大学一年级学生,他们中仅有少数对摄影理论及单反相机的使用有所了解,其余学生均为零基础。学生的具体特点包括以下几点。

1.认知水平

大一学生对摄影都有一定的爱好,但是只有少数学生对摄影理论有所了解,对摄影的认知也仅仅处于能用手机进行拍照的阶段,对摄影中各种参数对照片效果的影响基本不清楚。

2.技能经验

多数学生没有使用单反相机的经验,部分学生了解单反相机的基本操作,但对基本技能的应用不熟练。

3.学习能力

学生好奇心和动手意愿强,在技术学习过程中善于观察、勤于思考,并且能在实操过程中培养良好的审美能力。

三 教学环境和工具

本案例在多媒体教室开展教学活动,运用UClass智慧教学平台进行教学。UClass智慧教学平台是一个混合式教学平台,融合线上线下教辅工具、统一教学入口、集成教学评估、采集全过程数据,帮助教师轻松开展创新教学。本案例使用UClass智慧教学平台开展教学,一方面可以提高学生参与课堂、主动学习的积极性;另一方面可以对教学全过程进行数据分析,促进教学持续改进。

四 教学过程

(一)知识点导学

在UClass智慧教学平台上,学生课前通过对PPT的学习熟悉单反相机的构造,了解照相机。

首先,通过对PPT的学习,学生可以了解单反相机各种参数的作用,比如相机感光度ISO,即感光器材的光敏感程度,感光度越高,画面越亮;反之,则越暗。焦距不同,拍摄范围也不同。白平衡的调节是为了获得更好的色彩还原等。其次,明白调整参数会得到的照片效果,例如调节ISO可以获得不同曝光度的照片;焦距参数数值越大,拍摄的距离越远,得到的画面效果景深就越小;可以巧用白平衡参数得到暖色调或冷色调的照片效果。最后,熟悉单反相机各种参数调节按钮的分布情况,便于实际操作时更快、更准确地进行参数的设置。

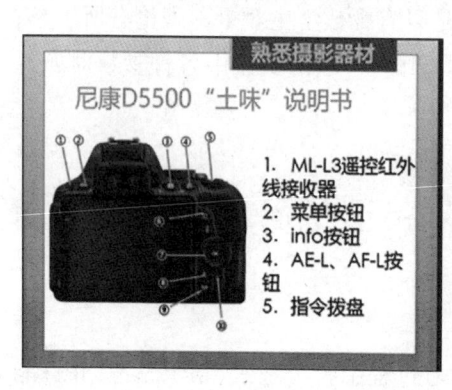

图1 教学内容1

图2 教学内容2

(二)拍摄实践

通过UClass智慧教学平台布置实践内容,学生动手实践,设计拍摄内容(不同焦距拍摄、不同感光度拍摄、不同测光方式拍摄等设计)。

学生通过平台下载实验要求,按照实验要求用手中的单反相机调节参数来进行实践训练,掌握拍摄的技巧。根据前期自学的内容,学生找到单反相机上对应的参数按钮,按照要求进行参数设置,便可得到不同效果的照片。

(三)互动教学

学生在UClass智慧教学平台上自主组成小组,小组长上传小组实践报告和拍摄的照片,进行展示、分享、讨论。

1.分组

全班学生通过UClass智慧教学平台进入"摄影技术"课程中,在分组界面里按照教师规定的人数自由进行组合,按照要求每个小组最多只能有6位成员,每个小组推选一名组长。

在分组的过程中,因为是自由组合,学生首先想到的都是与自己关系较好的同学,所以一开始就出现了小组人数或多或少的情况。经过沟通,这一问题得到解决:学生对单反相机的了解程度都是一样的,为方便后期一起拍摄、创作,最终决定以寝室为单位来分组。

2.小组拍摄

分组完成后,学生就可以在UClass智慧教学平台的教学内容板块中下载"实验报告1　熟悉摄影器材",根据实验报告中的要求去完成拍摄任务。

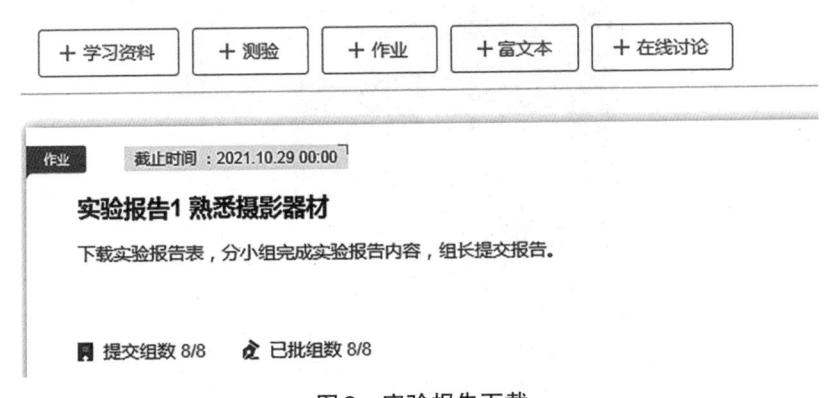

图3　实验报告下载

在这个过程中，大多数同学都是第一次接触单反相机，虽然已经通过教学PPT了解了尼康D5500单反相机的基本构成，但在动手实践的过程中还是会出现各种问题。比如，因为ISO值设置的不同，出现所拍摄的照片曝光过度或曝光不足的现象。由于是第一次用到ISO参数，出现这类情况学生会以为是自己的操作出现了问题。此时，教师需要为学生讲解ISO的含义，让其观察不同ISO参数下所得到的照片效果，以便其更进一步地学习调节ISO参数的知识。又如，在测光方式的选择中，因在拍摄时所处的环境、测光方式的不同，拍摄出来的效果也是迥异的。此时，教师需要让学生了解不同环境下不同测光方式的用法。这样既能让学生熟悉单反相机的参数设置，也能以最直观的方法让学生更好地了解参数变化对画面效果的影响。

3. 展示分享

学生拍摄完成后，各组组长将实验报告上传到"作业提交"中。在UClass智慧教学平台，教师和学生都可以看到每组的拍摄作品及拍摄参数。学生通过对拍摄作品的讨论、自评和互评，不断提升拍摄技能。

用不同焦距拍摄同一物体：要求被拍摄物体是静止物体，分别用18 mm焦距、28 mm焦距、50 mm焦距和70 mm焦距拍摄同一个物体。在小组照片分享的过程中，学生提出疑问："当拍摄同一个物体的时候，随着焦距的变化，大多数小组的光圈、快门等参数发生了改变，但有一个小组的没有发生改变，这是为什么？"经过讨论学生发现，参数发生改变的小组采用的是自动拍摄模式，未发生改变的小组采用的是手动拍摄模式。在手动拍摄模式下，学生可以手动调节拍摄参数，这个小组的目的是更好地看到在其条件都不变的情况下，随着焦距参数的变化，照片会出现什么样的效果。

矩阵测光拍摄

拍摄参数	ISO	快门	光圈	焦距
	4000	1/500	F5	18 mm

图4　用不同焦距拍摄照片

在用不同测光方式拍摄照片时,要选择明暗对比明显的静止物体并分别在矩阵测光、中央重点测光、点测光模式下拍一张照片。在小组作品分享中,有学生提问:"为何使用不同的测光设置进行拍摄会出现照片效果基本相同的情况?设置不同的测光方式的意义何在?"通过交流、讨论与实践学生发现,矩阵测光、中央重点测光不同,拍摄出来的照片效果却基本相同的情况可能是拍摄环境光线比较充足造成的。

中央重点测光拍摄

拍摄参数	ISO	快门	光圈	焦距
	160	1/250	4.8	50 mm

图5 用不同测光方式拍摄照片

这样的分享与讨论能让学生充分思考,发现问题、提出问题并最终解决问题。

4. 小组评分

在此环节,由每个小组和教师对各个小组的实践报告进行评分,综合小组自评分数为每个小组打出成绩,其中有五个小组的状态不低于70分,三个小组的状态为80分。

小组	查看时间	提交时间	状态
小组1	2021-12-09 10:58	2021-10-26 14:13	30分
五亿少女的梦	2021-10-25 14:01	2021-10-26 20:36	70分
小组3	2021-11-02 15:51	2021-10-28 22:07	70分
小组4	2021-12-06 08:21	2021-10-25 16:13	80分
小组5	2021-11-01 08:00	2021-10-26 22:22	80分
小组6	2021-11-05 20:11	2021-10-24 21:05	80分
小组7	2021-10-27 15:23	2021-10-28 14:00	60分
踏月而来	2021-11-26 17:34	2021-10-26 13:53	30分

图6 小组成绩

(四)实践总结

在教学的最后阶段,教师根据学生的学习情况适当地进行小结。通过学生的实验心得了解学生在拍摄时会遇到的一些常见问题:拍摄的照片很模糊;不知道如何保证安全快门;在不同的环境下不知道使用什么拍摄模式等。针对拍摄时出现的这些问题,教师进行现场演示讲解,让学生能够进一步掌握单反相机的构造和操作。比如,拍摄照片模糊,有可能是手抖造成的。手持单反相机拍摄时,可以利用手肘和人的身体构成稳定的支架,这样就可以避免手拿单反相机抖动的可能。安全快门是为了保证拍摄画面的清晰,如果不能保证安全快门,那么所拍摄的照片会很模糊,这是拍摄照片模糊的另一个原因。安全快门速度是焦距的倒数,即安全快门速度等于焦距分之一,只要拍摄所用的快门快于安全快门就可以了。

五 教学评价和反思

(一)教学评价

教学评价的根本目的是更好地促进学生的成长,本案例中采用了自评、互评的方式开展评价。小组自评表和小组互评表见表1和表2。小组自评是对自己小组成员在实验中表现的一种学习性评价,能更好地帮助学生进行反思和自我管理;小组互评是让各个小组对别组的作品进行评判,在这个过程中,组内的成员之间可以进行交流讨论,从而提高学习能力。

表1 小组自评表

评价内容	小组 评价分值(5~1)					
	5(非常好)	4(好)	3(一般)	2(不好)	1(非常不好)
1.概念的了解程度					
2.感光度运用熟练程度					
3.测光模式掌握程度					
4.焦距调节掌握程度					
5.小组成员之间交流程度					
评价小组:						

表2　小组互评表

小组 评价内容	评价分值(5~1)				
	5(非常好)	4(好)	3(一般)	2(不好)	1(非常不好)
1. 感光度运用熟练程度					
2. 测光模式掌握程度					
3. 焦距调节掌握程度					
4. 作品分析交流程度					
评价小组：					

根据小组自评和小组互评的结果，学生掌握得最熟练的是调节焦距，其次是调节感光度，但是对于调节测光模式并不熟练，需要进一步练习；在小组交流过程中，学生均能充分表达自己的观点；在出现不同的结果时，学生能够通过交流和探索发现问题，并且能够指出出现问题的原因，这一点表现得很好。

通过UClass智能教学，师生互动、学生反馈、作品拍摄等效果良好，收效显著。同时，学生对创作有极大的主动性，对摄影技法的尝试有较大的积极性（如图7）。从图7可以看出，通过此次实践教学，学生的参与度大大提高，从原来的被动学习、按部就班地认识照相机到现在的主动学习，不仅能更快地熟悉单反相机的构造，而且还能够通过作品的分享发现问题，通过讨论和动手实践找出产生问题的原因，从而找到解决的方法。

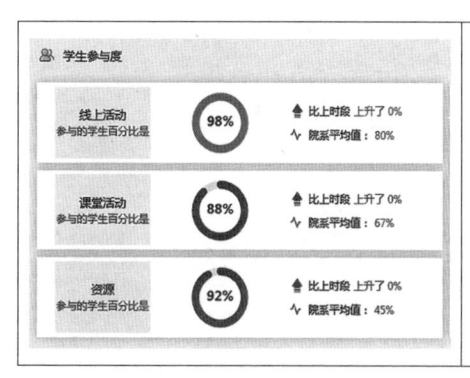

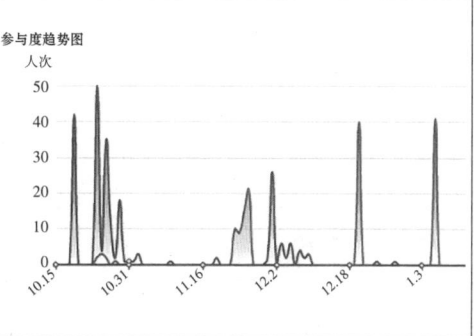

图7　学生参与度反馈

(二)教学反思

对此次实践教学的反思如下:

(1)教学资源对学生的吸引力不足。运用平台发布课前任务,学生参与线上任务的学习,除个别学生总学习时间较长外,大部分学生对于上传的学习资源只简单浏览,导致在实践过程中一些实践要求不能很好地完成。在后续的设计中要加强教学资源的多样性,运用不同的教学资源提高学生主动学习的积极性。

(2)基本功训练有待加强。在实践过程中,学生容易出现没对好焦距的情况,致使部分照片模糊,其主要原因是基本功不扎实,即学生拿相机时手不稳,需在平时多加练习。

(3)综合实践环节有待拓展。因为拍摄环境均限制于校内,所以教师要引导学生进行观察力、创造力的拓展训练。同时,随着摄影基础理论课程的推进和学生摄影技法的逐渐熟练,教师可以设计综合实践环节,充分调用学生已学摄影技法,使其拍摄尽可能多、尽可能不同的照片,以训练其观察力、创造力。

作者简介:陈捷,贵州师范大学教育学院讲师。

第三篇

编程教学创新实践篇

介绍新理念和新技术融合的中小学编程教学创新的思路、方法和应用

CDIO框架下的高中编程教学实践

刘绘绘　张妮　陈明凤

2017年,国务院印发的《新一代人工智能发展规划》提出,要在中小学阶段设置人工智能相关课程,逐步推广编程教育,鼓励社会力量参与寓教于乐的编程教学软件、游戏的开发和推广。编程教育的推广使得新时代中小学培养的信息素养的内涵发生了变化。《教育信息化2.0行动计划》指出,要完善课程方案和课程标准,充实适应信息时代、智能时代发展需要的人工智能和编程课程内容。《2019年教育信息化和网络安全工作要点》指出,启动中小学生信息素养测评。推动在中小学阶段设置人工智能相关课程,逐步推广编程教育。推动大数据、虚拟现实、人工智能等新技术在教育教学中的深入应用。由此可见,近年来,国家对编程教育的重视已经提到了战略的高度,而新课标则指向开展主题项目式学习,利用编程展示其中的主题思想,进而教会学生对多学科知识进行意义建构,培养学生的核心素养。

我国中小学编程教育推广和落地需要结合不同区域特点展开。2021年,贵州省人民政府印发《贵州省高考综合改革实施方案》,将信息技术学科纳入合格性考试科目。据此,贵州省大部分学校启用了高中信息技术新教材,教材中增加了编程算法、人工智能等内容。研究表明,我国基础教育编程还处在起步阶段,编程内容、体系等还需探究与实践。[1]研究团队前期在贵州多所高中学校调研了解到,当前大部分高中编程教育主要围绕普通高中学业水平考试和相关竞赛开展,而常规教学仍停留在基础编程语法知识及编程工具的浅层认识层面,进而限制了学生信息意识、计算思维、数字化学习与创新能力、信息社会责任的提升。

CDIO(conceive-design-implement-operate,即构思—设计—实现—操作)是一种促进"做中学"和一种基于项目式教与学的新型教学模式,以项目生命周期为载体,让学生在课程中项目的初始阶段、发展阶段以及操作环节锻炼工程能力、应用知识解决问题的能力、团队合作能力等。CDIO框架主要由构思、设计、实现、操作四个环节组成,与高中程序设计算法步骤不谋而合。本案例立足于信息技术课程理念和编程课程学习理论,根据高中阶段学生的认知特点,尝试提出

---

[1] 孙丹,李艳.我国青少年编程教育课程标准探讨[J].开放教育研究,2019,25(5):99-109.

基于CDIO视角的高中编程课程教学框架,并开展相应的案例实践,以期提高学生的计算思维、数字化学习与创新能力,推动高中阶段编程教育的进一步发展。

一 教学目标和内容

(一)教学目标

1.信息意识

掌握数据分析过程中使用程序设计实现增、删、查、改的一般过程,体验编程解决问题的方法,并能分析程序结构所承载的信息,能够利用其中的信息为解决问题提供参考。

2.计算思维

依据解决问题需要设计算法,能够根据需要用自然语言描述实际问题、模拟计算过程、使用流程图进行建模、编写程序等,利用合理算法知识解决实际生活中的问题;掌握利用程序设计实现增、删、查、改数据的基本方法,体验程序设计流程,并学会总结计算机解决问题的过程和方法,尝试迁移到与之相关的学科问题或实际问题中。

3.数字化学习与创新

适应数字化在线编程学习环境,养成数字化学习与创新习惯,学习程序设计中包含的思想等;能够利用数字化资源与工具,有效管理学习过程和学习资源,创造性地解决问题。

4.信息社会责任

通过编写简单程序解决生活中的实际问题,感受计算机程序在提升问题解决效率中的作用,关注信息技术革命所带来的环境问题与人文问题,对于信息技术创新所产生的新观念和新事物具有积极学习的态度、理性判断和负责任的行动能力。

(二)教学内容

本案例的教学内容选自人民教育出版社、中国地图出版社联合出版的《信息技术 必修1 数据与计算》中的第三章"数据处理与应用"。本次CDIO框架下编程实践教学主要内容为"用水分析助决策"主题项目下的"数据整理",为1课时。该主题项目背景为南水北调工程,通过引入南水北调工程案例,在CDIO框架下开展项目学习,让学生通过信息技术手段掌握收集、分析、处理、应用数据的基本方法。分析教材内容可知,该节编程知识点属于项目中的基础内容,侧重让学生通过程序设计实现数据查找、删除、排序等功能,对后期学生实现复杂程序数据分析具有较大奠基作用。

二 实施对象

本案例的教学对象为贵州省某中学高一年级(9)班学生,该年级学生具有良好的知识结构和较强的探究能力,具体如下:

1.知识结构方面

该班学生对信息技术课程有初步了解,并且之前已经学习了程序设计流程图绘制、编程变量、表达式等基本知识,故对程序设计基本结构有一定的认识,能够熟练地运用自然语言、流程图、程序语句,可以有条理地用语言表达一个过程或者规则。这为进一步发展学生计算思维创造了有利条件。

2.探究能力方面

此年龄阶段的学生被称为"数字原住民",对新鲜事物容易上手,充满好奇心,并且在项目式学习中对人工智能和新科技相关学习兴趣浓厚;能够基于实际问题,以项目为载体,在教师搭建的教学情境中积极思考,并能在编译环境下理解算法、编写表达式。

三 教学环境和工具

本案例实践教学开展的环境是机房,机房中有能正常使用的投影,配备了师生使用的计算机,且处于联网状态。

本案例教学中使用的编程语言为Python,该语言具有简单、易学、开源等特点,对解决生活中一些实际问题具有较高的可操作性。该校经常使用的编程教学软件为海龟编辑器,该软件是一种便于学生更好学习和理解Python语言的编辑软件,具体表现为:界面设计非常简洁但功能非常强大,含有丰富的第三方库,能够用简单又高效的方式进行面向对象的编程;另外,其拓展功能非常强大,支持硬件编程,可以轻松一键安装第三方库,免除复杂环境配置,且可进行代码模式和积木模式的相互转换。

四 教学过程

(一)教学活动设计

教学活动依据CDIO框架下的高中编程教学模式展开,教师和学生活动都与相应教学实践阶段对应,并映射不同设计意图。在构思阶段,教师通过实际案例引入,设置相应问题,激发学生思考;学生初步接触案例,并结合已有知识思考解决方式、假设解决方案,自主学习新知,进而提升学习兴趣。在设计阶段,教师要结合高中生的认知特点,生成对应的编程项目,引导学生尝试接触编程项目,引入流程图及编程语言解决问题;学生运用自然语言描述项目分解后的问题,尝试用学习流程图和编程语言算法设计项目任务的"破解之法",提高利用计算机解决问题的能力。在实现和操作阶段,学生通过小组开展合作,动手操作实践和运行、调试程序。教师的任务是为学生提供必要的教学资源和帮助,如编程环境、组织合作交流并及时引导学生等;学生则通过编程项目进行操作、体验、思考等,进而梳理、巩固所学的编程知识。教学活动具体设计如表1所示。

表1 教学活动设计

教学阶段		教师活动	学生活动	设计意图
构思(C)	体验范例、引入新知	情境导入、设置问题及探究内容	初识情境中的知识点并尝试假设解决方案	激发学生的学习兴趣
设计(D)	项目驱动、思维引导	结合实际生活选择或生成适合学生认知阶段的编程项目或子项目	通过计算机辅助,假设适宜的编程算法	以"科学家"身份面对编程子项目,设计并尝试解决生活中的问题
实现(I)	编程模块化、程序开发	"穿针引线"、提供学习资源、及时助力"瓶颈"问题、督促编程项目按时开展等	将编程项目分解,小组合作开展编程子项目的开发	通过合作探究让师生、生生之间在交互中获得知识及技能
操作(O)	转换、应用、维护等	组织探讨、点评、分享等	子项目集成、调试、运行、展示等	梳理、实现、评价、巩固、知识拓展

(二)教学实施过程

本案例在CDIO框架的指导下实施教学,具体过程如下。

1.构思:引入情境、分析问题

在导入阶段,将"数据整理"的知识点、思想等融入本章主题项目"用水分析助决策"中。在该阶段,教师通过项目引导,制造相应的悬念,带领学生回顾"数据采集"等的相关步骤、内容,从而更好地将本节课的数据"情境"代入课堂。

上节课学生查询到了不同地区在不同年份的用水总量,而在本节"数据整理"阶段,主要让学生选取局部数据进行程序设计,进而在难度适宜的编程学习中建立程序与项目的联系、建立程序与实际生活的联系等。

在该阶段,教师首先对已经获取的"全国各地区的用水量"数据进行展示,让学生发现获取的原始数据中存在的逻辑错误,比如用水量为"负值"或者"空值"等,引发学生思考:对于此类数据应该怎么处理?学生的回答是:直接在Excel中删掉、修正等。在肯定学生答案的同时,随机找了篇幅很大的数据让学生以小组为单位(该班级之前已经分组,3人一组)查找相应数据,并删除不符合现实逻辑的数据,同时通过上网查询验证错误数据。学生通过此过程发现人工操作此过程比较困难,纷纷表示数据太多了,而且操作效果并不是非常理想,完成率不是很高。而此时,教师及时将问题抛给学生:"同学们有没有简便、快捷的办法解决此类问题呢?"有的同学回答:"Excel中的'条件格式'好像可以试试。"此时引领学生先用"条件格式"进行处理,最终发现也比较耗时,这时及时引入编程,即今天的教学内容。

该阶段旨在鼓励学生相互交流,结合实际理解问题,并且刺激学生进行构思和发展概念。

2.设计:规划方案、细化问题

在设计环节,根据学生的认知程度,逐步设计适合学生认知的编程教学内容。现以数据中"索引"为例进行详细阐述。首先让学生摘取北京、天津、河北三个省市2014—2016年的用水量数据,将摘取的数据放在Excel表格中;再让学生了解、分析数据表中行、列的含义,同时能读懂表中的数据值。这一过程的目的在于:在本章主题项目下划分子项目,学生在该阶段能够进一步理解编程背后的逻辑意义,理解行和列构成二维矩阵、利用自然语言对矩阵进行描述等,将程序设计思维和现实问题求解一般思路较好结合,为接下来编写程序提供算法思维基础。

该阶段主要将实际问题进行细化,根据问题性质将其转换为自然语言,以提升学生的算法思维能力。整个环节设计由简单到复杂,先教授学生学会查找,查找到数据之后再进行修改、删除等操作,即根据完成进度不断向纵深扩展,进而逐步引导学生体验成功的喜悦,较好地避免了"编程难、难编程"的难题。

3.实现:编写程序、解决问题

在实现环节,并非编写一段指令代码,程序设计的本质是用具有预设功能的指令集合完成特定目标,而此过程也可称为实现人机对话的过程。传统教学意义上的程序指一段代码,而在 CDIO 框架下更加强调程序设计的本质为指令集—程序—执行功能,主要强调解决问题的过程。该环节首先要让学生学习实现"人机对话"所需要的关键指令,如在该子项目实现过程中需要用到 Python 语言数据分析库 pandas,在数据整理中常用到增、删、查、改等功能的特定指令,如 loc()、insert()、drop()等。程序即解决问题的过程,而算法则是蕴含在程序背后抽象的思维过程,要引导学生思考解决问题的过程,进而通过 Python 语言实现特定功能。

例如,学生在摘取北京、天津、河北三个省市 2014—2016 年的用水量数据后,便需要实现"索引"功能。师生先共同确定实现该功能所需要的指令集合,如需要用到 pandas 数据分析库、DataFrame 和 loc 等指令;再确定指令所包含的作用和参数,如 loc["行标签","列标签"]。在此过程中,教师要积极引导学生将程序代码和其蕴含的算法思维紧密结合,在 Excel 数据表格中用自然语言进行直观描述,如行标签为"北京"、列标签为"2015"年对应用水量(有效数值)为 38,这是依据 Excel 数据表格对特定功能(索引)进行自然语言描述;将指令、算法进行有机结合,编写程序,即利用编程解决实际问题,进而实现简单"人机对话"——实现"索引"功能。在该环节,教师主要通过讲授法、合作探究法逐一指导学生进行程序设计。"索引"功能程序代码如下所示:

```
import pandas as pd
values=[[37,38,38.8],[24,56,34.15],[35,3,8.8]]
areas = ["北京","天津","河北"]
```

```
years=["2013","2015","2016"]
df=pd.DataFrame(values,areas,years)
print(df)
print("北京2015年用水量为",df.loc["北京","2015"])
```

之所以选取少量数据——北京、天津、河北三个省市2014—2016年的用水量数据作为初步编程内容,是基于课时少、学生对程序设计的认知和接受度等因素综合考虑,学生能更好地通过人机对话实现简单问题求解,掌握问题解决的一般构思、设计及编程的基本步骤。

学生程序指令集编写结束后,要通过运行检验程序设计结果正确与否。该过程主要让学生自己动手操作,在与他人交流、互助过程中完成从代码编写到运行的流程。教师的作用就是辅助,及时引导学生互助,通过观察学生编写情况及时进行反馈和指导。整个编程实践属于开放式状态。

在该环节,主要采用现代教学方法、技术、环境为学生提供与现实生活相关的学习经验,并基于学习经验创造一个与编程技术基础相关的学习抽象概念的认知框架,由此为学生提供理解和记忆抽象算法的思维机会,以及掌握这些基础知识的途径。学生从具体经验中还能不断获取人际交往能力和初步建构系统知识的能力,这与学科核心素养教育理念较为相符。

4.操作:转换问题、迁移知识

学生在设计和实现阶段,学习了基础知识和实践技能,通过子项目的有效设计和实现,从纵深继续开展教学活动,基于一个项目主题进行问题转换,如激发学生思考、探究:现已成功"索引"到一个有效数值,但是我们想删除这个数值,如何实现呢?然后继续把时间留给学生,进而将"学会编程"价值取向转化为"培养学科核心素养"价值诉求。除了引申南水北调主题项目学习的知识点之外,教师还布置了与学生生活比较贴近的案例:查阅自己心仪的五所大学2016年以来理科录取分数线,并生成相应的数组,同时通过编程语言实现增、删、查、改功能,进而得出想报考大学近年的录取情况。通过学生感兴趣的案例进行知识的迁移,不断引导学生进行尝试、验证、修正、展示交流,旨在实现学生知识的深化,在自主探究、反复试错过程中培养学生的计算思维,也在不同层次问题探索中不断提高学生的计算思维能力,在师生、生生互动与交流过程中不断提升学生的信息素养和信息社会责任意识。

基于此次主题项目教学活动的知识点，教师也另外搭建了知识迁移的学习程序，旨在让学生通过运行、体验，同时交流、分析程序，进一步感受程序背后的算法，提升学生读程序的能力，强化知识点。

教学最后阶段，根据学生的学习情况适当地进行小结，指出学生在该子项目中存在的常见问题，如少数学生因对程序设计算法不够理解，导致在编程实现阶段盲目编程、抄编程等；归纳、演示pandas库常用功能和编写的基本格式，假设将pandas赋值给pd，通过海龟编辑器对这些功能进行调用、展示，同时让学生课后根据自己实际学习与生活的需要尝试使用pandas库中这些功能自由开展程序设计。pandas库常用功能说明如表2。

表2 pandas库常用功能

功能说明	基本格式
读取CSV文件	pd.read_csv
将数据导出为CSV格式文件	pd.DataFrame.to_csv
描述二维数据结构表(DataFrame)的"列"	pd.DataFrame.columns
通过行和列索引数据值	pd.DataFrame.loc
读取二维数据结构表(DataFrame)的大小	pd.DataFrame.shape
删除重复的数据	pd.DataFrame.drop_duplicates
……	

五、教学评价和反思

此次案例教学主要采用自评、互评的方式开展评价，同时结合课堂观察进行综合评价。自评表和互评表见表3和表4。自评和互评是学生对自己或者对他人课堂表现的一种学习性评价。学习性评价应关注学生是如何学习的，注重培养学生的自我评价能力，以便其进行反思和自我管理。由此可见，学习性评价是一种重点关注学习过程、关注学生发展的评价方式，它与我国当前提倡的以学生为中心、提高学生自主学习能力、建立新型师生关系等教学理念不谋而合。

表3　学生编程实践自评表

姓名					
评价题项	评价分值(5~1)				
	5(非常好)	4(好)	3(一般)	2(不好)	1(非常不好)
zp1.概念的了解程度					
zp2.内容的掌握程度					
zp3.用自然语言描述问题的能力					
zp4.处理异常代码的能力					
zp5.代码书写的规范程度					
zp6.与小组成员的交流程度					
zp7.阅读代码的能力					
评价人：					

表4　学生编程实践互评表

姓名					
评价题项	评价分值(5~1)				
	5(非常好)	4(好)	3(一般)	2(不好)	1(非常不好)
hp1.概念的了解程度					
hp2.内容的掌握程度					
hp3.用自然语言描述问题的能力					
hp4.处理异常代码的能力					
hp5.代码书写的规范程度					
hp6.与小组成员的交流程度					
hp7.阅读代码的能力					
评价人：					

自评表和互评表的题项一致，主要是从基本概念到实践能力让学生对整个学习过程进行评价。自评、互评的题项分别为zp1~zp7,hp1~hp7,详细数据统计结果见表5。依据数据统计结果可知，学生自评、互评中除了zp4,hp4(处理异常代码的能力)均值低于3外，其余题项均值皆在3~4之间。可见，通过此次案例教学,该班学生的理论掌握、实践、协作交流等能力得到了较大提升。但进一步

依据最大值、最小值、偏度三个数据进行分析,效果还不是特别理想,除了互评表中hp6(与小组成员的交流程度)的偏度为0,数据处于正态分布外,其余偏度都为左偏度(偏度小于0)、右偏度(偏度大于0),表明数据分布不够对称;两端数据(最大值、最小值)虽然不占据多数,但是数值能够影响偏度,表明对于编程课程该班学生的学习能力和认知水平具有一定的差异。

表5 自评与互评结果统计

题项	最大值	最小值	平均值	偏度
zp1	5	2	3.63	0.188
zp2	5	2	3.50	−0.109
zp3	5	1	3.65	−0.365
zp4	4	1	2.48	0.313
zp5	5	1	3.30	−0.115
zp6	5	3	3.90	0.145
zp7	5	2	3.45	0.468
hp1	5	3	3.83	0.301
hp2	5	2	3.40	0.196
hp3	5	2	3.40	0.022
hp4	4	1	2.58	0.507
hp5	5	2	3.30	0.380
hp6	5	2	3.50	0.000
hp7	5	2	3.30	−0.041

评价紧紧围绕学科核心素养和CDIO教学理念,对学生编程基础知识和实践技能着重进行评价,对于本节内容来说,符合学生的认知能力水平。在设计环节,绝大部分学生能够通过交流、互助完成程序设计的一般过程,熟悉借助编程解决问题的步骤。在CDIO框架下的编程教学中,教师始终扮演解惑的角色,创设的问题情境也比较贴近生活,与学生的选科(理化生)背景比较切合。教学过程中,教师鼓励学生通过互助完成程序设计,引导学生善做笔记、敢于提问、勤于思考、勇于动手、积极合作等。

本案例也对教师进行了访谈,侧重了解教师对CDIO框架在编程教学中的可操作性的看法及在教学中需要关注的地方,如:"将广泛运用于高等教育中的CDIO工程理念运用到高中编程教学以及信息技术相关课程中,是否合适?"C老师对CDIO工程理念相关研究进行了深入了解,同时结合相应编程教学案例,表示通过构思、设计、实现、操作四个主要环节开展编程教学是可行的,尤其是实现、操作两个环节与编程教学实践性质非常贴近,给学生自主操作的时间、空间也更自由,能够较好地体现学生的主体性,同时在主题式项目教学中教师教学更加结构化和明确化。但是通过案例教学也发现,在构思、设计两个环节教师还需要悉心引导,学生主动构思和设计的意愿未能充分体现。

总体而言,从教学效果来看,本次案例教学实践基本达到了事先的构想和预期,但也存在一定的问题。通过课堂观察发现极少数学生还存在盲目编程、抄编程的现象,由于学生人数偏多,学生水平层次不一样,少数学生对编程望而生怯、无从下手,进而出现互助过程中照搬编程的现象。在今后的教学实践中,应该采用分层教学,多设置阶梯型情境任务,多激发学生的学习兴趣和欲望。

作者简介:刘绘绘,贵州省赫章县西城区高级中学教师;张妮,贵州师范大学教育学院教授;陈明凤,贵州师范大学附属中学教师。

新课标下基于体验式学习的编程教育实践

黎睿　李高祥

2017年"人机围棋大战"后,我国的编程教育再次引起学者的关注,国家也陆续颁布相关政策文件,使编程教育进入校园。2022年,教育部印发《义务教育信息科技课程标准(2022年版)》,其中包含编程相关内容。尤其是在第三学段(5—6年级)"身边的算法"这一教学内容的要求中,明确提出"尝试设计求解算法,并通过程序进行验证"。这表明,编程能够验证算法,是学习算法的一种有益尝试。然而,在现实教学中,无论是培训机构还是中小学校开展的编程教育,都存在更关注教授学生基础知识、基本技能,而相对忽视学生的情感,也较少重视学生的算法学习、思维发展等问题。因此,构建一种既可以培养学生思维,又能够关注学生情感的编程教育模式,并将此模式应用于小学编程教学实践中是十分必要的。

体验学习圈将体验与学习发生的具体过程结合起来,已经应用于外语、地理、化学的教学中。结果表明,学生能在愉快的情境中学习,增强了学习兴趣,提高了交往能力,同时也获得了知识与技能。[1]本案例将体验学习圈应用到编程教育模式的构建之中,探究体验学习圈对小学生编程学习的影响与作用。

一 教学目标和内容

(一)教学目标

1.信息意识

培养收集信息的能力,学会关注身边事件发生的时间、顺序并发现信息之间的相互联系,提升对事件信息的敏感度。

2.计算思维

在将"酷我校会"分解为一个个场景的过程中,逐步形成问题分解能力;通过

---

[1] 许亚锋,王周秀,马健.基于体验学习的未来课堂的设计与应用[J].电化教育研究,2013,34(5):73-79.

梳理"酷我校会"的发展流程,知晓事件发生先后顺序(步骤),逐步形成算法思维,理解程序设计中的顺序结构,最终向计算思维发展。

3.数字化学习与创新

通过自创空间,充分发挥个人想象力,设计新颖独特的节目并优化创新程序,培养数字化学习与创新创造能力。

4.信息社会责任

通过学习时序控制,树立时间意识,懂得连贯的时间、合适的顺序在开展活动中的重要性,懂得维护信息安全的重要性,懂得在今后的生活中珍惜时间、合理安排时间,做时间的主人,成为人生的规划师。

(二)教学内容

本案例选取清华大学版信息技术(彩色版)五年级下册第一单元第7课"酷我剧场——时序控制",主要的教学内容是学会使用时序来控制角色的运行顺序,是本单元"数字艺术家"的一个重要组成部分。本课内容旨在帮助学生掌握"显示""隐藏"和"在……秒内移动到坐标"指令,控制角色的出场时间和行为顺序,最终形成一场视听盛宴。

教材中的教学主题是"酷我剧场",对于本案例所选择的A小学五年级学生来说有些抽象、不切实际,不能使学生在亲身体验的基础上进行学习,也不太符合小学生还处于具体形象思维的阶段特征。结合教学目标、学生特点与学生的生活体验,本案例选择了学校每周一次的"特色校会"为主要内容,将"酷我剧场"这一教学主题更换为"酷我校会"。每周的校会是A小学的特色惯例,校会上先是德育教师邀请小主持人上场主持升旗仪式,然后是班级微队会等一系列活动项目。

本案例将教学主题更改为"酷我校会"主要基于以下几点考虑:一是特色校会每周都会举行,来自学生的校园生活,有学生的亲身体验;二是特色校会中涉及的知识点与"酷我剧场"中的相同,变化的是主题,不变的是知识;三是特色校会的流程相对固定,易于教师对教学内容的把握;四是特色校会中的班级微队会意义非凡,通过艺术表演的形式展现时事热点,拓宽学生的知识视野,涵养学生的道德品质。如A小学2022年4月18日的第八周校会,以国家安全日主题教育活动为契机,开展了"唱响生命之歌,祈愿世界和平"的校会活动。

"酷我校会——时序控制"主要基于学生的校园体验,让学生设计一场特色校会,使学生成为集编剧、导演、演员、美工等角色于一身的人,在特色校会的基础上进行大胆想象,创设有趣、有意义的线上校会,从而深刻体会时序控制的重要性,由学会统筹校会时间到合理安排个人时间,最终形成综合统筹能力。在这个过程中,学生学会厘清角色出现的先后顺序,学会计算角色耗费的时间,创设丰富多彩的节目,体验时序控制在实际生活中的重要作用,加强对顺序结构的理解。

新课标中多次提及"体验""生活体验"等字样,特别是在第三学段(5—6年级)"身边的算法"这一教学内容的教学提示中,明确指出"从学生的生活体验或《九章算术》等典籍中的适当问题出发,将算法学习的要点贯穿问题求解的过程,让学生在不同算法的具体讨论中养成算法思维,避免空洞地讲授抽象概念"。为了使学生真正领会"时序控制"的内涵,真正理解程序设计的"顺序结构",本案例采用体验式教学模式,在新课标下开展基于体验式学习的编程教育实践。

二、实施对象

本案例面向A小学五年级学生。案例中的学生从三年级开始便接受信息科技教学,主要学习过Word、Excel、PowerPoint、Photoshop等应用型软件。班上约有40%的学生参加过校外编程类课程的零散学习,6%左右的学生长期学习,拥有扎实的信息科技基础。此外,在数学课程中,学生已经熟练掌握简单的加减乘除在日常生活中的应用;在之前的学习中,学生已经尝试过使用"等待……秒"积木块控制角色运动速度;在日常生活中,学生对个人事务的安排等经历也为本案例的学习奠定了良好的认知基础和经验基础。

三、教学环境和工具

本案例在A小学信息科技教室开展。A小学是G市最有名的小学之一,学校师资雄厚、资源充沛、设施先进,本学期更新了教室的所有电脑设备,让学生能够更加顺畅地使用计算机进行学习,解决了曾经的学生电脑开机困难、长期死机而无法使用的问题。本案例开展教学活动的信息科技教室共有计算机60台,每台计算机均装有上课必备的教学软件。所有计算机都是全新的,使用起来大多数时候是顺畅的,但是偶尔也会出现无法广播教学和作品上传等问题。

本案例中使用的教学工具是极域电子教室软件。这是一款多媒体教学网络平台,简单、易用、好上手,登录之后即可实现教师机对学生机的屏幕广播、文件分发,还能实现学生演示以及作业提交等功能,无论是教师的教学,还是学生展示作品、提交作业都十分方便,有利于教学的顺利开展。

本案例中使用的图形化编程软件为源码编辑器,又称"Kitten",是一款适合小学生学习编程的软件工具,学习者不用学习任何编程语言即可通过拼接积木搭建起自己的程序,容易上手,能激发少儿编程学习兴趣。[1]相较于国外图形化编程软件Scratch,Kitten平台界面设计符合中国学生的审美观,图形化积木块与Python文本编程可一键转化,素材多种多样,版本更新频率快,内含紧贴时代发展的教学主题,更适合我国儿童使用。[2]

四 教学过程

体验学习的集大成者大卫·库伯认为,体验学习过程是一个四阶段的循环过程(如图1),即具体体验、反思观察、抽象概括和行动应用。学生可以从任意一个环节进入。

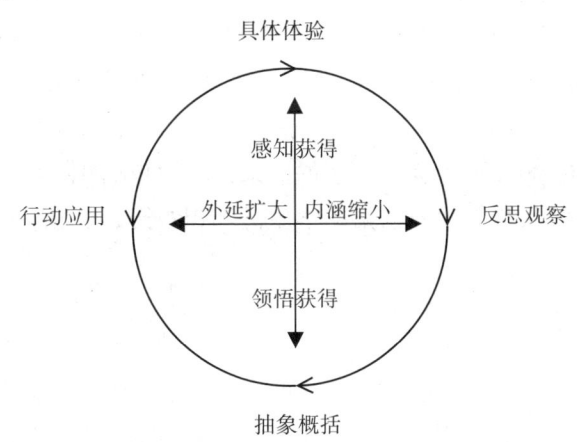

图1 大卫·库伯体验学习圈[3]

---

[1] 王国强,张雪峰.苏格兰公共图书馆编程教育模式及其启示——以代码俱乐部模式为例[J].图书馆工作与研究,2020(8):51-56.

[2] 项力雅.基于体验学习圈的小学图形化编程教学设计与实证研究——以Kitten平台为例[D].天津:天津大学,2020.

[3] D.A.库伯.体验学习——让体验成为学习和发展的源泉[M].王灿明,朱水萍,等译.上海:华东师范大学出版社,2008.

为了教学的完整性,以及更好地进行编程教学,本案例以大卫·库伯的四阶段过程为基础,创新了体验教学的四个阶段,即启动体验、转化体验、实践体验、升华体验(如图2)。

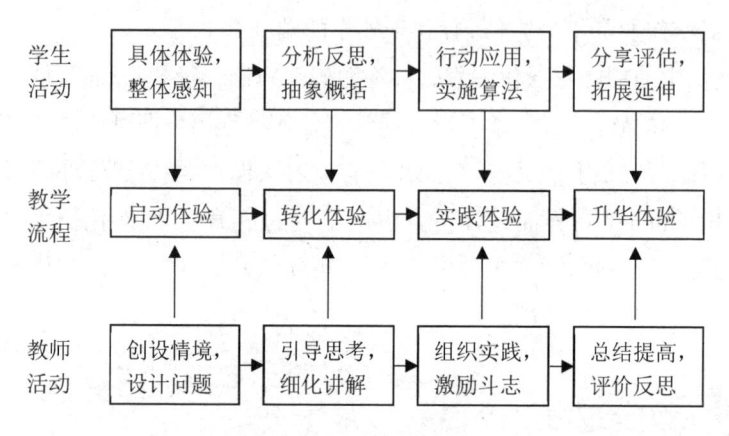

学生活动	具体体验,整体感知	分析反思,抽象概括	行动应用,实施算法	分享评估,拓展延伸
教学流程	启动体验	转化体验	实践体验	升华体验
教师活动	创设情境,设计问题	引导思考,细化讲解	组织实践,激励斗志	总结提高,评价反思

图2 体验式教学流程

本案例的教学便按照这个流程展开。在启动体验环节,学生的体验与感知并不一定在课堂上进行,学生的体验也可以来自日常的校园生活,本案例只是对学生的先前体验进行了深入挖掘;在转化体验环节,主要是让学生自主或者是在教师的引导下,将曾经的亲身体验进行转化,在本案例中体现为将"特色校会"分解为主持人报幕、升旗仪式和翩翩起舞三个场景,确定每个场景中的具体流程;接下来的实践体验环节就是进行"程序验证",将对每个场景的想法通过编程语言表达出来,进行调试运行,得到理想的效果;最后的升华体验环节,既要总结本案例的学习内容,又要借助视频拓宽学生的知识视野,又或者是学生继续创新作品。

(一)启动体验

上课前,教师提前使用屏幕广播功能呈现等待播放的"特色校会"作品。上课时,教师引导学生欣赏"特色校会"作品。播放到"特色校会"中的升国旗场景时,少数学生主动站了起来,教师引导其余学生起立,直到升国旗环节结束才组织学生坐下。学生在欣赏翩翩起舞场景时乐开了花,似乎觉得这个场景很有趣。

作品欣赏完毕,教师便开始借助升旗场景对学生进行思想品德教育,让学生知道,听到国歌声响起要立正站好,向国旗方向敬队礼或行注目礼;让学生知道国旗是我们国家的象征,承载了我们的民族精神和追求。接着,教师以对话的形式揭示本案例的学习主题。

师：这样的校会有趣吗？用什么方法才能实现呢？请谈谈你们的打算。

生1：很有趣，我们可以使用动画软件来制作。

生2：有趣又好玩儿，本学期我们学习的是编程，应该可以通过编程来实现。

师：其实呀，这样的特色校会是可以使用编程来实现的。接下来我们一起走进今天的学习内容"酷我校会——时序控制"，学习特色校会的制作方法。

（二）转化体验

首先，教师让学生回忆校会情境，将整个过程按时间先后顺序填写到作品分析单中（这时大多数学生已经自发与同桌热烈讨论起来）；接着，教师开启投票功能，让学生选定自己最感兴趣的三个场景，得票最高的三个场景将是本节课进行创作学习的主要内容；最后，教师结合学生的投票情况，确定学生最想做的三个场景分别是主持人报幕、升旗仪式和翩翩起舞。在这个环节，教师最主要的任务就是引导学生回忆校会的主要流程，梳理校会中的重要角色、角色上场的先后顺序以及角色要完成的事情、要说的话语。

（三）实践体验

本环节主要由三个部分组成，分别是主持人报幕、升旗仪式和翩翩起舞。

1.主持人报幕

学生自主探索完成场景——主持人报幕。主要有以下内容：

（1）布置舞台背景；

（2）新增主持人角色；

（3）设计台词及情境。

考虑到大部分学生打字速度较慢，教师提前准备好了报幕台词，学生既可以直接使用，也可以进行创新。教师引导学生找到外观积木盒中的"对话……持续……秒"积木块和"隐藏"积木块，让学生自行探索，组合积木块，填充主持人说话内容，设定合适的说话时间，调试完成主持人报幕场景。

教师使用极域电子教室的学生演示功能展示3位学生完成的场景一作品，分别是说话时间太短、太长以及刚好合适的3种情况，引导学生计算主持人报幕所占用的时间，填写角色出场顺序表。教师统计学生完成情况，贴绿色小星星，继续进行下一个场景。

2.升旗仪式

教师先不告知学生具体内容，让学生自己思考场景二涉及的角色，以及角色应该何时出现,角色是如何运动的。实际上,一些学生已经能够独立分析出大概的操作步骤,只是细节内容还需在教师的带领下完成。本场景的主要内容有:

(1)背景切换到升旗台;

(2)旗杆、旗帜出现;

(3)随着国歌声,旗帜缓缓向上升起;

(4)升旗完毕,背景切换到活动舞台。

学生在自主实践的过程中,发现作品发生了"时空错乱",场景二中的旗杆、旗帜一开始就出现在屏幕上,学生一脸疑惑与茫然。教师就借着这个问题,引出"等待……秒"积木块,让学生思考旗杆、旗帜应该等待多久才出现,使学生明确本场景角色出场前应该等待的时间与上一个场景所花费的时间之间的关系。教师总结学生的回答主要分为两类:一是阐明本场景中角色的等待时间;二是引出该等待时间与上一场景中角色花费时间应相等。在发现部分学生未能独立完成场景二时,教师便开展"小老师"活动,让学生在相互帮助中完成场景二的制作。接着,使用学生演示功能展示一位学生的作品,并请该生阐述实现的方法,填写角色出场顺序表,其余学生欣赏、反思。之后,教师简单点评学生的分析情况,统计全班学生的完成情况,贴黄色小星星。

3.翩翩起舞

本场景中的内容相对较难,需要教师发挥"支架"作用。一开始教师就直接抛出两个问题。问题一:场景三中的舞者们要等待多久才能"显示"? 问题二:如何才能使舞者们跳舞? 教师让学生进行小组讨论,并派代表回答问题。教师点评学生的讨论情况与汇报的答案,引导学生完成场景三——翩翩起舞。本场景的主要内容有:

(1)新增舞者角色,添加不同的造型;

(2)舞者们随着音乐翩翩起舞,也就是重复变换不同的造型。

由于每个学生在前两个场景所花费的时间不同,所以本场景中角色出现前需要等待的时间不同,需要学生根据前面的内容灵活计算出等待时间,代入程序进行多次调试直到得出合适的时间,完成翩翩起舞。这个部分要特别关注学生的情绪,因为恰当的时间需要多次调试才能得出,十分考验学生的耐心,教师一定要鼓励学生多尝试,为学生加油、打气。待学生完成后,教师使用极域电子教室的学生演示功能,让学生展示完整的作品,同时描述制作的方法,并邀请学生评价作品的优秀之处和有待改进之处。随后教师对部分作品进行点评,并分析场景三中角色出现的时间和花费的时间,填写角色出场顺序表。接着教师统计全班学生的完成情况,贴红色小星星。

(四)升华体验

教师利用角色出场顺序表来呈现重点教学内容,让学生理解"时序控制"的含义,接着寄语学生:学习了今天的内容,不仅要学会控制作品的时序,更要学会控制自己的时序,每天早睡早起,按时上学放学,做时间的主人。最后,教师播放生活中用到时序控制的事例视频(防疫小知识、春夏秋冬的变化、一天的早中晚变化),让学生在赏析视频、拓宽思维中结束本案例的学习。

五 教学评价和反思

(一)教学评价

在本案例的教学中,教学评价贯穿于课堂的全过程,评价类型丰富,评价主体多元。在评价的内容方面,主要涉及学生的课堂参与度、学习态度、内容掌握度等,这部分内容主要是教师通过课堂观察进行记录的。在评价的主体方面,有自我评价、小组评价、教师评价。自我评价相对简单,主要涉及学习收获情况、学习心理情况等;小组评价涉及整个小组的情况,主要包括小组互助情况、小组作品完成情况等;教师评价主要通过观察开展,涉及学生课堂参与度、专注度等。此外,还使用了作品评价法。虽然学生的表现不能通过作品完整地呈现出来,但是学生的作品也在一定程度上反映了学生的表现,可以作为学生评价的参考。作品评价主要是教师对学生提交的作品进行评价,主要从完整性、技术性、美观度、创新性等几个方面针对学生的作品给予等级评价。有的学生作品,在原来的4个表演者之外增添了4个角色,随着音乐响起,增添的4个角色开始"杂技表演",整个程序运行起来比较流畅,场景之间的衔接时间恰当。还有的学生作品,也是增添了角色数量,并且缩小了角色的大小,并将舞者们移动到操场上,让增添的角色和舞者们一起随着音乐翩翩起舞。值得一提的是,学生还将背景音乐进行了更换,换成了自己喜欢的音乐。

总之,大多数学生在本节课的作品中都进行了创新,加入了一些新元素,其中最多的就是增添了角色,并且给角色赋予动作,体现了学生自主创新的一面。虽然学生作品的技术性、完整性有一定程度的改善,但是整体水平还是偏低,可能是因为在教学过程中缺少这方面的指导,并且学生年龄较小,五年级学生的思维水平和知识水平都有待提高。

(二)教学反思

本案例以贴近学生校园生活的"特色校会"作为教学主题,将学生的个人体验融入学习中,符合新课标的教学要求,同时也突破了教学重难点。尤其是后面结合角色出场顺序表的总结,非常吸引学生。

本案例在教学开始之初,教师用生动、有趣的场景三给学生留下深刻印象。其实这个情况出乎预料,教师认为这样的内容十分平常,然而,在五年级学生看来,却趣味十足。这说明教师和学生的思维、想法是有差距的,教师应该多俯身看学生,从学生的角度思考问题,走进学生的世界。学生看到舞者们的表演笑得前仰后翻,这极大地激发了学生的学习兴趣,使得后面的教学进行得十分顺利。整堂课下来,学生参与度极高,教学效果也较好。

本案例中还渗透了思想品德教育。赫尔巴特曾说:"我想不到有任何无教育的教学。"这说明教学永远具有教育性。场景二中升旗仪式开始时部分学生自觉、主动地站了起来,接着全体学生起立,直到升旗仪式结束,这说明五年级学生已经具有深厚的爱国情怀。作品欣赏结束后,对学生进行了思想品德教育。

本班一共有54人,除了1个因病假没有上学的学生,其余学生全都提交了自己的作品。提交的53份作业中,有60%达到了教师的要求;有8份高质量作业,在作品中增加了元素,而且作品也能顺利呈现,场景之间过渡自然、衔接顺畅;只有个别学生没能顺利完成作品,场景之间出现混乱,不同场景之间的角色出现时间错误。后来在与学生的沟通中得知,他们最喜欢的就是这节课,这节课给他们留下了深刻的印象,他们觉得这节课很有趣,也认识到平常事件还能用如此有趣、好玩的方式呈现出来,愿意继续学习编程。

作者简介:黎睿,中国人民大学附属小学贵阳共建学校教师;李高祥,贵州师范大学教育学院副教授。

基于问题解决的高中Python编程教学实践探索

卜丽竹　吉鑫　王毅

随着信息技术与社会不断融合,对人才培养也提出了新的要求。2018年,教育部印发《普通高中信息技术课程标准(2017年版)》(下文简称"新课标"),明确四大学科核心素养,即信息意识、计算思维、数字化学习与创新、信息社会责任,其中培养学生计算思维尤为重要。计算思维是指个体运用计算机科学领域的思想方法,在形成问题解决方案的过程中产生的一系列思维活动。培育计算思维的途径多样,如编程教学、STEAM教学、游戏化教学等都是现行中小学经常采取的教学形式。按照皮亚杰认知发展阶段理论,可将计算思维培养划分为四个阶段,再根据各阶段特点设置相应的教学策略,其中编程教学助力计算思维形成和发展阶段。[1]编程教育在基础教育领域备受关注,在中小学阶段开设编程课程已成为现实需求:(1)时代推动,随着人工智能时代的到来,作为人工智能基础的编程能力被视为学生适应未来社会挑战的能力;[2](2)国家重视,编程教育已成为国家基础教育的必备内容,《新一代人工智能发展规划》《2019年教育信息化和网络安全工作要点》等文件中都提到要推广编程教育;(3)能力驱使,编程教育在培养学生逻辑思维及问题分析能力方面具有明显优势。

中小学阶段的编程教学课时安排较少,教学内容、方法及资源建设多采用高等教育计算机教育的模式,造成知识体系庞大、教学内容冗杂等问题。[3]J老师作为G省省属重点高中信息技术教师,无论是对新技术的掌握还是对新知识的学习,都有较好的表现。在日常编程教学中,J老师发现本校编程教学主要按照教材进行讲授,偏重程序设计语言的概念和基础语法的理论学习,使得学生在解决生活实际问题时无从下手。为了帮助学生建立编程学习的整体概念,通过编程学习形成解决问题的逻辑思维,提升对生活中真实问题的解决能力,J老师在

---

[1] 孙立会,王晓倩.计算思维培养阶段划分与教授策略探讨——基于皮亚杰认知发展阶段论[J].中国电化教育,2020(3):32-41.

[2] 李阳.计算思维导向的跨学科儿童编程教育模式研究——基于芬兰儿童编程教育的经验与启示[J].现代教育技术,2020,30(6):19-25.

[3] 傅骞,唐文静,王雯,等.面向高中编程教学的编程模式自动挖掘及教育应用研究[J].中国电化教育,2021(2):61-67.

高一年级开展了基于问题解决的编程教学实践探索。本案例从J老师视角出发，详细阐述J老师的编程教学实践探索经验，以期为高中编程教学实践提供参照。

一 教学目标和内容

（一）教学目标

1. 教学目标维度分析

本案例的教学目标主要包括知识、实操和情感三个一级维度，每个一级维度对应3~4个二级维度，各维度均对应信息技术学科核心素养，详见表1。

表1　教学目标维度分析

教学目标维度		信息技术学科核心素养			
一级目标维度	二级目标维度	信息意识	计算思维	数字化学习与创新	信息社会责任
知识层面	理解表达	√			
	知识建构		√		
	批判逻辑		√		
	空间联想		√		
实操层面	实操创作			√	
	迁移整合			√	
	协作组织			√	
情感层面	观察探索				√
	内省反思				√

2. 学科核心素养

（1）信息意识

能够初步了解和掌握计算机程序解决问题的一般步骤，培养利用计算机解决问题的意识。

（2）计算思维

依据解决问题的步骤，设计和表达简单算法；掌握一种程序设计语言的基本知识，利用程序设计语言实现简单算法，解决实际问题。

（3）数字化学习与创新

能够构建简单的计算机软件的整体结构系统，积极利用各种信息系统促进学习与发展。

(4)信息社会责任

分析数据与社会各领域之间的关系,自觉遵守相应的伦理道德和法律法规。

(二)教学内容

本案例的教学内容选自上海科技教育出版社出版的《信息技术 必修1 信息技术基础》第三章第三节1~2小节,是编程与解决问题的开篇,力图为学生揭开用计算机解决问题的神秘面纱,向学生展示计算机程序设计的精彩片段,引领学生经历分析问题、确定算法、编写程序、调试程序等用计算机程序解决问题的基本过程。虽然教材中本节内容指向的是VB语言,但J老师考虑到新课标的要求以及学生的后续学习,将VB语言改为Python语言,也更加贴合当前时代发展。

二 实施对象

本案例面向贵阳市Q中学高中一年级学生。

从学习者特征方面分析。J老师在授课前了解到该班级学生发散型认知风格者较多,思维灵活,他们能在问题解决过程中想到多种方案,授课教师需要随时关注学生情况,在学生偏离正确答案时及时引导。这对于编程教学而言有一定的挑战性,其中若要穿插"百钱买百鸡"经典数学问题,可能会出现不可控的情况,因此J老师在教学设计环节很谨慎。

从学生初始能力方面分析。J老师通过与学生沟通交流发现,大多数学生没有学习过编程,编程基础较为薄弱,教学起点较低。此外,高一学生在编程方面没有形成完整的知识系统,但他们学习过Word、Excel、Photoshop以及Flash。这些基础技能有利于学生实现知识迁移,利用Python语言设计出简单的解决问题的方案。

三 教学环境和工具

本案例在计算机教室开展,会使用到Python语言程序、云课堂管理软件和多媒体设备。Python语言具有简洁、易上手、可扩展等特性。案例中使用的编程软件mind+及其编译环境,既支持图形化积木编程,也支持手动编辑Python代码,并且图形化积木编程还可以自动转换为Python代码。编程基础较弱的学生可以先使用图形化积木编程,再转换为Python代码。云课堂管理软件具有收发文件、广播屏幕、学生演示等功能,可以很好地帮助J老师开展教学。

四 教学过程

(一)教学策略的确定

本案例使用多种教学方法,基于STEM理念教学"为什么—做什么—怎么做—如何简化"的思维开展教学,具体教学策略及方法如表2所示。

表2 "编程解决问题"教学策略与方法

教学策略与方法	选择目的
讲授法	让学生理解利用计算机编程解决问题的相关知识点
演示法	利用多媒体演示操作流程
STEM理念教学法	STEM理念教学法是以科学、技术、工程、数学理念为主的教学法,强调学生在真实活动情境中学习,注重发展学生的科技素养,培养学生实际动手操作、解决具体问题、自主与终身学习、沟通与合作、创新等能力。本案例中,教师创设了"农夫过河""百钱买百鸡""千钱买千鸡"的任务情境,并引导学生分析问题,然后通过小组头脑风暴、互相交流找到突破途径,将其以流程图的形式呈现出来,再进行程序调试从而达到解决问题的目的。这体现了STEM理念教学"做什么—怎么做—如何简化做法"的整个过程

(二)教研组的经验交流

无论是教授理论知识还是教授实践知识,J老师通常都在计算机教室上课。讲授完知识点后,J老师会让学生自己尝试操作,加深对知识的理解。此外,J老师仔细钻研课标,通过对课标的反复研读,发现新课标的改变不仅表现在课程目标、课程内容等方面,也体现在信息技术学业水平考试上。由此J老师查看了近几年高中信息技术学业水平考试题目,发现考查编程内容的题目占比逐渐加大。由于Python语言是当前编程教学中的主流语言,J老师在讲授"编程解决问题"这节课时,将原来的VB语言换成了Python语言。

基于前期准备与分析,J老师对"编程解决问题"一课进行了教学设计。首先,他初步分析了教学目标的维度和对应的信息技术学科核心素养,清楚地呈现出三维目标与学科核心素养之间的关系,并详细展现了在每个核心素养中学生应当达到的能力要求。此外,他还在这节课中融入STEM教学理念,引用案例实现"为什么—做什么—怎么做—如何简化"的思维教学,并将"百钱买百鸡"问题升级为"千钱买千鸡",举一反三,鼓励学生思考并运用所学知识解决实际问题,检验学习成果。其次,J老师在完成教学设计后与教研组的老师一起交流,教研组的老师不仅提出建议还邀请J老师来到自己课堂上听课。J老师通过观察各位同事的课堂,发现多数同事会在讲完流程图后直接呈现相应代码,虽然花费了大部分时间讲解代码,但部分学生仍旧难以理解。最后,J老师意识到厘清思路很关键,先用流程图表示问题的解决过程、用方程列出算式,再将其转换为代码,这样学生才能更好地理解其中的逻辑与意义。

(三)教学实施过程

经过充分准备,J老师开始教授新课。与其他老师不同,J老师利用上课前3分钟给学生呈现出本节课的学习目标,让学生知道本节课要学习利用编程解决问题的一般过程、算法的概念、编写程序以及流程图的描述方法。

精彩的导入环节是一堂优质课的开始,它能引起学生的兴趣,让学生迅速集中注意力。J老师通过创设问题情境抛出简单的思维小游戏(如图1),让学生进入学习状态。J老师展示出"农夫过河"小游戏,给学生几分钟时间开展小组讨论(课前分组,4人为一组),思考游戏中农夫需要几个步骤才能将狼、羊、菜都成功运过河。学生顿感兴奋,也将精力投入到课堂中,并开展激烈的讨论。J老师请出一组同学进行分析,并针对学生回答,总结生活中解决问题的一般方法。

小游戏——农夫过河

一个农夫带着一条狼、一头羊和一篮蔬菜要过河,但只有一条小船,乘船时,农夫只能带一样东西。当农夫在场的时候,这三样东西相安无事。一旦农夫不在,狼会吃羊,羊会吃菜。

图1 思维小游戏"农夫过河"

由此引入下一个学习任务，J老师先给学生简单介绍任务中的人物背景，并讲解“百钱买百鸡”的故事，然后让学生进行讨论。通过巡视，J老师请出三位同学介绍他们的看法，同时J老师将他们列出的方程式（三位同学所使用的方程式都不相同）使用投影仪进行展示并点评。最后一位同学提出无法计算出结果的问题，J老师借此机会帮助学生梳理这个问题的解决思路（分析问题—寻找解决方法—验证结果）并详细解释。

师：古人利用枚举算法解决这个问题，但是如此庞大的计算量是非常费时费力的。如果让计算机来完成这个工作会不会效率更高呢？我们能不能通过编程来解决这个问题呢？

以上问题的抛出是为了让学生意识到在某些情境下人工计算的方式会显得笨拙，使用计算机解决生活中的系列问题会更加便捷快速。然后，J老师和学生一起回顾之前章节所学内容，如文本处理、Photoshop图像处理、Flash动画处理，指出这些都是利用计算机已有程序来帮助我们解决问题。如若遇到的问题没有已知程序来解决应该怎么办呢？这时候就需要我们编写计算机程序了。为了让学生的编程基础更扎实，通过学生已有的学习经验，以“Y=丨X丨”为例，很自然地将算法中的自然语言表述及流程图表述知识点讲解清楚。J老师趁热打铁，再提出让学生自己描述小球平抛运动的流程图，目的在于让学生能使用流程图绘制简单算法。其间J老师积极提示、巡查，学生也很主动地分享（如图2）。J老师解释了流程图中每个图形的名称和功能，进一步完善学生提出的小球平抛运动流程图，并在讲解清楚后将其转换为Python代码形式。

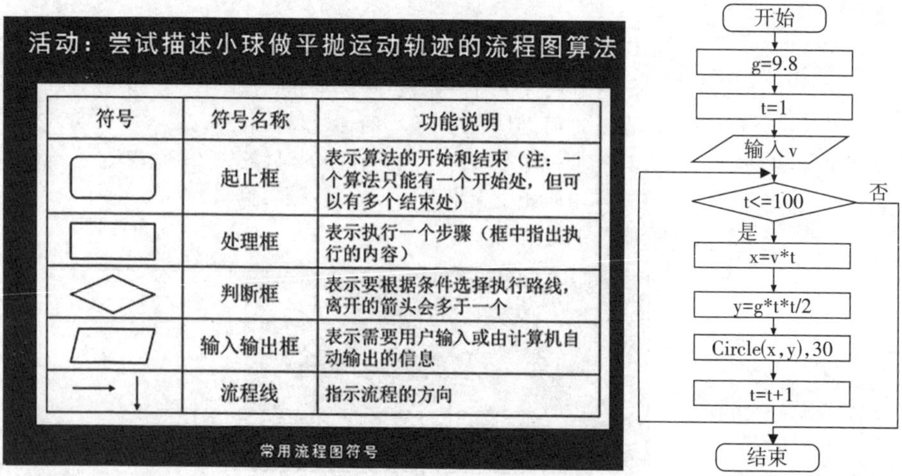
活动：尝试描述小球做平抛运动轨迹的流程图算法

符号	符号名称	功能说明
	起止框	表示算法的开始和结束（注：一个算法只能有一个开始处，但可以有多个结束处）
	处理框	表示执行一个步骤（框中指出执行的内容）
	判断框	表示要根据条件选择执行路线，离开的箭头会多于一个
	输入输出框	表示需要用户输入或由计算机自动输出的信息
	流程线	指示流程的方向

常用流程图符号

图2 流程图绘制讲解

此时，J老师又回到最初的问题"百钱买百鸡"，要求各个小组对流程图进行解释。有了之前流程图学习的基础，学生很快就完成了任务。J老师根据流程图，展示"百钱买百鸡"编程语言转化过程（如图3），通过演示和讲解，让学生更容易理解流程图转化成编程语言的过程。在完成了这一系列学习后，J老师的进阶任务——"千钱买千鸡"该如何实现——随之出现。这一任务需要学生自主完成并进行评价。最后，J老师引导学生回答利用编程解决问题的一般步骤（分析问题—设计算法—编写程序—调试运行），并与人工解决问题的步骤进行对比。教学结束前，J老师还升华了本次教学主题，阐明正是科学家们利用计算机进行大量的数据运算，才使得我们国家在航天航空领域蒸蒸日上；鼓励学生努力学习，为我国科技事业做出贡献。

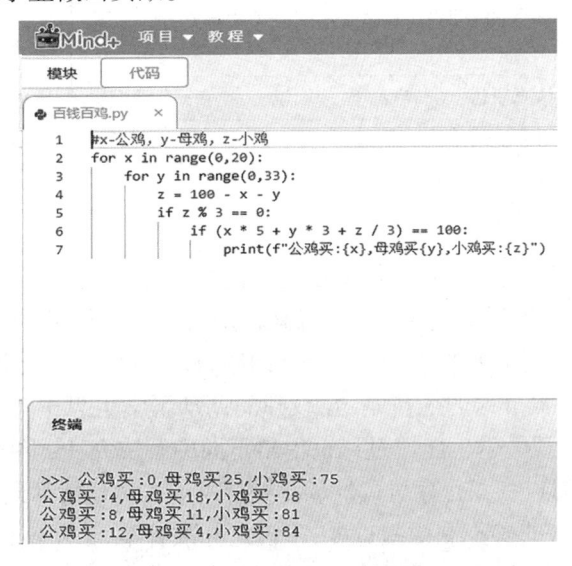

图3 "百钱买百鸡"编程语言

五 教学评价和反思

（一）教学评价

本案例使用的教学评价方法有学生互评、教师点评、自我评价。在解决问题环节，学生展示自己的成果，并通过学生互评、教师点评改进不足之处。自我评价是让学生审视自己对知识点的掌握情况，J老师通过问卷星将自我评价表（如表3）发送给每一位学生。从自我评价表数据和学生反馈情况来看，多数学生都达到了本节课的学习目标，并且乐于学习Python编程，只有少部分学生在调试程序错误和实现简单算法上没有信心。

表3 学生自我评价表

评价内容	评价标准		
1.我知道利用编程解决问题的一般步骤	同意	一般	不同意
2.我能使用Python编程解决"千钱买千鸡"问题	同意	一般	不同意
3.我知道算法的概念及其描述方法	同意	一般	不同意
4.通过本节课学习,我基本具备了利用编程技术解决实际问题的能力	同意	一般	不同意
5.我能在指定时间完成教师布置的任务	同意	一般	不同意
6.我能利用Python语言实现简单的算法	同意	一般	不同意
7.我能解决程序调试中出现的错误	同意	一般	不同意
8.我能绘制解决问题的流程图,知道流程图表达的基本意义	同意	一般	不同意
9.我能在课堂上认真听讲,参与度高	同意	一般	不同意
10.学习Python编程知识让我感到快乐	同意	一般	不同意

(二)教学反思

J老师首先以"农夫过河"小游戏引导学生总结解决问题的一般过程,然后围绕"百钱买百鸡"案例讲解流程图,再将其转换为编程代码,并将经典问题"百钱买百鸡"扩展为难度更大的"千钱买千鸡"问题,最后和学生一起总结利用编程解决问题的步骤。本节课的优点是:在教师的调动下学生思维活跃、课堂参与度高,对于同样的问题,学生能通过讨论提出不同的解决办法,形成不同的流程图和程序,同时又可以根据程序可读性、简洁性等标准,对比找到最佳的解决方案。J老师作为引导者能够控制课堂进度,不设定标准答案,让学生在知识与知识的碰撞过程中不会过于偏离主题,并在适当时机创设任务,使得学生之间能频繁交流与合作探究,掌握利用编程解决实际问题的一般步骤,体会到集体的力量,提高学习效率。

本案例也存在一些不足,如J老师在讲解流程图和算法等理论知识上花费时间较多,留给学生上机操作的时间相对较少,导致部分学生没有完成扩展问题。学生在使用编程技术解决问题的过程中也会巩固所学知识,J老师应当在课前让学生充分预习这部分内容,在课中注重对学生动手实践能力、计算思维的培养。

作者简介:卜丽竹,贵州省绥阳县中等职业学校教师;吉鑫,贵阳市清华中学教师;王毅,贵州师范大学教育学院副教授。

面向计算思维培养的微项目学习实践

张俊峰　翁倩倩

人类所处的时代背景及所使用的工具,影响着人们思维及思考的方式。随着21世纪计算机的深度应用及人工智能、大数据、机器人等新兴技术的盛行,计算思维逐渐从学术界的研究课题走向教育教学实践。计算思维一经提出,就被视为21世纪人类必不可少的思维方式。从技能角度来看,计算思维被研究者认为是人类必须要掌握的一项学习与生活的技能。从思维角度来看,有研究者已经将计算思维认定为科学思维,并且将其归为三大科学思维之一。[1]从科技发展角度来看,人工智能研发已进入快车道,不久的将来势必进入人工智能时代,由此计算思维也被列为该时代需关注与培养的心智素养。[2]从国家角度来看,有研究者认为,一个国家的公民不具备计算思维,将会使国家在国际竞争中处于劣势地位。[3]

在计算思维重要性越发明朗的情况之下,如何培养计算思维,成为各国重点研究的课题。为此,美国、英国、法国先后出台了教育政策文件,将计算思维纳入大中小学课程培养体系。我国有关计算思维的培养也从早期的高等教育向基础教育全面展开。2017年,计算思维作为高中信息技术学科核心素养被正式纳入该学科中进行培养。作为21世纪的一项普适技能、人工智能时代的新素养,学生的计算思维培养已刻不容缓、势在必行,这是新世纪赋予教育教学的新任务。

项目学习对计算思维培养的有效支持可以从思维教学、学习结果导向及已有研究成果等几个方面来看。从思维教学来看,杜威提出通过"做中学"来培养学生的思维,项目学习是"做中学"最具代表性的学习方法之一,无疑可用于思维的培养。同时,项目学习是高阶思维培养的最佳学习模式之一,[4]计算思维作为

---

[1] 朱亚宗.论计算思维——计算思维的科学定位、基本原理及创新路径[J].计算机科学,2009,36(4):53-55,93.

[2] 王罗那,王建磐.人工智能时代需要关注的新素养:计算思维[J].比较教育研究,2021,43(3):24-30,38.

[3] 教育部高等学校大学计算机课程教学指导委员会.计算思维教学改革宣言[J].中国大学教学,2013(7):7-10,17.

[4] 赵永生,刘毳,赵春梅.高阶思维能力与项目式教学[J].高等工程教育研究,2019(6):145-148,179.

一种普适性、综合化的高阶思维,项目学习可作为其最佳的学习模式选择。从学习结果导向来看,计算思维强调的是复杂问题的解决能力,项目学习是让学生围绕项目或者任务中的问题进行协作学习,最终在问题探究与解决过程中建构与掌握知识与技能的一种学习方式。不管是计算思维还是项目学习,都强调问题的解决,它们之间存在某种程度上的耦合关系,可以将两者进行融合,用项目学习来培养计算思维。任友群等认为,可以将计算思维渗透到项目学习过程中,使学生逐渐接触并理解计算思维的本质,从而促进其计算思维的发展。[①]从已有研究成果来看,项目学习培养计算思维的有效性也得到相关研究验证。马志强等对有关计算思维培养的方法进行了元分析,发现项目学习对计算思维的培养效果最为显著。[②]综上,基于理论推演及有关建议与实践,项目学习可以对计算思维培养提供有效支持。

计算思维培养在高等教育的计算机相关专业与基础教育的信息技术学科中正在如火如荼地进行着,并取得了许多可喜的成绩,但同时也面临着诸多困惑与困境,主要体现在计算思维的界定和教学内容的选择两个方面。在计算思维的界定上,各学者所站的角度与学科背景不同,决定着他们对计算思维的定义有极大的不同,这导致计算思维的定义多种多样,没有定论。选用何种计算思维定义进行计算思维培养也是需要综合分析与研究的问题。在教学内容选择上,计算思维主要以编程、程序设计为主要教学内容,这与计算思维普适性有一定的冲突。计算思维是否能在除编程以外的教学内容中进行培养呢?如果可以,除编程以外的教学内容如何开展计算思维培养?这些也是有待研究与解决的问题。

项目学习虽然能有效支持计算思维培养,但在项目实施上,存在以下三点困境:(1)周期长。教学项目通常为单一的大项目,完成整个项目的学习少则需要一个月,多则需要一个学期。在课堂教学的实施中,项目学习还容易受到课时安排、考试、教学计划等诸多因素的影响,这会进一步延长项目学习的时间。(2)难度大,知识负载较重。[③]教学项目涉及的知识点多且复杂,这会造成部分学生学习困难,产生厌学心理。(3)教学效果显著滞后。项目学习效果通常需要在项目结束后才能综合体现,面对成绩和升学压力,如果在短期内不见成效,项目学习

---

① 任友群,隋丰蔚,李锋.数字土著何以可能?——也谈计算思维进入中小学信息技术教育的必要性和可能性[J].中国电化教育,2016(1):2-8.
② 马志强,刘亚琴.从项目式学习与配对编程到跨学科综合设计——基于2006—2019年国际K-12计算思维研究的元分析[J].远程教育杂志,2019,37(5):75-84.
③ 宋朝霞,俞启定.基于翻转课堂的项目式教学模式研究[J].远程教育杂志,2014,32(1):96-104.

往往就不会被课堂教学优先选择使用。①以上几个项目学习困境致使其在常规课堂教学中推行受阻。近年来,有研究者提出,将项目微小化后与常规课堂教学相结合是项目学习适应我国教育的发展趋势。这为面向计算思维的项目学习实施困境提供了解决思路。基于21世纪对计算思维培养的呼唤,以及计算思维培养与项目学习实施困境,本案例致力于构建面向计算思维培养的微项目学习方案,并在信息技术课程中选择有关编程及非编程教学内容进行方案应用,以验证该方案的有效性。

一 教学目标和内容

(一)教学目标

1.信息意识

在问题的发现与解决过程中,增强自主学习的能力,提高对信息价值的判断力。

2.计算思维

①通过分解思维,从整体上分解"枚举算法解决问题"微项目需要解决的问题;②通过抽象思维,删除不必要的描述,明确问题本质,能够提取问题中的数据,建立数学模型;③通过概括思维,分析枚举算法解决问题的实例,归纳概括其特点,找到共性,将其应用于微项目问题的解决中;④通过算法思维,设计详细步骤,形成问题解决方案;⑤通过评估思维,对所设计的解决方案进行调试、优化。

3.数字化学习与创新

①在智慧学习环境以及多元的学习资源中学会学习;②在微项目学习的过程中,以小组协作的形式开展学习,提升协作学习的能力。

(二)教学内容

枚举算法是算法的一种,在信息技术课程标准中,对相关内容的要求是:结合实例,了解枚举算法的思想及其作用,并能应用于实际问题的解决过程中,体验算法的效率。本案例教学内容选自《信息技术 必修1 数据与计算》第二章第四节"常见算法与程序实现——基于枚举算法的问题解决"。该节教学内容是对

---

① 赖进铭.微项目教学在中学生物教学中的应用[J].中学生物教学,2015(1):33-36.

本章前面所学知识的深化应用,同时也为后续算法与程序实现打下基础。该节内容的重点是明确枚举算法的思想及其与程序结构的对应关系,难点是枚举算法的编程实现与调试。

二 实施对象

本案例面向G市X高中一年级学生。本案例将从学生的认知发展、信息技术素养、已有知识基础三个方面分析实施对象。根据皮亚杰的认知发展阶段理论,该阶段学生处于形式运算阶段,此时学生的思维正处于高速发展期,正在掌握各种高阶思维能力,如对事物进行独立分析、抽象概括、归纳、演绎等高阶思维能力,计算思维在某种程度上来说就是各种重要高阶思维的集合。因此,在高中阶段培养学生的计算思维符合该阶段学生的思维发展特点。在信息技术素养上,X高中的学生除了在信息技术课程中接触过数字化学习环境外,在其他学科中也曾通过电脑、平板、手机等工具查找过有关学习资料,具有一定的技术使用经验。这为在微项目学习过程中,学生利用数字化学习工具进行活动探究提供了条件。在已有基础知识方面,学生对编程类知识的掌握较为薄弱,因此,在进行枚举算法的教学时,要提供较多的支架,帮助学生掌握知识内容。

三 教学环境和工具

本案例的教学环境为G市X高中的计算机教室,该教室配备了网络设备,教师和学生皆可进行网络访问,还有投屏设备、广播设备等。

传统纸质资源包括教材、微项目学习任务单。数字化资源包括枚举算法的授课课件、枚举算法的微课视频、"水仙花数"枚举算法应用案例。数字化教学平台包括腾讯课堂和网易公开课等平台。工具性数字化软件包括在线笔记工具幕布、极域课堂管理系统、Python程序。

四 教学过程

(一)微项目设计

微项目设计主要从寻找原型和完善设计两方面考虑,如图1所示。

图1 微项目设计思路

寻找微项目原型是情境化教学的必然要求。微项目原型可以来源于社会题材、经典例题或科学研究等，目的是找到可以依托的主题情境。微项目原型可以是已有结论的验证，比如科学研究的著名实验；也可以是已有事物的改良，比如生活中红绿灯装置改良；还可以是事物的创新探索，比如主题作品的设计，学生需融入自己的想法进行创造。完善设计是指对原型做进一步的丰富完善，使其适合于教育教学。其可以从关联目标、设计任务、成果呈现、分组设计这四个方面进行。关联目标主要是为了将寻找的原型与教学目标建立联系，可以分点给出。设计任务按照计算思维解决问题的路径以任务单的形式给出。成果呈现是指明确微项目最后产出的成果，并对成果的样态进行具体的说明。成果样态可以是简易模型、简单作品、决策或者调查研究等。在进行微项目设计时，教师需要对学生进行微项目学习小组组建，可根据实际情况，采取就近一致原则，或者遵循学生自愿，但一定要把控时间，切忌在分组过程中浪费大量的时间。

1. 寻找原型

在生活和学习中，学生或多或少都接触过枚举算法，比如数学中找出100以内的素数，从一篮桃子中挑出腐烂的等，所采用的方法思维与枚举算法的思维是同源的。应用枚举算法解决问题的经典例题较多，比如"百钱买百鸡""水仙花数""密码解锁""韩信点兵"等，每个案例都可以体现利用枚举算法解决问题的过程。在本课中，将选用"百钱买百鸡"这个经典例题作为微项目来源，进行改编设计，形成微项目。

2. 完善设计

本案例以"百钱买百鸡"经典例题为原型，在保证其本质不变的同时，将情境转变为学生生活中的采购问题。据此，将微项目设计为"体育用球采购方案"。学校需要购置体育设施装备，共有资金2000元，需要买足球、篮球、排球共30个，其中足球80元一个，篮球100元一个，排球50元一个。请问2000元可以买足球、篮球、排球各多少个？有多少种方案？关联目标：请使用枚举算法思考此微项目如何解决，并选用Python程序设计语言求解问题。成果呈现方式：提交程序设计作品。任务及要求：请同学们从分解微项目问题、表征问题、寻找问题解决方法、设计并执行问题解决方案、评估验证优化方案这五个步骤依次完成微项目的活动，并将关键信息填入任务单。以同桌为小组进行微项目探究。

(二)教学实施

教学实施过程从微项目阶段、教师活动、微项目学习流程、学生活动、计算思维过程、计算思维结果六个层面展开。教学实施的主线围绕微项目学习流程展开，具体包括导入微项目、协作探究、作品制作、成果交流、评价总结。教师活动和学生活动都围绕微项目学习流程展开，其中教师活动主要是为学生进行微项目学习提供指导与帮助，学生活动则是在教师指导下围绕利用计算思维解决问题的路径开展，如图2所示。

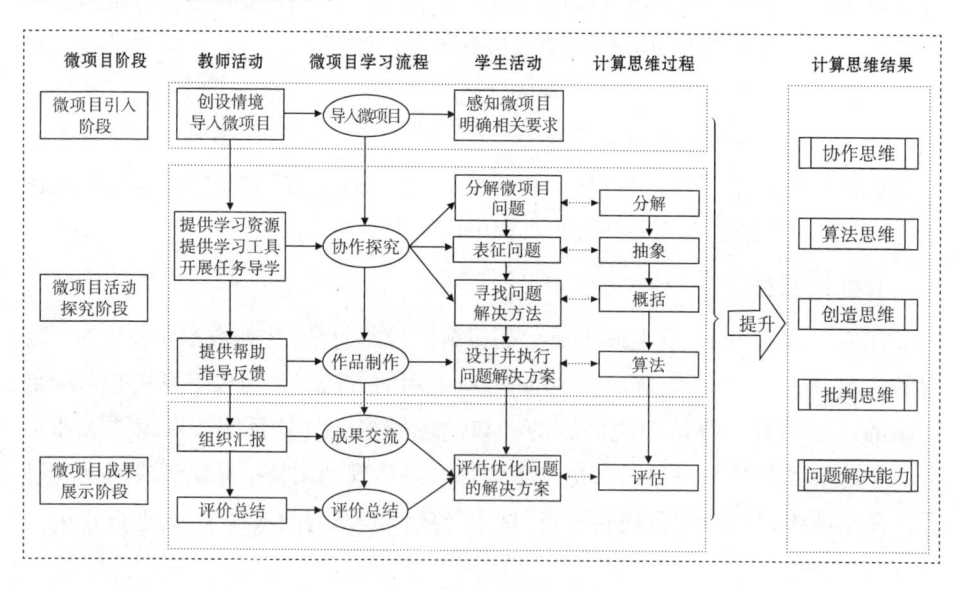

图2 教学实施流程设计

1.导入微项目

教师询问学生平时喜欢什么球类运动，学生积极描述自己喜欢的球类运动，"篮球""足球""乒乓球"……声音此起彼伏，课堂氛围活跃。教师顺势导入"体育用球采购方案"微项目，向学生阐明微项目的具体内容，包括微项目主题、成果呈现方式、任务及要求、小组组建,以此让学生对微项目有一个整体认识。学生认真听取并明确教师下发的微项目内容及要求。

2.协作探究

协作探究环节旨在培养学生分解、抽象、概括三个计算思维要素。在此环节,教师提供资料与学习工具,开展任务导学与实时指导。学生依据微项目相关内容,小组之间进行协作学习,开展分解微项目问题、表征问题、寻找问题解决方法三个探究活动。

(1)分解微项目问题。分解微项目问题探究活动培养学生计算思维的分解维度。教师根据微项目任务及要求,引导学生思考完成微项目需要解决哪些子问题,要求学生将分析结果填入"任务1:分解微项目问题"任务栏中。小组成员分析教师提供的"体育用球采购方案"微项目,思考微项目中有哪些需要解决的子问题,将其明确列举出来,完成"任务1:分解微项目问题"。学生在分解微项目问题探究活动中,基本可以分解出微项目中存在的问题。比如,有的学生分解了枚举算法是什么?如何应用?"体育用球采购方案"问题中是否存在某种数学关系?如何通过Python程序设计语言编写代码?

(2)表征问题。表征问题探究活动培养学生计算思维的抽象维度。教师引导学生分析所分解的微项目问题,提取相关数据,建立数学模型,进行符号化表达,找出问题解决的关键,将分析结果填入"任务2:表征问题"任务栏中。在表征问题探究活动中,多数学生抽取了"体育用球采购方案"中的数据信息,列出了数学方程。

(3)寻找问题解决方法。寻找问题解决方法探究活动培养学生计算思维的概括维度。教师提供给学生探究学习使用的数字化资料,包括枚举算法的微课视频、"水仙花数"枚举算法应用案例,同时提供给学生相关数字化学习工具。学生对照自己所分解的问题,利用所下发的相关资料或者有关在线学习平台,查找及学习有关资料,找到解决问题的方法。学生根据微项目中所分解出来的问题,利用教师提供的资料,或者通过教师提供的在线学习平台,归纳概括微项目问题有关知识内容,以及相似问题的解决方法。通过相关学习,学生能够归纳出利用枚举算法解决问题的一般步骤;同时,通过对"水仙花数"枚举算法应用案例的学习,学生能够总结出Python程序设计语言实现枚举算法的基本语句。

3. 作品制作

作品制作阶段设计并执行问题解决方案,培养学生计算思维的算法维度。教师要求学生在归纳枚举算法相关知识内容及相似问题解决方案的基础上,设计完整步骤形成"体育用球采购方案"微项目的解决方案,并在 Python 运行环境中进行执行验证。学生通过对枚举算法相关知识内容的学习及相关案例的研究,设计完整的"体育用球采购方案"解决方案并执行该方案。在具体实施过程中,学生能够根据枚举算法解决问题的一般过程分析"体育用球采购方案"微项目,并依据相关案例,设计完整的解决方案,并对方案进行了实施验证。

4. 成果交流

成果交流环节开展评估问题解决方案探究活动,培养学生计算思维的评估维度。教师根据课堂观察,挑选了质量较好和仍需改进的小组作品,让小组成员从设计思路、遇到的难点、程序设计作品运行等维度进行汇报展示。学生听取小组汇报,根据教师下发的成果评价表,结合小组汇报情况,进行相应的评价;同时,对照自己的作品,看是否可以吸取其他小组作品比较好的方面,进而优化自己的作品。教师挑选了三个具有代表性的小组作品并让学生进行了汇报。

5. 评价总结

评价总结环节开展优化问题解决方案探究活动,培养学生计算思维的评估维度。学生汇报完成后,教师在所汇报的小组作品中加入枚举计数的语句,给学生展示了三种方案分别要执行多少次,其中方案1执行29 791次,方案2执行16 926次,方案3执行546次。由此告诉学生,在利用枚举算法解决问题时,需要从穷举变量的个数和穷举变量的范围两个方面进行枚举算法的优化。学生在教师评价各小组作品的基础上,对自己的方案做进一步修改完善。最后,教师总结本节课所学内容:(1)枚举算法基本思想。——列举所有可能的解,逐一检验每种可能的解是否为正解,从而得出答案。(2)应用枚举算法解决问题的一般过程。包括根据问题的已知条件,确定穷举对象;确定穷举范围,列举出所有可能的答案;确定判定条件,验证满足问题的条件。(3)枚举算法在编程中的对应。确定穷举对象和范围,列举所有的可能性(循环结构);检验每一种可能是否满足问题条件(选择结构)。教师总结完成后,学生将重要知识内容记录至"幕布"电子笔记本中。

五 教学评价和反思

（一）教学评价

1.教学评价工具

本案例的评价对象是学生，评价内容是学生的计算思维。选择客观的Bebras试题和主观的计算思维量表对学生的计算思维进行评价。

本案例将《国际计算思维挑战赛试题集锦》（电子工业出版社，2020年出版）一书中的Bebras试题作为计算思维的前后测试题。Bebras试题可以测量计算思维过程要素，因为在进行试题研发时，是围绕算法思维、抽象、分解、概括、评估等维度进行试题设置的，这与计算思维实践过程要素较为契合。该书中注明了题目适用的学生群体，以及对其的难易程度。试卷的试题难度等级通常分为易、中、难三级，不同难度等级所占的比例为6∶3∶1或者7∶2∶1或者8∶1∶1。按照此说明，本案例共选择出85道适合高中生的试题，按照难易程度进行分类，其中等级为"易"的题目有47道，等级为"中"的题目有22道，等级为"难"的题目有16道。考虑到本案例进行教学实验的学生第一次系统接受计算思维的训练，因此，本案例选择试题的难度等级比例为8∶1∶1进行计算思维测试卷命题。本案例将制作A、B两套试卷，每套试卷各10道题，均以8∶1∶1的比例在相应难度的题目中进行随机选取组合而成，每道题均赋值为10分，共100分，且两套试卷题目不会重复。

计算思维前后测量表选用Korkmaz等人针对中学生编制的计算思维量表（CTLS量表），该量表包含五个维度，分别是创造力、算法思维、协作、批判思维、问题解决，可以很好地测量计算思维实践结果。已有研究者对计算思维量表进行了汉化，使其更适合于中国学生的计算思维测量。本案例在参考已有汉化版本的基础上，再次比对原量表，最终形成了计算思维测试量表。该量表由5个维度22个选项构成，所有选项都以经典的李克特5点量表的形式呈现，1~5代表着不同的程度。其中，1表示从不，2表示很少，3表示有时，4代表经常，5代表总是。表1是计算思维量表的题目分布情况简介。

表1 计算思维量表维度及题号一览表

计算思维	题号
创造思维	1、2、3、4
算法思维	5、6、7、8
协作思维	9、10、11、12
批判思维	13、14、15、16
问题解决能力	17、18、19、20、21、22

2.教学评价结果

(1)基于Bebras试题的计算思维培养效果检验

本案例对实验班Bebras测试成绩的前后测数据进行了配对样本t检验,相关数据如表2所示。由表2可知,t值为-19.071,P值小于0.05,可以初步判定实验班学生计算思维前后测数据存在显著性差异。再由平均值可知,实验后测的平均值要明显高于实验前测。由此可得出实验结论:使用本案例所设计的方案进行教学实践,有助于促进计算思维能力的提升。

表2 实验班学生Bebras计算思维测试成绩前后测数据

组别	测试类型	个案数/个	平均值	标准差	t	df	P
实验班	前测	40	54.00	8.712	-19.071	39	0.000
	后测	40	84.50	5.524			

(2)基于计算思维量表的计算思维培养效果检验

为了判断实验班学生计算思维各维度前后测间的差异性,对实验班学生计算思维的五个维度,即创造思维、算法思维、协作思维、批判思维、问题解决能力的前后测数据进行了配对样本t检验,具体分析数据如表3所示。由表3可知,实验班学生计算思维各个维度前后测数据的差异显著,各维度P值均为0.000,小于0.05,测试结果差异性显著。同时从平均值也可以看出,实验后测的平均值要明显高于实验前测。因此得出实验结论:使用面向计算思维培养的微项目学习方案进行实践教学,有助于提升创造思维、算法思维、协作思维、批判思维、问题解决能力五个计算思维子维度。

表3 实验班学生计算思维各个维度前后测数据

维度	测试类型	个案数/个	平均值	标准差	t	df	P
创造思维	前测	40	14.70	0.648	−13.618	39	0.000
	后测	40	18.73	0.640			
算法思维	前测	40	14.65	0.770	−12.814	39	0.000
	后测	40	18.75	0.670			
协作思维	前测	40	14.73	0.554	−13.149	39	0.000
	后测	40	18.80	0.723			
批判思维	前测	40	14.75	0.870	−11.445	39	0.000
	后测	40	18.80	0.648			
问题解决能力	前测	40	18.58	1.973	−12.190	39	0.000
	后测	40	28.83	0.958			

3.教学评价结果总结

第一,面向计算思维培养的微项目学习有助于提升分解、抽象、概括、算法、评估等计算思维过程要素。Bebras试题是围绕分解、抽象、概括、算法、评估等计算思维过程要素进行设计的,因此可以从学生的Bebras成绩中反映出学生计算思维的分解、抽象、概括、算法、评估维度的变化。从两个班各自的组内比较来看,实验班的前后测成绩达到显著性差异,对照班无显著性差异,说明实验结束后,实验班学生的计算思维过程要素有明显提升,对照班没有明显提升。从组间数据来看,两个班学生的前测成绩之间不存在显著性差异,但是在后测成绩上出现了较为显著的差异,表明两个班学生的计算思维过程要素在教学实验开展前的差距不大,在实验开展后,实验班学生的计算思维过程要素要高于对照班学生。综合组内与组间数据分析结果,可得出的实验结论为:面向计算思维培养的微项目学习有助于提升学生计算思维的分解、抽象、概括、算法、评估等维度的水平。

第二,面向计算思维培养的微项目学习有助于提升计算思维的整体平均水平,也有助于提升创造思维、算法思维、协作思维、批判思维、问题解决能力各子维度水平。从两个班各自的组内比较来看,实验班学生实验前后的计算思维整体平均水平以及五个子维度水平均达到了显著性差异。对照班学生实验前后的计算思维整体平均水平有显著性差异,但从平均值看,差距不大;五个子维度水平没有显著性差异。从组间数据来看,实验班和对照班学生计算思维整体平均水平以及五个子维度水平的前测成绩不存在显著性差异,但是计算思维整体平均水平以及五个子维度水平在后测成绩上出现了较为显著的差异。这表明,两个班学生的计算思维整体平均水平及各子维度水平在教学实验开展前基本一致,在实验开展后,实验班学生计算思维整体平均水平以及五个子维度水平均优于对照班学生。综合组内与组间数据分析结果,可得出实验结论:面向计算思维培养的微项目学习更有助于提升学生计算思维整体平均水平及创造思维、算法思维、协作思维、批判思维、问题解决能力等子维度水平。

(二)教学反思

1.计算思维测评的针对性有待进一步研究

计算思维量表对计算思维能力测量的有效性及准确性有待进一步研究提升。本案例中的计算思维测评工具虽然是研究者有意识地从主观和客观两个角度选用的,但能否切实反映计算思维能力的变化还有待进一步验证。后续将继续关注对计算思维能力测量与评价的有关研究,将计算思维的含义与评价高度结合起来,做到有针对性地有效评价。

2.微项目教学资源的丰富性和多元性有待进一步加强

微项目教学是以学生为中心,以问题为导向,让学生在做的过程中进行协作探究的一种教学方式,教师是课堂的引导者,需要为学生提供较为丰富的学习资源。本案例中,虽然也给学生提供了具有针对性的学习资源,可以帮助学生更好地进行微项目学习,但资源的丰富性和多元性有待进一步加强。随着智慧学习环境的逐步成熟,多样的网络资源可以为微项目的开展提供有利条件,因此在后续的教学中,还可以在学习环境和学习资源等方面做进一步改善。

作者简介: 张俊峰,贵州师范大学教育学院副教授;翁倩倩,贵州省遵义市朝阳小学教师。

面向逻辑思维培养的
Scratch少儿编程教育实践探索

陈仁梅　张浩　张雯雯

编程作为一种科技语言是没有国界的,适用于全世界。在科技迅猛发展的今天,编程应用于各个领域。很多国家都意识到编程教育的重要性,因此,采取了多种措施来推广编程教育,如英国将编程列入中小学必修课程中,美国前总统奥巴马呼吁全民学编程,越南亦将编程纳入小学正规课程等。当下最流行的一句话:不会编程等于半个文盲。苹果CEO库克曾说:"学习编程要比学习英语更重要,因为编程语言可以影响全球70亿人。"目前,很多国家都开始普及编程教育,甚至将编程列入学生的必修课程当中。

2017年,国务院印发《新一代人工智能发展规划》,明确提出实施全民智能教育项目,在中小学阶段设置人工智能相关课程,逐步推广编程教育。同年年底,浙江省信息技术课程改革方案中明确将Python编程纳入浙江省信息技术高考。2018年,教育部公布《普通高中课程方案和语文等学科课程标准(2017年版)》,明确表示:对于在艺术、技术上有兴趣的学生,可以在这两个学科方向上学习更多的"可选择必修课程"。从这些政策可以看出,我国对编程教育的重视及推广,并对学生在编程、计算思维、算法方面的要求有大幅度提升。这使得少儿编程从"兴趣"转化为"刚需"。此外,将编程融入学科知识,能大大提升学习动机,激发学习兴趣。未来编程将是一门基础课程,它甚至可能是承接其他课程的基石。

少儿编程之所以成为热门趋势,除了编程是未来工作和生活的必备技能之外,更重要的是学习知识,培养孩子的逻辑思维。孩子通过编程可以将想法实现,过程中需要有系统的逻辑思维和解决问题的能力,还需要和同学之间进行沟通交流,查询相关资料作为参考,这会让孩子主动学习。此外,编程教育也是升学、留学的敲门砖。如今很多名校招生时成绩已经不是唯一的标准,学校更加注重学生的综合素质,而少儿编程对于提升孩子的综合素质起着非常大的作用。

现在的孩子从小就接触各种电子设备和高新科技,这一代孩子被称为"数字原住民",但是他们仅仅是熟悉这些科技,被动消费这些科技产品,只能说是"数字消费者",而编程则可以让孩子成为科技的创造者,真正了解科技背后的世界,掌握创造未来的主动权,成为未来的主人。

那么,我们应如何开展少儿编程呢?目前应用最为广泛的少儿编程软件是由麻省理工学院开发的一款简易图形化编程工具Scratch。作为儿童智力开发的首选编程语言,它把编程变得简单,而且可以提升孩子的想象力、训练孩子的逻辑思维能力,孩子很容易被软件吸引,激发学习编程的兴趣。此外,Scratch还是一款简单易学的软件,不用掌握太多概念即可编程。

一、教学目标和内容

(一)教学目标

1.信息意识

通过学习Scratch,提升对信息的敏感度和对信息价值的判断力。具体来说,能够根据解决问题的需要,自觉、主动地寻求恰当的方式获取与处理信息;能够敏锐感觉到信息的变化,分析数据中所承载的信息,采用有效策略对信息来源的可靠性、内容的准确性、指向的目的性做出合理判断,对信息可能产生的影响进行预期分析,为解决问题提供参考;在合作解决问题的过程中,愿意与团队成员共享信息,实现信息的更大价值。

2.计算思维

通过总结利用计算机解决问题的过程与方法,培养计算思维,并迁移到与之相关的其他问题解决中。在本案例中,首先要学会分解,即把复杂的大问题拆解成更可执行、更好理解的小步骤,它能锻炼拆解复杂问题的能力;其次,锻炼抽象思维能力,以及忽略无用信息、抽取关键信息的能力;再次,锻炼规律整合的能力;最后,利用Scratch编程的最终目的则是根据之前一系列对于问题的理解,设计一步一步的解决路径,并解决整个问题。

3.数字化学习与创新

通过评估并选用常见的数字化资源与工具,有效地管理学习过程与学习资源,创造性地解决问题,从而完成学习任务,形成创新作品。具体来说,能够认识数字化学习环境的优势和局限性,适应数字化学习环境,养成数字化学习与创新的习惯;掌握数字化学习系统、学习资源与学习工具的操作技能,用于开展自主学习、协同工作、知识分享与创新创造,助力终身学习能力的提高。

4.信息社会责任

能够遵守法律法规,信守信息社会的道德与伦理准则,在现实和虚拟空间中遵守公共规范,既能有效维护信息活动中个人的合法权益,又能积极维护他人的合法权益和公共信息安全。

(二)教学内容

本案例中教学内容主要包括两个方面:一是图形化智能编程,二是人工智能编程。

1.图形化智能编程

图形化智能编程面向6~18岁青少年,参考国内编程机构的编程教育经验,形成一套系统的少儿编程学习体系,旨在培养孩子的编程思维,提高孩子的综合能力和素质。编程进入课堂,走进全国数百所中小学公立校,受到教育界和学生家长的高度认可。

2.人工智能编程

根据挑战任务,借助专业教具,通过积木搭建出机器人外观,通过编程实现机器人的功能,将创意变成实物,锻炼学生的多方面能力。人工智能编程从小学到高中都有完整的学习体系,从激发学生的求知欲到发挥学生的创造力,从学习多样的机械结构到独立设计编程,最后以乐高为载体开始接触Python编程。

二 实施对象

本案例主要面向5~12岁的学生。5~6岁的学前儿童注意力有强烈的兴趣性、直观性和色彩性等特点,形象思维占据主导优势,但初步的抽象逻辑思维也开始萌芽。此阶段可以借助乐高编程或者Scratch编程等趣味编程,来对孩子进行逻辑思维的培养。

6~12岁小学阶段的儿童注意由无意注意向有意注意过渡,具有明显的情绪色彩;思维由形象思维向抽象思维过渡,是思维发展过程中的"飞跃"。此阶段可以在Scratch的基础上再借助机器人编程,来继续强化与锻炼其逻辑思维、创新能力及动手能力。

三 教学环境和工具

(一)教学环境

本案例的教学环境主要是多媒体教室等有多台电脑的教室。

(二)教学工具

本案例的教学工具主要有Scratch软件/Scratch Jr。Scratch是一款图形化编程工具,旨在让程序设计语言初学者不需要先学习语言语法便能设计产品,主要面向青少年开放。开发者期望通过使用Scratch,启发和激励用户在愉快的环境中经由操作(如设计交互故事)去学习程序设计、数学和计算知识,同时获得创造性思考、逻辑编程和协同工作的体验。

四 教学过程

Scratch课程内容的教学主要包含五个部分,即导入新课、讲授新课、巩固练习、归纳小结和作业安排。首先,教师利用Scratch制作而成的动画视频导入新课;其次,教师教授学生操作Scratch来制作简单的逻辑动画;然后,教师让学生在厘清解决问题思路和顺序的基础上,利用Scratch来实现一些逻辑相对较难的动画,从而加深对Scratch编程步骤的理解;再次,学生在教师的引导下回顾案例课程要点,进行归纳总结;最后,教师给学生安排作业,课后再次训练学生的逻辑思维。

(一)导入新课

教师先给学生观看一段利用Scratch制作的生动有趣的猫咪跑步的动画,如图1所示。

图1 Scratch猫咪跑步动画

猫咪跑步动画充分激发了学生的兴趣和好奇心,教师趁机引导学生进入新课环节。

(二)讲授新课

讲授新课环节,教师通过分析猫咪跑步动画课程案例,向学生介绍Scratch软件,展示Scratch软件程序,并讲解Scratch软件的基本操作和功能,以及Scratch中的一些基本命令和操作方法,让学生了解如何利用Scratch制作生动有趣的动画。

师:同学们,我们要做一个动画,是不是需要工具才能做出来?那么,我们做出这个动画的工具是什么呢?接下来我来帮助大家把这个工具变出来。

生:好的。

师:首先我们需要安装Scratch,老师已经将Scratch软件放到电脑桌面上了,你们双击图标就可以打开了。

师:同学们刚看到这个操作界面可能会觉得有点不知所措,不知道怎么才能制作出动画,现在老师给大家演示一下怎么制作猫咪跑步的动画。

师:同学们,请拖动桌面上的猫咪到Scratch里面来,紧接着我们在Scratch里面给这只猫咪设置一些参数让它动起来。比如,老师想让这只猫咪往右边走10步,我们就在Scratch里面找到对应坐标,然后设置为10。同学们可以跟着老师操作一遍,然后尝试点击Scratch里面的其他按钮看看会有什么新发现。

生:老师,我现在让猫咪旋转了!

师:这位同学做得非常好!同学们请看老师的操作界面,我们可以这样操作让猫咪旋转。我们还可以移动猫咪,选择移动到随机位置或者鼠标指针位置,我选择了随机位置。

师：当我们选择了随机位置的所有操作后，可以看到猫咪开始移动并且还可以在指定时间内移动到某个位置。旁边还有一个边缘检测模块，如图2。当我们的猫咪碰到边缘的时候，只要触发该模块的功能，猫咪即可反弹回来。勾选下面的三个选项即可显示当前猫咪的坐标和方向。

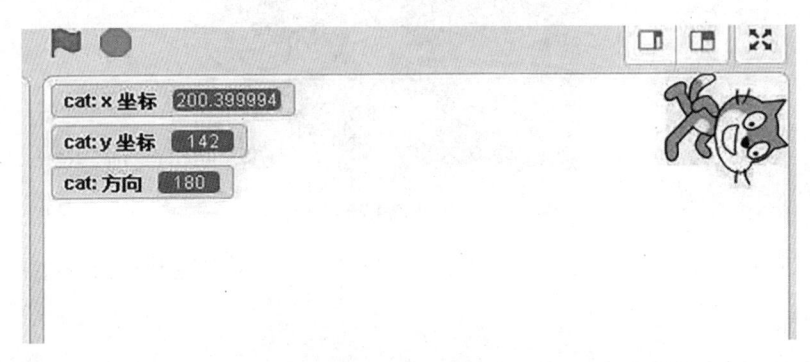

图2　显示猫咪的坐标和方向

师：同学们，我们已经让猫咪动起来了。你们喜欢什么颜色？要不要把猫咪的衣服换成你们喜欢的颜色？现在跟着老师点击更改外观的模块，这个模块可以设置猫咪的形状和语言，还可以设置显示、隐藏以及各种特效。

此时，教师应当注重引导学生发现问题、分析问题、解决问题，培养他们的逻辑思维和创新思维。

师：好了，现在我们的猫咪能跑能换衣服了，还差什么？

生：猫咪还不会说话。

师：对，那接下来我们给猫咪设置声音。

师：现在我们的猫咪是不是有声音了！喵喵喵……

生：老师，我的是小狗，小狗的声音不是喵喵喵……

师：好的，这位同学操作的不是猫咪，而是小狗，那接下来我们一起给他的小狗寻找声音，好吗？可是同学们，素材库里是不是没有发现小狗的声音呀？那我们点击录制，来帮小狗制造声音吧！录制好后，再去选择小狗的声音就可以了！

（三）巩固练习

在此环节，教师设计适合学生的实践任务，让他们自己动手制作一个猫咪跑步动画。教师提供一些基本的角色和场景素材，让学生自己设计猫咪的形象和动作，编写脚本，调整参数，实现猫咪跑步的动画效果。在此过程中，教师鼓励学生发挥自己的想象力和创造力，自主设计作品和解决问题。

师:同学们,现在我们的小宠物能跑了,也能换衣服了,还能叫了,你们还希望你们的小宠物能做什么呢?

生:老师,我想控制我的猫咪,让他一直动!

生:老师,我想让我的猫咪对我说"你好"!

生:老师,我想让我的小狗帮我做数学作业!

生:……

此时,教师针对学生提出的问题进行演示与指导,学生动手制作自己的作品,实现自己想要的效果。接下来,教师请学生展示自己的作品,分享自己的创作思路和经验,促进互相学习和交流。同时,教师鼓励学生互相评价和提出建议,帮助他们发现自己的不足之处并加以改进。

(四)归纳小结

在此环节,教师先引导学生总结本节课的知识点,然后教师补充完善,并对学生的学习成果进行评价。

师:今天的课程就到此为止,这节课我们都学到了什么呀?

生:让猫咪跑起来,给猫咪换新衣服,让猫咪叫,让猫咪帮我们做数学作业……

师:好的,同学们,老师来总结一下,我们首先把猫咪拖进了工具页面,然后在基本操作页面让它跑起来,利用外观模块给猫咪换了一身新衣服,利用声音模块给猫咪加入了声音,让它对我们说"你好",最后我们还利用运算模块让猫咪帮我们做数学作业。今天的课程有趣吗?回家记得巩固哦!

(五)作业安排

Scratch可以提升孩子的想象力,如果课后可以做到亲子互动的话,那将更加有趣。因此,教师安排了课后作业,让学生回家之后下载Scratch软件(不会的可以让爸爸妈妈帮忙),然后选择一个自己喜欢的动画形象,在Scratch里面制作一个动画,下节课来分享。

五 教学评价和反思

(一)教学评价

为了探究Scratch少儿编程对学生逻辑思维培养的效果,本案例根据学生的

课堂表现、学习成果的展示和教师的访谈观察,对教学效果进行研究分析,得出以下结论:

第一,学生的学习积极性有所提高。学生在课堂上能积极地参与讨论、相互学习,在课后能自觉寻找各种学习资源,学习相应的编程知识,不断完善自身。学生也积极地表达了对代码编程的热爱,充分证实了Scratch编程教学能有效提高学生动手实践能力和学习编程的热情。

第二,学生的逻辑思维能力得以提升。Scratch积木化的编程方式使得代码编程变得生动有趣,在对猫咪的操作设置中,学生有更多独立思考的空间,他们必须学会厘清问题的思路和顺序,这个过程使得学生的逻辑思维能力得到了有效的锻炼。

第三,学生的创造能力得以提升。学生在利用Scratch程序语言对猫咪进行参数设置和控制的过程中产生了各种新奇的想法,通过不断地思考和实践来寻求更加合理的方案,这使得他们的创新意识和创新能力得到有效锻炼和提升。

通过课堂提问来检验学生上课期间的理解程度,以及对内容的掌握程度。通过小组作业来检验学生是否掌握本节内容。

(二)教学反思

通过以上教学过程可以发现,学习Scratch的过程是一个训练孩子逻辑思维的过程。例如,学生想要制作一个能够动起来的动画,需要分解任务:首先下载软件,其次导入猫咪,最后让猫咪跑、让猫咪叫、让猫咪帮忙算数等。这一系列的过程则是逻辑思维中的分解思维,也就是将复杂、庞大的问题分解成几个小问题分别加以解决。又比如,在学会了如何让猫咪"喵喵"叫之后,学生想让猫咪叫出狗的声音,或者叫"你好"。学生可以依照让猫咪叫出"喵喵"的声音的方法来让猫咪叫出其他声音,相当于学生的脑袋里面已经安装了一个"叫"的方法库,遇到类似问题的时候就会发现和利用"重复规律",从而想到解决方法,这就是逻辑思维能力中的规律识别思维。在人工智能教育快速发展的今天,让孩子学习编程显然不是单纯为了让孩子学习算法、代码,而更多的是在培养孩子丰富而科学的思维方式。简单来说,编程其实就是发现问题、解决问题,从而实现目标的过程。本案例在教学方面仍有不足之处,接下来将不断改善。

作者简介:陈仁梅,贵州师范大学教育学院硕士研究生;张浩,贵州师范大学教育学院讲师;张雯雯,贵州师范大学教育学院硕士研究生。

面向计算思维提升的高中Python教学设计与实践

许青　朱毅

《普通高中信息技术课程标准(2017年版)》将计算思维列为四大学科核心素养之一,并指出,计算思维是个体运用计算机科学领域的思想方法,在形成问题解决方案的过程中产生的一系列思维活动。具备计算思维的学生,在信息活动中能够采用计算机可以处理的方式界定问题、抽象特征、建立结构模型、合理组织数据;通过判断、分析与综合各种信息资源,运用合理的算法形成解决问题的方案;总结利用计算机解决问题的过程与方法,并迁移到与之相关的其他问题解决中。

美国计算机科学家周以真认为,计算思维需要借鉴计算机科学的基本概念来解决问题、设计系统和理解人类行为。这与编程的一般过程有着紧密的联系,因此,学会编程意味着计算思维在某种程度上也有了一定的提升。如何利用编程教学培养学生的计算思维是当前教育领域关注的热点问题。

然而,传统的编程教学多让学生采取机械式记忆的学习方法,容易导致学生学习兴趣不高、学习效果不佳等问题,不利于学生计算思维的培养。在教学过程中,教师应注意引导学生对编程的理解与认识,培养学生独立思考和解决问题的思维习惯,以达到培养学生计算思维的教学目标。

本案例秉承"学生主体、教师主导"的教学理念,把学生当作课堂的主人,充分发挥学生的主体地位;教师作为学生学习的引路人,适当引导学生在学习过程中形成乐于思考的学习习惯,让学生在学习编程的同时培养计算思维,为培养符合社会需要的创新型人才奠定基础。

一、教学目标和内容

(一)教学目标

1.信息意识

善于利用信息科技交流和分享信息、开展协同创新,具备掌握核心技术、积极主动地发现问题和解决问题的意识。

2.计算思维

掌握Python语言中if语句的语法规范,能根据实际问题编写正确的if语句实现分支功能;通过编写具体的程序代码,领会程序设计语言中选择结构的核心要义;对问题进行抽象、分解、建模,通过设计算法、编写代码解决问题;能够将计算机解决问题的过程进行迁移应用,解决实际生活中的问题。

3.数字化学习与创新

能够使用数字化工具查找学习资源,学会自主学习,进行合作学习和开展创新活动,学会运用Python语言进行程序设计与创新创造。

4.信息社会责任

理解Python语言对信息社会产生的影响,感受计算机编程的魅力,增强积极参与信息社会建设的意识。

(二)教学内容

本案例内容选自人民教育出版社和中国地图出版社联合出版的《信息技术必修1 数据与计算》第二章第三节内容"程序设计基本知识——语句与选择结构"。该教材共包括四章,章与章之间前后衔接合理,逻辑分明。本节主要介绍程序设计中的顺序、选择和循环三种基本结构,学生之前就已经学习过常用语句的含义及基本用法,且上一节课已经体验过顺序结构程序的实现方法,为本节课知识的学习奠定了良好基础。此外,本节课内容涉及的三种基本结构是后续利用编程解决问题的重要组成部分,可为学生后续学习相关内容奠定坚实基础,对于编程学习具有极其重要的意义。

二 实施对象

本案例面向X学校高中一年级学生。根据皮亚杰的认知发展阶段理论,这一时期的学生能够理解更加抽象复杂的概念,并能将其应用到具体问题情境中,同时能从特定方案中推演出一般逻辑,将所学知识迁移到其他问题解决过程中,能够更加全面地看待问题。学生所处的教育环境使得他们对计算机知识的掌握更加扎实,学生具备了对抽象复杂的算法程序原理进行消化处理的能力。从学生当前的认知水平来看,高中学生的逻辑思维能力相比初中阶段有了显著提升,能够比较清晰地表达一个完整的过程,这为学生计算思维的发展创造了良好的条件。学生在此之前已经初步掌握了使用流程图描述算法的方法，能够正确运用Python语言进行变量赋值并写出表达式，但从算法思维过渡到具体的编程应用仍需进一步学习。本节课的教学内容满足了学生对如何实现算法的好奇，增加了学生利用计算机解决实际问题的兴趣。

三 教学环境和工具

本案例在计算机网络教室开展教学活动，每位学生配备一台电脑，每台电脑都装有Python编程环境和Microsoft Office 2010办公套件。教师机和学生机装有锐捷云课堂软件，能满足屏幕广播、远程控制、随堂测试、文件分发、分组教学等日常上课需求，为开展教学、学习、创新提供了良好的环境。

四 教学过程

本案例遵循"学生主体、教师主导"的教学理念，教学过程中知识呈现的方式充分体现学生的主体地位，其中学生活动部分占比较大，也是本节课的核心环节，让学生有更多的上机实践操作机会，将所学理论运用到实践当中。本案例主要通过小组合作学习和探究学习等方法提升学生的计算思维，具体教学流程见图1。

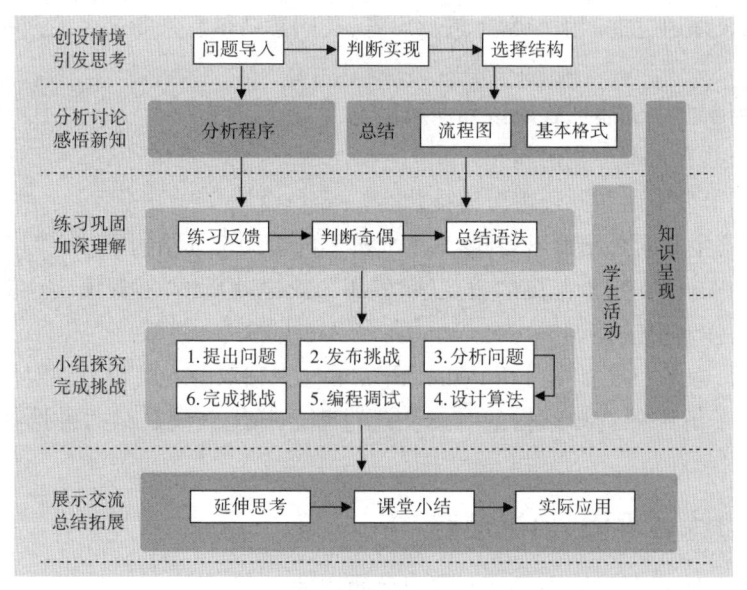

图1　教学流程

(一)创设情境,引发思考

(1)教师提问:如何有效衡量一个人的健康水平?学生回答问题,教师借机引入BMI(身体质量指数)的概念。

(2)师生共同分析得出:判断一个人是否健康的关键在于其BMI值是否在16.5~23.2这个范围内。我们需要通过判断BMI值来得出不同的健康评价结果,这种判断选择的方法就是接下来即将要学习的选择结构。

(二)分析讨论,感悟新知

教师借助流程图分析选择结构的实现过程,引出相关语法知识(如图2)。

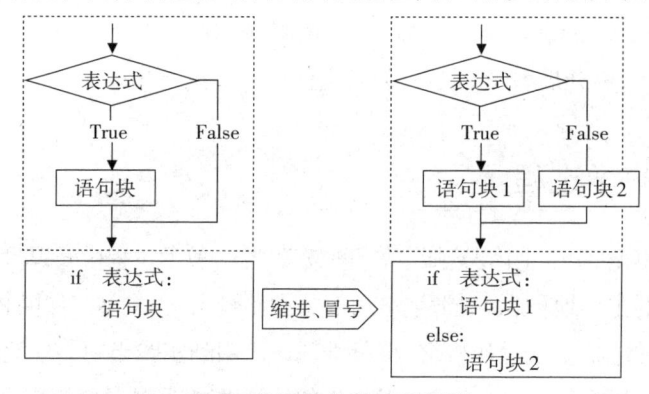

图2 选择结构的实现过程

(1)教师通过提问引导学生进行思考,共同总结得出判断某个人健康与否的流程图。

①判断框中的表达式应该如何填写?
②一共有几个分支语句?
③每个分支语句的反馈应该是什么?

(2)师生共同总结得出:判断某个人健康与否的选择结构应该有两个分支语句,如果BMI值在正常范围内就反馈"健康",反之就反馈"不健康",这就是选择结构的具体实现过程。

然后,教师引导学生分析Python语言单分支和双分支结构分别对应的算法流程图,了解两种选择结构的具体实现过程。师生共同总结两种选择结构的特点。

(三)练习巩固,加深理解

(1)学生练习反馈,完成判断奇偶数的测试题。

题目:如果一个正整数x能被2整除,那么这个数为偶数,否则为奇数。

判断一个正整数的奇偶性：

x=int(input("请输入一个正整数："))

if x% 2== 0：

  print(x,"是偶数。")

else：

  print(x,"是奇数。")

（2）教师以奇偶数测试题为例，讲解Python相关语法知识。需要特别注意，缩进量表示语句之间的层次关系，同一级语句块中的语句具有相同的缩进量。

（四）小组探究，完成挑战

（1）提出问题。在实际生活当中，并非只有两种情况可供我们选择。当出现多种情况需要处理时，我们应该怎么办？

（2）发布挑战。某城市轨道交通实行分段计程票价，起步票价为5站以内（含5站），单人票价2元；5站以上10站以下（含10站），单人票价3元；10站以上16站以下（含16站），单人票价4元；16站以上，单人票价5元。

提出问题：这个案例中一共出现了几种情况？每种情况分别是什么？

（3）小组合作。通过分析问题，设计出相应的算法，填写表1中的表达式。

表1　分段计程票价

序号	站点数	票价/元	表达式
1	≤5	2	
2	6~10	3	
3	11~16	4	
4	>16	5	

（4）小组合作。编程调试，完成挑战。学生通过实践得出：在Python语言中，可以通过elif语句来实现多分支结构。

（五）展示交流，总结拓展

1.延伸思考

在现实生活中，对于健康状况的衡量往往并不局限于"健康"和"不健康"两种结果，例如有部分人属于偏瘦或偏胖等其他情况中的一种。因此，为了进一步改善程序，我们还需要对程序做出一定的修改。

学生完成以下练习：

（1）完成教科书63页的实践活动，完善程序功能，用流程图设计解决问题的算法,实现输入任意身高和体重值,就能输出相应的BMI。具体的评分标准如表2所示。

(2)小组上台展示流程图,师生共同分析算法设计是否合理。

表2 高一学生体重指数评分表

性别	等级	体重指数/(kg·m^{-2})	单项得分
男生	正常	16.5~23.2	100
	低体重	≤16.4	80
	超重	23.3~26.3	
	肥胖	≥26.4	60
女生	正常	16.5~22.7	100
	低体重	≤16.4	80
	超重	22.8~25.2	
	肥胖	≥25.3	60

2.课堂小结

本节课我们学习了选择结构的具体实现过程,包括单分支、双分支和多分支三种结构格式,利用Python语言中的if语句判断表达式的值,决定程序的执行语句,其中elif可以同时出现多个,else只出现在最后的条件语句中。需要特别注意的是,冒号和缩进量一定不能省略,不然程序就会报错。

3.实际应用

选择结构在日常生活中的应用特别广泛,请学生思考下面哪些属于选择结构的应用?

(1)酒驾和超速的判定;

(2)太阳的东升西落;

(3)淘宝购物时付款密码的确认;

(4)春夏秋冬四季的变换;

(5)过马路期间红绿灯的倒计时。

五 教学评价和反思

(一)教学评价

本案例采用了诊断性评价(课前微课学习检测+课前问卷星问卷检测)、过程性评价(随堂检测)和终结性评价(自评、他评、师评)。

本案例教学的评价依据主要为学生对教学内容的掌握程度和学生的课堂表现情况(如表3)。

表3 评价表

序号	评价内容	评价标准		
1	熟悉Python语言中if语句的语法规范和使用方法	符合	基本符合	不符合
2	能根据实际问题,编写正确的if语句实现分支功能	符合	基本符合	不符合
3	通过编写程序,体验程序设计的基本流程,领会选择结构的核心思想	符合	基本符合	不符合
4	能够对问题进行抽象、分解、建模,通过设计算法、编写代码解决问题	符合	基本符合	不符合
5	会选用合适的数字化学习工具开展学习,解决实际问题	符合	基本符合	不符合
6	能积极参与课堂活动,完成课堂任务	符合	基本符合	不符合
7	能积极完成小组职责和任务	符合	基本符合	不符合
8	能积极分享观点、资源,与组员配合默契	符合	基本符合	不符合

(二)教学反思

本案例是在学生掌握一定的算法基础和程序设计知识的条件下开展的。首先,通过教师提问、创设情境,引发学生对于如何实现判断的程序结构的思考;其次,通过师生共同总结分析和小组合作探究,让学生主动学习和巩固选择结构相关知识;最后,通过梳理Python语言中if语句的语法规范和使用方法,加深学生对选择结构核心要义的理解,让学生领会使用选择结构解决实际问题的关键要点。学生在案例应用环节,能够了解选择结构在实际生活中的具体应用,可以更好地将所学理论与生活实际相结合。但是,由于每位学生的计算思维和问题解决能力不同,在今后的教学过程中,小组的划分需要结合学生的具体情况,尽量做到异质分组,这既有利于后续小组合作活动的开展,也有利于学生进行独立思考,培养学生的计算思维。

作者简介:许青,贵州省习水县第五中学教师;朱毅,贵州师范大学教育学院副教授。

面向计算思维培养的图形化编程教学实践探索
——以"太空火箭发射"为例

魏雪飞　冉怀敏　王军　曾云雪

核心素养的培养是全面深化课程改革的一项重要内容,计算思维作为信息技术学科四大核心素养之一,是义务教育阶段的重要培养目标,是现阶段学生必须具备的基本素养,其在信息技术教学中的地位和作用也越来越突出,培养学生的计算思维能力已成为程序设计类课程的核心目标。[1]美国计算机科学家周以真将计算思维定义为运用计算机科学的基础概念进行问题求解、系统设计以及人类行为理解等涵盖计算机科学之广度的一系列思维活动;英国南安普敦大学的Cynthia Selby和John Woollard指出,计算思维由算法思维、评估、分解、抽象、概括等要素组成。

计算思维的培养途径颇多,编程教育、机器人教育、游戏化教学以及非数字干预等手段或方法都可以培养计算思维,编程教育是当前使用较为广泛的途径之一,甚至有学者认为编程教育是能够进行计算思维的一个前提条件,设计相关的编程教学活动培养计算思维也成为共识。[2]我国编程教育面向的对象逐渐低龄化,在中小学渐渐得到普及。当前,低年龄阶段的学生主要以图形化编程学习为主。图形化编程具有较强的操作性,集绘画、动画、游戏和模拟实验等于一身,是培养学生计算思维的有效工具。

一 教学目标和内容

（一）教学目标

1.信息意识

理解信息科学与数学、工程、人文、艺术之间的关系;利用小组合作的方式解

---

[1] 冯妍.基于计算思维培养的Scratch编程教学案例研究[J].中国现代教育装备,2022(1):55-57.
[2] 岳彦龙,袁亚娜,张学军.面向高中生计算思维培养的Python游戏化编程教学设计研究[J].中国教育信息化,2021(22):93-96.

决学习问题,养成清晰表达自己思想、大胆尝试、善于学习借鉴、乐于开展交流分享的创客思维品质及加强合作的意识。

2.计算思维

通过实践探索mLink2图形化编程中"运动"等积木的使用,用编程命令去指挥角色"运动",深化对"运动"积木的内涵和"运动"模块指令的理解;在具体的编程任务下,提高注意力和对控制角色运动的判断力,实现从抽象到具象的可视化转变;以项目和任务激发全新的问题解决的思维方式,培育良好的计算思维。

3.数字化学习与创新

把技术作为促进学习的认知工具,使用编程积木搭建表达自己的想法与创意,实现自主探索、多重交互、合作学习、资源共享等,激发创新思维并使实践能力在学习过程中得到有效提升。

4.信息社会责任

把技术作为情感的激励工具,思考信息技术改变生活、工作和学习的方方面面;以计算思维的培养促进解决问题所需的系统方法的形成,培育新时代所需的素质与能力,为提升我国在人工智能时代的竞争力贡献一份力量。

(二)教学内容

本案例选取"太空火箭发射"探索图形化编程并进行教学。主要内容是利用图形化编程模拟一个简单的火箭发射场景,当倒计时为0时点火,火箭发射升空。学生通过火箭发射的过程,理解软件中控制命令、运动命令和事件命令等的使用方法,合理搭建脚本并实现外观设计。本内容适合小学二到六年级的学生学习。

在这节课之前,学生已经掌握了一些搭建方法,课程中学生通过自主搭建脚本实现火箭在太空飞行,深入学习编程设计,发展计算思维,初步形成用计算思维及计算机解决实际问题的能力。

二 实施对象

本案例课程内容适合义务教育阶段二到六年级的学生,本案例选择了五年级某班级学生。在学习本课内容前,该班学生已经学习过编程的基础知识,对课程中使用的mLink2编程软件工具有一定的了解和使用经验,能较好地理解相关知识,并能及时跟上教师的操作过程。

三 教学环境和工具

本案例教学活动在多媒体计算机教室开展,主要运用mLink2编程软件,通过搭积木的形式,让低龄孩童学习编程。软件支持图形化积木编程并兼容Scratch编程项目,界面中可以添加角色和背景作为操作的对象,代码栏有"运动、外观、声音、事件、控制、侦测、运算、变量、自制积木"九个功能块,可以在相应的功能块中将想要的指令赋予角色,达到想要的效果。比如,本次教学将利用"运动"命令块中的指令来设置火箭位置,实现火箭发射的效果。

四 教学过程

信息技术的课程定位由综合实践向基础课程转变,即要把知识建设、技能培训和思维发展融入运用数字工具解决问题、完成任务的过程中。[1]提高学生计算思维能力的最终目的是期望学生将这种思维方式应用到日常生活中。"太空火箭发射"的内容结合我国科技发展,旨在运用图形化编程来模拟火箭发射过程,让学生掌握时间变换和位置变换等指令的运用。在课堂上,将"学生主体、教师主导"作为教学原则,采用问题求解和小组合作教学策略,将计算思维的内容与理念等融入教学中,让学生围绕具体问题,借助学习资源,通过思考、交流、合作、讨论、实践、归纳等方式,在实现火箭发射的过程中掌握编程技能,培养计算思维。

(一)创设情境,激发兴趣

有趣的情境创设标志着一堂课有一个好的开始,它关乎课程的进展,影响着学生在一节课中的表现,对学生的学习兴趣与学习效果也起着关键性的作用。因此在课程设计过程中,应格外关注如何设计一个合理且能够引起学生兴趣的导入环节,使得课程达到良好的教学效果,并能够帮助学生树立起学好新知识的信心。本案例经过反复修改,结合实际情况,利用相关视频,以期能够激发学生的学习兴趣。

【教学片段一】

师:同学们,2022年3月29日我国航天领域发生了一件极其重要的事,有谁知道是什么事吗?

---

[1] 冯妍.基于计算思维培养的Scratch编程教学案例研究[J].中国现代教育装备2022(1):55-57.

生1：长征六号改运载火箭成功发射。

师：非常棒！长征六号改运载火箭的成功发射，意味着我国的航天事业又取得了重大进展。相信很多同学都有一个航天梦，梦想着长大后能够成为一名宇航员，为我国的航天事业尽自己的一份力量。我们都知道太空飞船、卫星等都是由火箭送入太空的，那么同学们看过火箭发射时的情景吗？

生：没有。

师：当然，火箭的发射情景我们没有机会直接观看，但可以通过视频来了解火箭发射的过程。

教师播放视频，观察到学生都在非常认真地观看，视频播放完毕后继续授课。

师：现在小新同学想去发射长征六号改运载火箭的太原发射中心，亲身感受火箭的发射过程，希望能够遨游太空，来一次奇妙的太空之旅。今天，我们就来借助图形化编程，帮助小新实现他的愿望吧！

（二）分析需求，明确问题

在图形化编程教学中，教师可以引导学生先将问题层层分解，通过设定多层次任务，让学生在自主探究和建构的过程中解决问题。同时，引导学生进行需求分析，包括分析程序中的角色特点和需要实现哪些功能。围绕这些不同层次的问题，让学生通过自主尝试、合作交流等形式，学习角色和变量的搭建方法。

【教学片段二】

师：如果小新要做太原卫星发射中心的总指挥，他要做些什么呢？

生1：要确定火箭发射的时间。

生2：火箭发射的地点也很重要。

师：同学们说得都很对，作为火箭发射的总指挥，他的责任重大，在火箭发射时需要很准确地把握时间，不能有任何失误。在刚才的视频中，可以看到火箭发射时会显示倒计时，对不对？

生：对，有10秒的倒计时显示！

师：没错，要按时发射火箭的话，需要有一个倒计时装置，才能让火箭按时进入轨道。在使用软件模拟火箭发射过程时也可以设置一个倒计时装置。

师：火箭最开始处于没有发射状态，当10秒倒计时完毕时开始点火，火箭发射升空，这个过程中火箭有几种不同的形态，因此也需要设置不同的火箭样式。

教师总结并展示需要注意的问题和可能用到的命令，如表1。

问题1:如何实现倒计时效果?

问题2:怎样让火箭成功上升到一定的高度?

问题3:怎样设置火箭的不同样式及倒计时和火箭发射音效?

师:以上三个问题是制作火箭发射前需要注意的问题,同学们回忆一下,是否可以通过前几节课所学习的知识完成火箭发射,或者是否有让火箭成功发射的思路。

表1 问题表单

实现火箭发射的过程	可能用到哪些命令	如何实现
角色及背景	换成 nano-a 造型	设置角色
设计倒计时	换成 ZGlow-9 造型	运用外观命令设置倒计时
火箭飞行位置控制	将x坐标设为 100 将y坐标设为 -150	使用运动命令设置初始位置
火箭变形设想	换成 spaceship-c 造型	运用外观命令切换火箭造型
测试调整		点击调试

(三)创建角色,搭建程序

脚本搭建是在分析程序的基础上进行的,这个过程有助于提升学生的分析能力和操作能力。学生在实践操作过程中一般都会遇到很多问题,如何解决这些问题是关键,因此要引导学生在实践中积极思考、自主分析探究,直至找到解决问题的对策。程序搭建这个环节是计算思维提升的关键,在遇到问题时,学生要具备独立分析,通过对问题的剖析,及时借助教师的指导和同伴的帮助,找到解决问题的方法与策略并解决问题,以达到提升计算思维的目的。

【教学片段三】

1.背景及角色创建

师:在开始进行程序搭建前,要确定整个过程需要哪些角色,有同学能告诉我吗?

生3:火箭、倒计时数字、太空背景。

师:没错,这些都是需要考虑的。那现在我们就来导入角色和背景吧!

师:首先,需要确定角色和背景图片,然后将其导入场景。我们选择一张太空城图片做背景,将其添加到场景中,再选择一个火箭样式(spaceship)作为要发射的火箭样本,还要添加一个角色(nano)和11个数字造型(ZGlow)来制作倒计时的效果。

2.角色和倒计时的设置

师:添加了所需要运用的角色后,下一步应该怎样做?哪位同学来分享一下自己的思路?

生3:应该先设置背景,再发射火箭。

生4:我认为应该先制作倒计时装置,时间到了火箭就可以发射了。

师:两位同学说得都很对,火箭发射背景设置已经完成,接下来是制作倒计时装置及发射火箭。现在我们一起来看看倒计时装置和火箭发射是怎么设置的?

师:倒计时效果的设置方法有许多种,我们运用"重复执行"命令来设置。首先导入由10到0的11个数字造型(ZGlow-10到ZGlow-0),运用重复执行命令实现倒计时效果,并在重复执行中添加其他命令,比如数字造型的切换、数字造型切换的时间及倒计时音效(如图1),重复执行命令结束后添加"隐藏"命令来隐藏数字造型,并运用"事件"命令添加一个"广播消息1"来为下一个步骤做准备。图2为最终完成倒计时效果的代码及其效果图。

图1 倒计时重复命令设置

图2 倒计时代码和效果图

师:在背景中添加一个角色nano来发出"点火"命令。由于nano有不同的造型(这里仅需用到两种,即nano-b和nano-c),可通过"外观"中的指令来实现nano造型的切换。nano-b造型为倒数时的样态,当倒计时结束,nano-b收到广播消息1后发出"点火"命令,火箭发射成功后立即换成nano-c造型(如图3)。

243

图3 nano角色设置

师：我们来看一下效果（播放倒计时效果）。倒计时已经完成，同学们想一想，还可以做点什么？

生2：声音，火箭发射成功后还有欢呼声！

师：是的，我们可以运用"声音"命令添加火箭发射成功的喝彩声（cheer），让动画看起来更生动。

3. 火箭发射的设置

师：倒计时设置已经基本完成，接下来就是火箭发射了。通过刚才的视频可以知道，火箭在点火前、点火后及发射中都是不一样的，那就需要设置不同的火箭造型。

师：首先，要设置火箭的初始造型，这里使用的spaceship共有5个造型，我们只用到其中4个造型。先将未发射状态设置为spaceship-e（如图4），再设置火箭的初始位置，即设置火箭的X和Y的值，同时也需要设置火箭的初始大小并添加火箭发射声音space noise（如图5）。

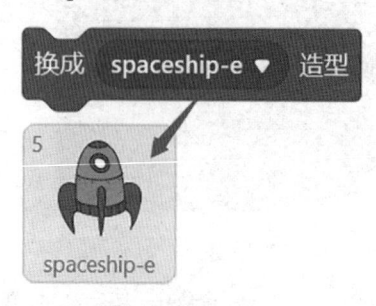

图4 火箭初始造型设置　　图5 火箭初始位置设置

师：火箭的位置、大小和初始造型都已经设置完毕，那接着我们应该运用什么方法来让火箭"动"起来呢？有哪位同学愿意分享一下你的想法？

生3：我认为可以直接设置火箭的Y值，让火箭向上移动。

师：直接设置Y值的确可以让火箭向上运动，但是还有更好的方法哦，同学们再想一想还有什么方法？

师：在设置倒计时效果时，我们运用了"重复执行"命令，那可不可以运用这个方法来实现火箭上升的效果呢？

生4：可以使用"重复执行"命令来改变Y的值，让Y的值按照一定的规律上升。

师：非常棒，我们照样可以运用"重复执行"来完成火箭发射效果。上一步骤中已经设置了火箭的初始位置，我们可以再设置一个火箭发射后的位置。在视频中我们看到当Y值为190时已经看不到火箭的影子了，就可以设置火箭的最后位置Y值为190。当火箭坐标增加到限定的高度数值后（如图6a、图6b），就要运用运算模块中的条件判断，重复达到限定值时，就结束条件重复而执行下面的指令。

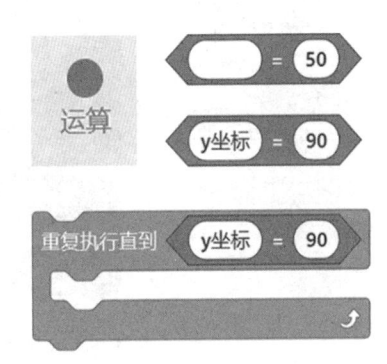

图6a 火箭位置设置　　图6b 火箭位置设置

师：由于要对火箭在飞行过程中进行造型切换，就可以设置当火箭的Y坐标飞行到90时，Y坐标增加30，大小减少3，其造型为spaceship-b，并设置飞行时间为0.3秒（如图7）。

师：在飞行过程中，火箭的飞行速度会有所变化，它的火焰造型也会随之改变，接下来同学们知道应该怎么做了吗？

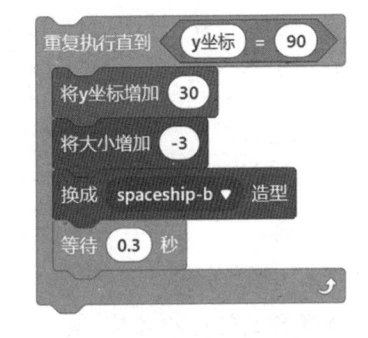

图7 火箭飞行设置

生1：可以继续使用重复执行的方法设置火箭Y坐标90到末位置190的过程，并且改变它的形状。

师：很棒，这里同样用重复执行的方法来设置火箭的后半段发射过程，将重复执行命令执行到190，设置Y坐标增加50，大小减少5，切换造型为spaceship-a，飞行时间为0.2秒，并停止全部脚本，表示火箭发射程序结束（如图8）。

图8　火箭发射程序结束设置

师：通过对倒计时和火箭发射速度及造型的设置，最终成功发射火箭。当点击▶时就可以开始测试。完整程序如图9所示。

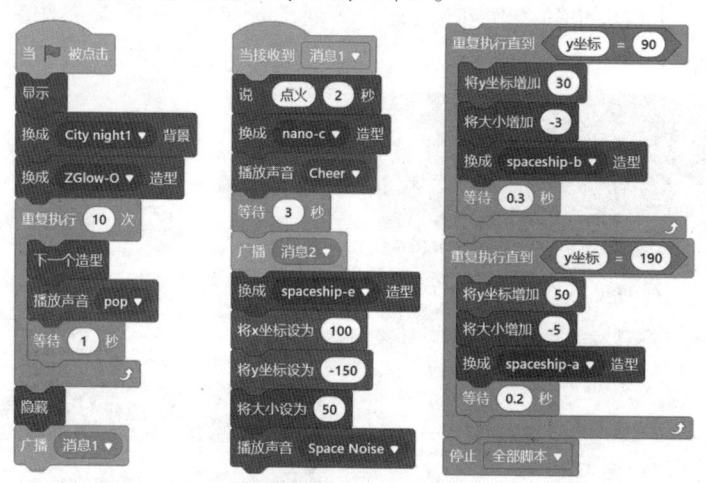

图9　太空火箭发射完整代码

（四）小组合作，修改完善

在对搭建火箭发射程序进行深入的学习后，结合教师程序搭建的过程，学生两两组合，优化界面和结构，优化角色并进行艺术处理，调试修改，最终完成火箭发射。

【教学片段四】

师：我们已经完成火箭发射程序搭建，下面同学们与自己的小伙伴一起在原有基础上加入自己的元素，优化界面和结构，对角色进行艺术处理，设计并制作体现自己特色的火箭，修改调试完成火箭发射程序。

学生两两合作，共同修改调试完成火箭发射程序，教师及时给予指导。

(五) 学习总结，分享交流

根据学习金字塔理论，当学习者把自己习得的知识或技能讲授给他人时，学习效率最高。在观察到班上的学生都基本成功完成火箭发射后，邀请几位学生分享自己在搭建程序和创作过程中遇到的困难、讲述自己如何克服这些困难、最大的收获是什么。学生介绍作品，教师让其他学生对作品进行点评并给出建设性的意见，以此引发学生不同思维的碰撞。

【教学片段五】

师：同学们都很棒地完成了火箭的发射，现在请几位同学来为大家分享一下自己的作品，并谈谈自己在搭建过程中遇到了哪些问题、是如何解决的、作品最突出的特点是什么、自己有哪些收获？

两位学生展示了自己的作品，分享了自己的感想。

生1：我和我的伙伴通过合作，成功让火箭发射升空。在搭建程序时，一开始对倒计时数字的转换没有成功，通过仔细查看步骤、和同伴交流，最后成功地解决问题。我们还用同样的方法制作了一艘飞船，感到十分有趣，也很有成就感。

生2：我们的问题主要出现在对火箭位置的设置上，一开始没有成功地设置火箭的初始位置，导致火箭没有按照规定的轨迹成功发射。发现这一问题后，我们及时向老师请教，在老师耐心的指导下，终于成功地发射了火箭。很感谢老师的指导！

师：两位同学都很棒，你们让火箭成功发射，并且还融入了自己的想法，完成了小新的梦想（鼓掌）。

五、教学评价和反思

(一) 教学评价

本案例的实施对象为五年级某班级学生，内容十分符合学生的身心发展特点，利用学生对火箭发射的好奇心，并以培养学生计算思维为目的，设计合理的教学步骤，充分发挥学生的主体性和协作能力，共同完成最终的学习任务。在案例教学实施前，学生已经有了一些图形化编程体验，对mLink2编程软件工具有一定的了解和使用经验,选择mLink2编程软件进行教学,能让学生更快地适应和紧跟教学内容。

教学方法符合当前阶段学生的学习认知和学习能力,学生能够紧跟教师的教学步骤,能够表达自己遇到的问题并及时反馈给教师,更好地掌握教学内容。教师在教学中通过恰当的导入,营造了良好的学习氛围,运用讲演结合的方法演示火箭发射的过程,随后安排学生开展合作学习并及时给予指导,将课堂的主动权还给学生,一步一步地引导学生进行学习和实践,让学生能够通过思考、交流、合作、讨论、实践、归纳等,在搭建火箭发射程序的过程中掌握编程技能。最后通过学生合作完成任务的状况以及学生分享交流的表现进行评价,以此来检测学习效果。

(二)教学反思

第一,时间上的分配还需要优化。最后留给学生优化界面和结构、对角色进行艺术处理、设计体现自己特色的火箭及修改调试完成火箭发射程序的时间过少。

第二,在教学过程中,教师运用了小组合作的方式进行教学,大部分学生能与同伴共同学习,但仍然有少部分学生没有进行交流和合作,选择独立完成任务。小组之间学生的学习能力和水平参差不齐,影响学习和实践效果。要想让课堂效果得到提升,应将不同层次和类型的学生合理分组,让每一位学生在其中都能发挥自己的能动性,从而达到预先设定的教学目标。

第三,教学中对学生学习和实践的评价较少,讨论和交流环节预留的时间不够充分,只有少部分学生分享了自己的成果。学生完成任务后及时分享自己的成果和感想,更有利于学习效果的提升和知识的巩固,应当设计更合理的教学过程,留出更多的时间给学生分享、讨论和交流。

作者简介:魏雪飞,铜仁幼儿师范高等专科学校教师;冉怀敏,贵州师范大学教育学院副教授;王军,贵阳市第一实验小学教师;曾云雪,贵阳市第二实验小学教师。

突破思维定式,培养计算思维
——"进制转换"教学设计与实施

黄威荣　郝羽秋　李顺美

思维定式是主体在接受新的认知时不自觉受已有经验和知识影响的一种特殊现象,是对已有知识建构的一种稳定认知,也是新的思维的起点。[①]人们总是在吸收科学知识成果的基础上丰富自身的认知体系,产生灵感并进行一系列的创造性活动。在这个过程中,人们常常不自觉地运用已有经验来理解新的知识,这种思维定式阻碍了创造性思维的发挥。

虽然我们每天都在使用计算机,但很多人并不了解计算机的编码规则,不清楚计算机为什么要使用二进制而不是十进制编码。原因在于如果计算机编码采用十进制这种比较复杂的进制,会使计算过程变得非常复杂,导致计算机运算速度跟不上,无法处理数据而崩溃。二进制的基本数码只有0和1,运算规则简单,可靠性高,适合进行逻辑运算,容易转化为十进制,因此,二进制在数字化设备中被广泛应用。在进制转换教学中,学生已有的经验、教学方式及活动设置等因素,都会影响学生理解和掌握进制转换的知识。

进制知识存在于生活中的各个方面,已有的生活和学习经验会对学生掌握新的进制知识产生阻碍,学生并不能轻易接受新的进制运算规则。二进制是计算机编码的基础,是计算机最底层的知识,在生活中人们不能直观感受到,特别容易将其与十进制混淆。进制转换本质上是数学问题,在数学运算中最常用到的进制为十进制,学生的运算习惯更倾向于回到十进制上。例如,"十进制中1+1=2,二进制中1+1=10",新旧知识学习时间前后的差异,使得学生的思维转换受阻,不易掌握新的进制的运算规则。因此,想要深入理解二进制,需要打破已有生活经验的禁锢。在常规的课堂教学中,教师讲解进制转换的基础知识后,会让学生手动计算不同进制的转换,并进行大量的习题训练。类似枯燥的教学活动并不能深层次激发学生的探究思维,学生只是机械地掌握进制运算规则。教

---

① 付俊英.论思维定势与创造性思维[J].科学技术与辩证法,2000(5):19-22.

师按照自己预设的教学进度教学,未能及时对出现问题的学生进行干预。与此同时,外部环境、课堂氛围及学习评价等方面也会干扰学习行为,对学生的课堂表现和学习投入产生一定的影响。

计算思维是指学生在系统的学科学习过程中形成的,运用计算机科学领域的思想、策略、方法、技术等解决真实信息系统问题的过程中所形成的一种内在思维品质。[①]进制及其转换内容是理解计算机传递信息原理的基本知识,只有突破学生对十进制的思维定式,才能让学生逐渐形成新的思维方式。在本案例教学中,不能忽视思维定式的存在,要充分发挥思维定式对思维培养的正向作用,让已有认知迁移到新的认知中。同时,在这个过程中,要利用信息化教学手段进行教学辅助,以此来培养学生的计算思维、创造性思维和数字化学习与创新能力。

一 教学目标和内容

(一)教学目标

1.信息意识

了解数字化设备呈现信息的原理,能够自主获取网络学习资源并判断资源的准确性,提升对信息的搜集与利用能力。

2.计算思维

掌握二进制、八进制、十进制、十六进制的基础知识和进制转换的运算规则,能够合理组织数据,利用信息化手段解决进制转换问题。

3.数字化学习与创新

能够利用数字化设备获取信息、处理数据;在自主学习和小组学习中,学会选取合适的工具支持学习,进行知识的分享,养成数字化学习与创新的习惯。

4.信息社会责任

遵守信息传播的规则,意识到保护信息安全的重要性,提高信息安全意识,

[①] 解月光,杨鑫,付海东.高中学生信息技术学科核心素养的描述与分级[J].中国电化教育,2017(5):8-14.

积极维护公共信息安全。

(二)教学内容

本案例选自人民教育出版社与中国地图出版社联合出版的普通高中《信息技术 必修1 数据与计算》中"二进制与数制转换"部分内容。二进制与进制转换是理解计算机和其他数字化设备信息存储与传输的基础知识,信息是通过二进制编码后存储在计算机中的。十进制和二进制、八进制、十六进制之间的转换是本案例的教学重点与难点。进制的转换不仅仅是简单的加减乘除运算,与传统的十进制运算不同,学生要理解不同进制的内涵和运算规则,利用不同的方法和信息化手段解决进制转换问题,以此培养计算思维、数字化学习与创新能力。

二 实施对象

本案例的实施对象是G高中高一年级学生。该阶段的学生已初步了解数据基础知识,掌握了数据、信息和知识的基本概念与关系,知道信息是通过二进制编码后存储在计算机中的,但对于二进制知识和进制转换规则了解不够深入,还没有与已有进制知识联系起来形成完整的进制知识体系。该阶段的学生具有相应的运算能力,形象思维和抽象思维较强,但计算思维还需培养和提升。他们对课程内容兴趣较高,能够在学习小组内分享、交流所获取的资源和信息。他们具有一定的信息素养,能运用Excel软件和智能化教学工具进行各种教学活动,能在教师、教学工具、资源的支持下和其他学生合作完成学习任务。

三 教学环境和工具

(一)教学环境

本案例在G高中的计算机智能实验室开展教学活动。G高中拥有现代化的教学环境。其智能化教学环境为学生进行合作学习、个性化学习、探究性学习提供了物理基础。此外,数字图书馆和开放易连的网络,使得学生可以在物理和虚拟学习空间内进行创造性的学习。

教室配备有触控一体机、计算机教学终端设备,每一个小组都配有学习终端、触控屏,同时有智能化录播设备、教学服务系统和教学工具软件支持,可实现无线投屏、小组讨论、数据分析等功能。

(二)教学工具

本案例使用的教学工具有计算机中的计算器程序、Excel 软件、蓝墨云班课。计算器程序和 Excel 软件主要在进制转换运算环节应用。蓝墨云班课作为教学辅助工具,教师可以利用其将学习资源上传到资源库中,方便学生随时随地学习。其头脑风暴、抢答等功能,可以提升学生的课堂参与度;小组管理功能方便开展合作探究任务;测试活动功能可以了解学生已有认知和具体的课堂学习习惯,以支持教师制定差异化的教学策略,修改和完善教学设计,有针对性地提供课后服务。

四 教学过程

H 老师是一名优秀的高中教师,教学经验丰富,具有丰富的专业知识储备,掌握着先进的教育理念,擅长将现实生活中的真实情境与教学实践相融合,并利用信息技术手段服务教学活动。H 老师依据本班学生特点和教学大纲要求,制订了教学计划。

(一)课前准备

第一,课前,教师在通过云班课所创建的班级内发布任务。学生的主要任务是查阅相关文献、视频、在线课程等资源,自主学习与本章节相关的知识。

第二,教师上传与本次教学活动相关的教学资源,如视频、文字资料等。

(二)实施过程

1.情境游戏导入,理解进制本质

高中生对于进制的理解都是基于已有的生活和学习经验,这些进制知识可以概括为简单的知识。突然引入新的进制知识会挑战学生的标准思维,因此要打破思维定式。教师提出本节课要学习的进制内容,将符合生活情境的游戏与进制知识相联系,让学生利用已有认知去整合新的观点和知识,使学生更容易理解进制的本质和转换规则,同时让学生意识到自身思维的局限,从纵向和横向发展思维。教师要从多元的视角切入,这对教师的教学理念和能力提出了一定的要求。

环节一 理论探究——掌握神秘的进制规则

在本次教学实践中,教师利用游戏演示来激起学生的兴趣,结合问题的设置,在提高学生学习兴趣的同时,让学生深入地思考进制知识。

【导语】师:今天,我们的生活中随处可见各种信息,它们以自己独特的编码方式存在于数字设备中。例如,我们所用的网络都有一个IP地址,这个地址就是以二进制形式存储的。那么,颜色、图片、声音是怎么存储的?相信你的心中充满了好奇和疑惑,现在就让我们进入神秘的进制世界。

师:首先我们要了解二进制、八进制、十进制、十六进制的基础知识。同学们能说出生活中有哪些常用的进制吗?(学生通过云班课进行抢答,回答后可获得相应的经验值)

生A:十进制,我们在数学计数中都是逢10进1的。

生B:十二、二十四、六十进制,时钟计时的规则是十二进制,数字时钟的进制是二十四进制,时、分、秒的进制为六十进制。

师:我们的生活中有多种进制存在,它们都有自己的规则。接下来我们来进行一个"数笑脸游戏"。

教师演示二进制运算规则,如图1所示。

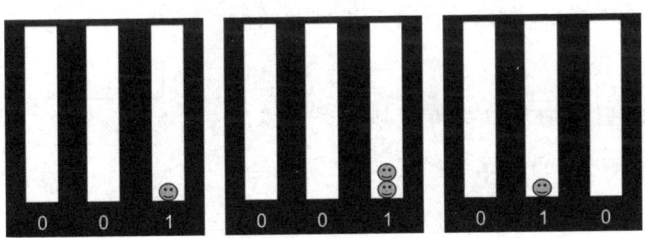

图1 二进制运算规则

师:看过上图的演示,同学们是怎样理解"进制"这一概念的?大家认为进制的本质是什么?(教师通过云班课发起头脑风暴活动,学生回答后可以获得相应的经验值)

生A:我认为进制是一种运算规则,例如二进制就是逢2进1,八进制就是逢8进1,十六进制是逢16进1。

生B:生活中的进制很多,但计算机中用到的都是二进制。

师:同学们回答得非常好,进制全称为"进位的制度"。二进制在计算机等数字化设备中被广泛应用,其基本规则如下:二进制的基数为2,两个基本数码是0

和1；采用逢2进1的进位规则，例如1+1=10。八进制是逢8进1，十六进制是逢16进1，其中十六进制中的10~15分别用A、B、C、D、E、F来表示。

2. 多种方法练习进制运算

提高学生对进制转换的熟练程度要基于一定量的计算练习。在传统手动计算的基础上，教师让学生运用生活中常用的信息化工具（如电子计算器和Excel软件等）解决进制转换问题，让学生感受到所学学科的魅力和实用价值，并在这个过程中不断丰富对本学科的认知，锻炼思考能力，形成解决问题的思维。在独立解决问题后，学生增强了学习信心，也提升了对本学科学习的热情和积极性。教师作为学习过程的引导者，利用云班课记录学生课堂内外表现的数据，判断不同学生所需指导的差异，并对学生出现的偏差及时给予干预。

环节二　进制转换——简单手动和运用工具计算进制

师：了解了进制的基本知识，接下来我们就要动手计算一下不同数字在不同进制下到底是如何表现的。

师：十进制整数转换为二进制数可采用"除2反序取余法"，即将十进制整数除以2，得到商数和余数，用商数再除以2，依此类推直到商为0为止，将每次得到的余数按照逆序排列，即为换算的二进制数的结果（如图2）。

师：那么，同学们可以告诉老师十进制换算为八进制、十六进制的运算规则吗？

生：和二进制的规则一样，几进制就除以几，二进制除以2，八进制除以8，十六进制除以16。

师：同学们回答得非常好，如果我想将二进制或者八进制、十六进制的数字恢复到十进制应该怎么运算呢？

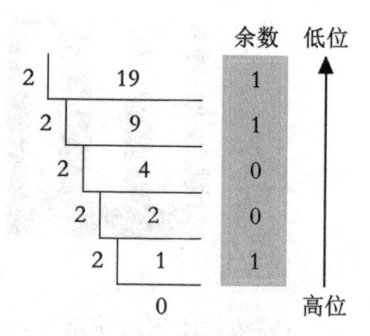

图2　除2反序取余法

例如：将二进制数10011转换成十进制数。二进制数中每位数字的权是以2为底的幂，按权展开求和，即：$(10011)_2=1×2^4+0×2^3+0×2^2+1×2^1+1×2^0=16+0+0+2+1=(19)_{10}$。

生：八进制和十六进制转换为十进制，就把基数换成8和16，按权展开求和。

师：下面请同学们找到自己计算机中的计算器，打开程序员视角，页面中的

Hex(Hexadecimal)是十六进制;Dec(Decimal)是十进制;Oct(Octal)是八进制;Bin(Binary)是二进制。

师:请同学们计算0~15的十进制、二进制、八进制、十六进制的数值,并制作成一张对照表格。

【交流展示】每一位学生都将自己制作的表格拍照上传到云班课中,或通过一键投屏功能展示,教师和学生进行交流。

【任务反馈】教师展示学生制作的进制转换表,并为每一位学生加上相应的经验值。

3.小组探究进制运算规则

进制转换不仅是信息技术学科的知识,也与数学学科相关。在传统的课堂教学中,教师通常只将事实灌输给学生,没有让学生亲自探究知识的内在本质以及不同学科知识之间的联系,长时间后学生会形成惰性,不愿意思考、分析、应用、创新。本案例中,教师运用不同的教学方式,例如小组探究,向学生抛出观点和问题,布置基础任务和进阶任务,让学生通过小组合作探究厘清知识的来龙去脉和不同学科之间的联系。学生学会在组内和班内发出自己的声音,敢于质疑权威,表达自己的观点和立场。通过合作解决问题的方式,帮助学生获取知识与技能,走向更高级的认知和思维发展阶段。

环节三　小组探究——利用Excel电子表格软件制作进制转换表

师:Excel软件是常用的表格工具,同学们可以利用"公式"栏中其他函数进行进制转换的运算。下面以十进制数34转换为二进制、八进制和十六进制为例来说明进制转换的操作过程。

【随堂小测】题目:Hex,Dec,Oct,Bin分别是几进制的简称。

师:看来同学们都已经掌握了不同进制的缩写,下面打开Excel软件,在表格中输入十进制数34。

师:在"公式"栏下的其他函数"工程"中,我们可以找到十进制转换为其他进制的公式(如图3)。

图3 公式查找

在二进制表格中点击"DEC2BIN"函数,输入需要转换的数字与需要保留的字符数,就能得到转换后的二进制数(如图4)。

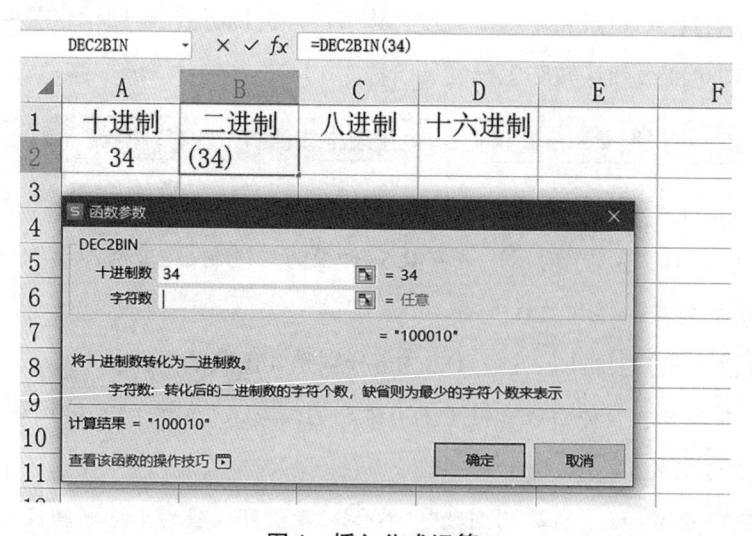

图4 插入公式运算

可以在函数栏直接输入公式,( )内的第一位表示要转化的数字,也可用数字所在位置表示,第二位表示转换后要保留的数字的字符数(如图5)。

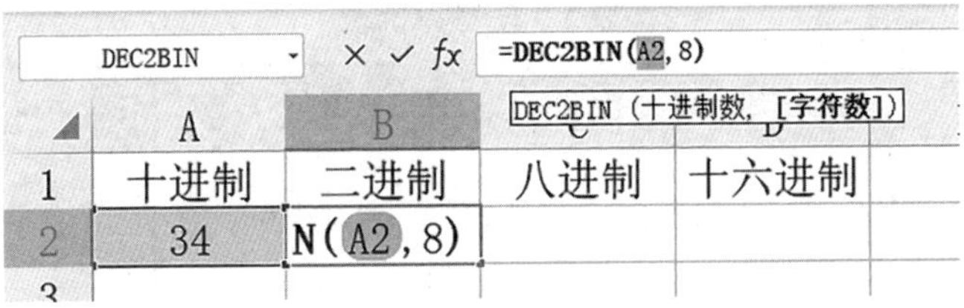

图5　手动公式运算

【小结】师：通过十进制转换为二进制操作的体验，我们可以总结出进制转换公式的基本规则，掌握函数的应用过程，这样同学们就能快速地进行不同进制间数字的转换了。

【活动任务】师：小组合作利用Excel软件的函数功能进行进制转换的运算，具体要求有两点。

(1)制作一份0~255十进制数的进制转换表，利用两个及以上的转换公式，最终呈现的样式体现每个小组的特色(如图6)。

	A	B	C	D
1	进制转换表			
2	十进制	二进制	八进制	十六进制
3	0	0	0	0
4	1	1	1	1
5	2	10	2	2
6	3	11	3	3
7	4	100	4	4
8	5	101	5	5
9	6	110	6	6
10	7	111	7	7
11	8	1000	10	8
12	9	1001	11	9
13	10	1010	12	A
14	11	1011	13	B
15	12	1100	14	C
16	13	1101	15	D
17	14	1110	16	E
18	15	1111	17	F
19	16	10000	20	10
20	17	10001	21	11

图6　进制转换表

(2)组内明确每位成员的任务分工，每个小组在完成表单制作后，将任务结果和原文件上传到云班课的小组活动中。

【任务评价】本次任务的评价是伴随式的，从活动开始直到结束。表1描述了评价内容、评价标准、评价工具等具体内容。

表1 任务评价表

评价内容	具体描述	评价标准	评价主体	评价工具
任务成果	进制转换表的完成情况	完整制作0~255进制转换表	教师 学生	蓝墨云班课
学习行为	学生在任务活动中的个体参与和组内交流行为	利用工具进行自主学习和交流，掌握使用Excel软件制作进制转换表的方法	教师 学生	蓝墨云班课
任务规则和分工	学生对任务进行分工和协作的水平	组内每一位成员都承担部分任务，任务完成进度一致	教师 学生	蓝墨云班课

【任务反馈】学生交流自己使用Excel软件进行进制转换的经验，每个小组对其他小组制作的进制转换表进行评价，教师为每个小组加上相应的经验值。

【总结】师：同学们通过Excel软件进行不同数字的进制转换，已经对进制有了更深入的了解，下面通过思维导图对常用的进制转换运算规则进行简要的总结（如图7）。

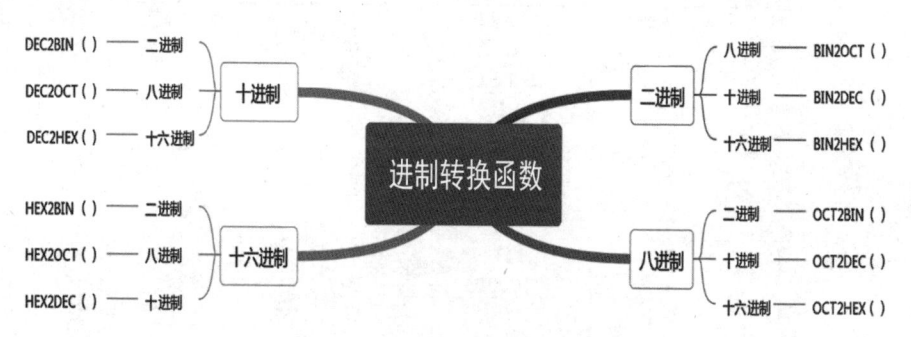

图7 进制转换函数思维导图

【课堂小测】教师在云班课中发起习题测试，检验学生的学习效果。

【课后任务】师：除以上使用的进制转换方法外，是否还有其他方法？

五 教学评价和反思

（一）教学评价

本案例在突破学生思维定式的基础上，以游戏化的情境调动学生的积极性，融合多种信息化教学手段，培养学生的计算思维和数字化学习与创新能力。

1.充分利用思维定式的正向作用

思维定式具有双面性,本次教学中教师利用学生已有生活经验,引导学生理解进制。通过一个个问题的引导和游戏化情境的创设,学生已有的思维定式被充分利用,学生调动了自己的迁移、分析、归纳等多种思维方式,以积极的态度进行思考,尝试解决教师提出的问题。

2.合理运用多种信息化教学工具

蓝墨云班课、电子计算器、Excel软件等多种工具的运用,符合本课程对于培养高中生数字化学习能力和计算思维的要求。教学活动采用教师评价与学生互评相结合的形成性评价,用云班课记录并统计分析学生每一次参与课堂内外活动的数据,为教师的教学决策提供可靠支持。

3.关注学生的思考过程

本案例在教学中将学生分成不同的小组,让学生在完成一次次不同难度任务的过程中获取知识。教师没有直接向学生讲授教材上知识点,而是通过设计不同环节的多个活动引导他们动手实践,完成对知识的学习和体验。在实践练习环节,教师没有采用传统教学中常用的题海战术,而是以项目形式让学生边思考、边实践、边交流,在合作探究中一步步地解决既定问题。

(二)教学反思

进制转换是数据编码和编程教学的重要内容,有一定的难度,在以往的教学过程中学生普遍反映"似易实难"。本次教学实践从突破思维定式、培养计算思维的角度出发,将探究教学法作为主要方法,以先特殊后一般、先具体后抽象、先感性后理性的方式不断深入,让学生较好地接受了进制转换的知识,有效实现了设计意图。但在教学实施过程中,仍然有很多值得思考和改进之处。

1.自主学习效果有待提升

教学实施前,教师通过云班课上传了教学资源和任务清单。从云班课记录的学生学习行为数据来看,大多数学生查看了教学资源并进行了学习。但在教学中发现,部分学生只是为了应付布置的任务,学习不够深入,这对课堂教学的有序推进和教学效果的稳步提升产生了一定影响。对于这种现象,在今后的教学中应更加合理地制定任务清单和提供教学资源,让学生认识到课前自主学习的重要性,养成良好的学习习惯。

2. 分组探究与协作探究优化组合

在教学实施过程中,探究活动按学生的意愿自行分组开展,这种分组方式虽能有效减少小组探究中矛盾的发生,但也容易因为小组之间能力和水平的参差不齐,出现"强强联合、强者更强,弱者互斥、弱者更弱"的现象,难以达到预先设定的教学总目标。对于这种现象,教师应有效引导学生注重优化组合、优势互补、相互促进,遵循"组间同质、组内异质"的原则,将不同层次类型的学生合理分组,让每一位学生都能在探究活动中发挥自身的最大价值,做到学有所获。

3. 评价与指导需要更加精准

本案例在评价与指导过程还存在一些问题。如设定的评价标准分类不够精准,没有设定学生陈述的环节,对学生在活动中出现的问题反馈与指导不够及时等。对于这些问题,今后会做相应的改进。首先,在评价前教师应根据学生的特点精准设定任务评价标准;其次,应设定陈述环节,让学生组内表达自己的贡献、组间展示小组的风采后再进行评分,保证评分的客观性和公正性;最后,在探究活动中,教师应根据学生的课堂表现和云班课中呈现的数据,找出每位学生出现的问题并进行针对性的指导,保证每位学生都能在自身的最近发展区内得到提升。

作者简介:黄威荣,贵州师范大学教育学院副教授;郝羽秋,贵州师范大学教育学院硕士研究生;李顺美,贵州师范大学附属中学教师。

第四篇

人工智能教学实践篇

呈现智能时代人工智能教育教学活动的探索与实践

面向核心素养提升的高中人工智能教学实践

李玲玲　张妮

2017年,国务院印发《新一代人工智能发展规划》,将人工智能的发展提升到国家发展层面,着眼于在中小学阶段设置人工智能相关课程,逐步推广编程教育。《普通高中信息技术课程标准(2017年版2020年修订)》中设置了"人工智能初步"模块。2018年,教育部印发《教育信息化2.0行动计划》,其中提到完善课程方案和课程标准,充实适应信息时代、智能时代发展需要的人工智能和编程课程内容,全面提升学生信息素养。同年,教育部印发《高等学校人工智能创新行动计划》提出:"支持高校教师参与中小学人工智能普及教育及相关研究工作。"人工智能促进协会(AAAI)和计算机科学教师协会(CSTA)成立了一个联合工作组,主要为面向K-12教授人工智能课程的国家制定指导方针,致力于人工智能教育推广到中小学阶段。人工智能教育已经成为国际竞争的重要领域,开展人工智能教育是当前教育领域的一项重要工作。但是目前课程存在课时少、内容少、尚未形成体系、不一定符合学生的年龄特点和认知能力等问题。[1]本案例基于高中信息技术课程标准,面向核心素养的提升,开展人工智能校本课程教学,从而进一步促进教师和学生智能素养的提升。

一 教学目标和内容

(一)教学目标

1. 信息意识

通过学习人工智能的概念,能够判断生活中存在的人工智能;了解人工智能的发展历程、典型应用与发展趋势;能够自觉、主动地利用适当的人工智能技术来解决生活中的问题。

---

[1] 于勇,徐鹏,刘未央.我国中小学人工智能教育课程体系现状及建议——来自日本中小学人工智能教育课程体系的启示[J].中国电化教育,2020(8):93-99.

2.计算思维

通过学习机器学习技术模拟或实现人类的学习行为的机制,以获取新的知识或技能,重新组织已有的知识结构使之不断改善自身的性能,能够将机器学习技术解决问题的思想方法迁移到与自身相关的其他问题上。

3.数字化学习与创新

了解人工智能技术及其应用,认识人工智能技术下的数字化学习环境的优势和局限性,能够选用生活中常见的人工智能技术工具,有效地管理学习过程和学习资源,从而完成学习任务,创造性地解决问题,培养创新精神。

4.信息社会责任

能够辩证思考人工智能的利与弊,树立维护自身在信息活动中合法权益的意识,关注人工智能技术带来的一些环境问题和人文问题,保持积极的学习态度,理性看待身边的人工智能。

(二)教学内容

本案例的教学内容选自中国科学技术出版社出版的《人工智能与大数据(试用版)》。本案例基于学生的实际情况和教材情况选择适当的教学内容开展教学。具体的教学内容包括:①人工智能的概念;②图灵测试;③人工智能的发展历程;④人工智能的研究领域;⑤人工智能的应用领域;⑥人工智能的"三定律"和"两原则"。

二 实施对象

本案例面向贵州省某高中二年级学生。之前的信息技术课程主要是针对技能的,比如Word、Excel、Photoshop、Flash的操作技能,学生对数据的分析及处理和算法及程序设计的相关知识是非常陌生的。学生具备一定的逻辑思维、分析问题和表达思想的能力,却只能运用在数学、物理、化学等理科学习上,需要经过一定的训练才能运用计算思维来解决问题。大多数学生对获取新技术、新知识有着非常浓厚的兴趣,但是存在畏惧思考、归纳、提炼的情况。

三、教学环境和工具

本案例在计算机教室开展教学活动,计算机教室配备了60台学生端电脑,一台教师端电脑和投影仪。本案例将会使用云课堂多媒体教学管理软件进行文件的发放和接收,使用搜狗在线翻译和九歌AI诗歌写作系统让学生体验人工智能的魅力。

云课堂多媒体教学管理软件是一款专业的教学管理系统,是教学管理软件中的佼佼者。云课堂多媒体教学管理软件由锐捷设计和开发,支持教学的镜像、屏幕广播函数、文件的快速分发、远程命令等,可以完成相关的广播操作及广播的演示支持,并可以锁定当前屏幕。

搜狗在线翻译是搜狗基于业界前沿技术的翻译软件,由神经网络机器翻译技术研发而成,并结合语音识别、图像识别技术,支持语音、对话、拍照、文本多种翻译功能,能完美满足日常翻译、英语学习、出国旅游、论文写作等各种需求。通过古诗词和生僻词的翻译,让学生了解在线翻译与人工翻译的区别,体验人工智能的魅力。

九歌AI诗歌写作系统是清华大学自然语言处理与社会人文计算实验室研发的人工智能诗歌写作系统。该系统采用最新的深度学习技术,结合多个为诗歌生成专门设计的模型,基于超过80万首人类诗人创作的诗歌进行训练学习。该作诗系统具有交互功能,有利于学生在体验人工智能创作诗歌的过程中提高学习兴趣,提高人工智能教学过程的趣味性。

四、教学过程

(一)情境导入

导入环节的目的是激发学生的学习兴趣,但人工智能校本课程的导入环节也存在很多问题。比如,使用科幻电影中的截取片段来进行导入,这样会让学生产生一种错觉,就是"当前人工智能已经发展到这种水平",但是现实中人工智能技术仅仅只是停留在弱人工智能层面。在导入环节可以展示人工智能创作的诗歌、对联或者画作,让学生认识到人工智能可以创作作品。本案例的导入环节将向学生介绍小薇,小薇是能够根据要求创作对联的机器人;然后向学生展示四副"无情对"对联,每副对联的上联都是"明天下雨",并说明其中三副对联是人创作的,让学生判断哪一副对联是机器人小薇创作的。以此帮助学生认识到目前人工智能的发展水平能够使得机器人进行类似于人的思维创作,感受人工智能技术的魅力。

(二)新知讲解

1.人工智能的概念

帮助学生掌握人工智能的概念,对于接下来开展人工智能校本课程有着非常重要的作用,学生可以更好地认识相关事物。人工智能已渐渐融入日常生活中,但是存在学生没有意识到人工智能在生活中应用常态化的问题,需要通过提问的方式让学生意识到"原来这些都使用了人工智能",培养学生的信息意识,使学生能够根据解决问题的需要,自觉、主动地寻求恰当的方式获取、处理信息,从而能够更加有效率地解决问题。本案例将通过动画视频介绍人工智能,帮助学生更加深入地理解概念。

师:什么是人工智能?

师:同学们听说过AI吗?那么AI是什么,或者说你能给AI下个定义吗?

生:人工智能是能够模仿人的智能行为的机器人。

教师播放介绍人工智能的视频,讲解人工智能的操作性定义:智能=知识+智力。知识是一切智能行为的基础;智力是获取知识并运用知识求解问题的能力。

师:请判断以下是否属于人工智能应用:机器人、百度翻译、声控灯、音箱播放音乐、校门口的人脸识别。

生:机器人属于人工智能;百度翻译属于人工智能;声控灯不属于人工智能;音箱播放音乐不属于人工智能;校门口的人脸识别属于人工智能。

2.图灵测试

图灵测试是在1950年提出的,其提出是因为图灵在思考一个问题:"机器能否思考?"图灵相信可以制造出会思考的机器,于是出现了第二个问题:"如何判断机器能否思考?"判断的依据就是让一个人坐在电脑前,跟另一边用键盘进行对话,如果这个人分不清跟自己对话的是一个人还是一台机器,那么这台机器就通过了图灵测试并具备人工智能。图灵测试沿用到今天,对这个知识点的讲解是有必要的。本案例通过PPT动画的方式来讲解图灵测试的过程。通过让学生思考并提供图灵测试的问题和答案让学生参与其中,更好地理解图灵测试的本质。学生提出各种各样的问题:"怎样才能学好物理?""今天天气如何?""你的心情如何?""你喜欢的作家是谁?为什么?""你会孤独吗?""你怎样看待死亡?""应不应该孤注一掷地追求梦想?"等等。

教师讲解图灵测试,并让学生写下为图灵测试提供的测试问题及答案并分享。

3.人工智能的发展历程

通过学习人工智能的发展历程,让学生学会运用发展性、批判性的眼光看待人工智能。本案例将采用动画视频的方式介绍人工智能的发展历程,使其更加形象生动。

教师播放"人工智能发展历程"的视频,播放完视频后请学生总结人工智能的发展历程。

生:人工智能在发展过程中共经历三次浪潮,第一次浪潮是人工智能的诞生;第二次浪潮是专家系统的产生;第三次浪潮是深度学习的产生。

4.人工智能的研究领域

人工智能的研究领域包括人机交互、图像识别、生物特征识别、自然语言处理和机器学习这五种技术。本案例将采用讲解知识点和开展任务活动的方式让学生理解人工智能技术,感受人工智能的魅力。

(1)人机交互

人机交互是生活中最常见的人工智能技术。教师主要采用提问的方式引导学生进一步认识本节课的知识点。

师:比较成熟且应用最广的人机交互有哪些?用到了什么人工智能技术?

生:目前比较成熟且应用最广的人机交互是智能音箱,用到了语音识别技术。

为了拓展学生的知识面,教师继续让学生思考:"生活中用到的语音识别技术有哪些?"

(2)图像识别与生物特征识别

教师先讲解两者的定义。图像识别是利用计算机对图像进行处理、分析和理解,以及识别各种不同模式的目标和对象的技术。生物特征识别是计算机通过个体生理特征或行为特征对个体身份进行识别认证的技术。接下来,教师讲解两者的区别,图像识别是以图像为主要特征进行识别。生物特征识别主要利用指纹、虹膜和人脸等进行识别。

技术的发展是为人类的生产生活服务的,通过技术的应用让学生进一步体验图像识别是如何对人们生活产生影响的,让学生参与"活动1:体验图像识别技术"。教师提出要求:利用百度识图的搜索功能找出图片中事物的名称。教师演示如何进入百度识图页面,并搜索图片中事物的名称。

(3)自然语言处理

学生理解自然语言处理这一知识点存在一定的困难,这需要教师讲解其定义与分类。自然语言处理是实现人与计算机之间用自然语言进行有效通信、交流的各种理论和方法,主要涉及机器翻译、语义理解和问答系统。这种技术在日常生活中经常看到,只是需要教师引导学生认识到被自己忽略的自然语言处理技术的应用,如淘宝的机器人客服等。视频播放其应用——AI助手预约理发,让学生认识到目前AI助手可以模仿人类的语言行为与人类进行交流。通过下面的活动2和活动3,让学生了解智能信息处理的巨大进步和应用潜力,从而认识人工智能在信息社会中的重要作用。

活动2:体验文字。使用搜狗在线翻译来翻译苏轼的《水调歌头》:明月几时有?把酒问青天。不知天上宫阙,今夕是何年。我欲乘风归去,又恐琼楼玉宇,高处不胜寒。起舞弄清影,何似在人间?转朱阁,低绮户,照无眠。不应有恨,何事长向别时圆?人有悲欢离合,月有阴晴圆缺,此事古难全。但愿人长久,千里共婵娟。以此让学生认识到在线翻译中人工智能技术是如何进行语义理解的,并了解翻译系统的发展程度如何。

活动3:把各地高考的作文题目当作关键词放进九歌AI诗歌写作系统,看各地作文在AI笔下会变成什么样。

(4)机器学习

机器学习属于计算机科学领域的思想方法,高中学生理解机器学习存在一定的困难。通过实例来讲解如何利用机器学习的思想,就是培养学生核心素养中的计算思维。教师先通过加法运算等实例讲解机器学习的大致过程,然后通过视频播放机器学习的应用——AI让静止照片动起来,让学生认识到机器学习技术能够使静止照片动起来,感受人工智能的魅力,为接下来学习人工智能课程打下基础。

5.人工智能的应用领域

教师先简单讲解人工智能在工业领域、农业生产和医疗方面的应用优势,然后播放视频介绍人工智能在军事上的应用,让学生认识到人工智能在信息社会中发挥着越来越重要的作用。通过培养学生的信息意识,使他们能够采用有效策略来对信息来源的可靠性、内容的准确性、指向的目的性做出合理判断,对信息可能产生的影响进行预期分析,为解决问题提供参考,逐步成为信息社会的积极参与者。

师:观看完人工智能在军事方面的应用的视频,你有什么感受?

生:人工智能技术使得军事更加智能化、精准化等,人工智能技术的发展使得军事发生革命性的变化,人工智能技术是军事强国的重要工具。

师:人工智能技术在生活中的应用给人们带来了怎样的影响?

生:人工智能使得人们生活更加方便,比如智能家居、无人超市等。但是在隐私、安全和伦理等方面给人们带来了一些不好的影响,比如AI换脸,就侵犯了肖像权和泄露了信息,并且可能使犯罪分子用它来掩盖犯罪。

师:如何避免人工智能带来的影响呢?

教师通过层层设问,引导学生理解电影《人与机器人》中的"三定律",了解我国《人工智能标准白皮书2018版》提出的"两原则",从而基于这两个方面来避免人工智能带来的负面影响。

(三)课堂小结

本节课请学生进行课堂小结,学生回答:"本节课我们学习了人工智能的概念、人工智能的发展历程,认识到技术发展的不易;也学习了图灵测试,人工智能的研究领域和应用领域及人工智能的'三定律'和'两原则'。"最后教师通过思维导图的方式向全体学生总结本节课的内容。

五 教学评价和反思

(一)教学评价

本案例采用的教学评价方法是自我评价法,就是课后使用评价标准让学生自己对自己的学习进行评价,帮助学生更好地理解教学目标,正确地评价自己,明确方向,不断提高自我评价的能力,从而自觉地改进学习。评价表(如表1)是以问卷星答题的方式发放给学生,便于收集。通过对收集到的问卷进行分析,绝大部分学生都能掌握本节课的知识点,只有少数学生不清楚一些知识点,本节课的教学效果良好。

表1 评价表

评价内容	评价标准		
我可以描述人工智能的概念	符合	基本符合	不符合
我可以描述人工智能的特征	符合	基本符合	不符合
我能简单说出人工智能的发展历程	符合	基本符合	不符合
我能说出人工智能主要采用的技术	符合	基本符合	不符合
我能简单说明人工智能的"三定律"和"两原则"	符合	基本符合	不符合

(二)教学反思

高中人工智能校本课程教材由地方制定。本次课程"初识人工智能"基于普通高中信息技术课程标准学业要求:在教学实施中,通过情景模拟和实景观察等方式,让学生体验人工智能对社会发展的影响,感受人工智能与各领域结合所带来的巨大变化,思考人工智能广泛使用可能会引发的社会问题及应对策略。根据这一要求制定了教学目标:了解人工智能技术,认识人工智能在信息社会中的重要作用(计算思维、信息意识)。在课程内容的选择上,针对课程标准要求进行选择,本节课的内容为人工智能的概念及发展历程、图灵测试、人工智能技术及应用领域。教学设计要严格按照课程标准的要求,应该更严密、更科学,尤其是要给学生安排充分体验人工智能的活动。

教学过程基于一定的教学策略来培养学生的核心素养,通过提问的方式让学生意识到人工智能在生活中的普遍应用,培养学生的信息意识,鼓励学生积极利用人工智能工具解决生活中的问题。教学效果良好,学生已经意识到人工智能技术能够切实解决生活中的问题,但是在今后的课程中需要多多强化学生的信息意识。本节课通过类比的方式讲解机器学习技术怎样模拟或实现人类的学习行为,以获取新的知识或技能,重新组织已有的知识结构使之不断改善自身的性能。学生能够将这种解决问题的思想方法迁移到与自身相关的其他问题上,培养了计算思维。学生能够突然领悟到:"原来我们的学习过程是这种模式。"这使得学生能够以不同的视角审视和反思自己的学习过程,从而提高学习效率。但是这类计算机思想在人工智能课程的教学过程中,如果不进一步深入讲解,就会使得学生学习兴趣降低,课后可以为感兴趣的学生进行讲解。

本案例通过任务活动的方式让学生了解到人工智能技术及其应用,认识到人工智能技术下的数字化学习环境的优势和局限性,能够选用生活中常见的人工智能技术工具,有效地管理学习过程和学习资源。学生在任务活动中切切实实感受到了人工智能的魅力,曾感叹道:"原来这个这么方便!""哇,如果不说,我根本看不出这是机器人写的诗!"

本节课仅仅只让学生应用了部分人工智能工具,今后的课程需要进一步拓展一些工具,使学生能够有效管理自己的学习过程和学习资源。本节课通过提问的方式组织学生辩证思考人工智能的利与弊,树立维护自身在信息活动中的合法权益的意识,关注人工智能技术所带来的一些环境问题和人文问题,保持积极的学习态度,理性看待身边的人工智能,使学生具备信息社会责任。学生针对人工智能技术带来的影响,表达出自己的态度:"要安全上网,注意自己的言行,保护好自己的隐私。"教学过程中,教师应该通过语言和对教学过程的设计来逐步引导学生理解学习内容,多与学生进行互动,发挥学生的主体性,提高学生学习的积极性。

作者简介:李玲玲,贵州师范大学教育学院硕士研究生;张妮,贵州师范大学教育学院教授。

"赛教结合"的高中机器人教学模式实践探索

王瑶　吉鑫　王毅

2017年,国务院正式印发《新一代人工智能发展规划》(以下简称《新规划》),提出支持开展形式多样的人工智能科普活动、实施全民智能教育项目、支持开展人工智能竞赛等内容。在高中阶段开展人工智能竞赛与教学有利于培养学生的计算思维,提升学生的信息素养,培育具有创新精神和实践动手能力的未来创新型、应用型人才。贵州省贵阳市教育局积极响应《新规划》的精神,在结合贵阳市"中国数谷"战略目标的基础上,于2017年8月开启了"人工智能与大数据"课程开发项目,在贵阳市建立了3所基地学校和1所实验学校,并配备了专职教研员。[①]但目前贵州省人工智能教学、人工智能竞赛还处于探索阶段,缺乏较为完备的机器人教育教学实践案例。大疆机甲大师青少年对抗赛着重涵养青少年的工程理论知识,培养青少年的人工智能实践能力,帮助青少年完成从机器人基础、程序设计到人工智能、机器人控制原理的知识进阶,并通过竞赛的形式,考查学生的临场反应能力、发现问题和解决问题的能力。本案例将基于大疆机甲大师青少年对抗赛,开展融合计算思维培养的高中机器人编程教学实践探索,立足于高中信息技术学科发展、学生兴趣与需要,形成贵州本土化的机器人教育模式,以期为高中机器人教学提供参考。

Q中学是贵州省重点中学,省级示范性高中。J老师为Q中学的高中信息技术教师,任教6年中多次荣获信息技术优质课奖,指导学生在机器人大赛中获得优异名次。W老师为贵州师范大学教育学院在读教育硕士,在Q中学实习。两位老师借助大疆教育平台获取资源,基于仿真虚拟环境开展线上操作教学,并在Q中学计算机房、科创中心机甲大师基地开展实地教学,实现线上线下、现实虚拟的混合式教学。教学全过程以学生为主体,将机器人编程教学作为主要培养途径,以机器人无线操作为辅助训练,旨在培养学生的计算思维,让学生在科技

[①] 景应忠.贵阳:普及人工智能教育进行时[N].中国教育报,2019-11-09.

竞技过程中提升信息素养，充分考验学生的团队协作能力与责任感。

一 教学目标和内容

(一)教学目标

1. 信息意识

对机甲大师对战规则进行系统学习，确定规则中的重点，发现各条目的内在关联，挖掘核心价值；能根据对战要求的需要，主动从不同渠道(B站、知乎、QQ群等不同网站/群组)获取信息，对获取到的信息进行甄别，做出合理判断，形成基础战术，为解决问题提供参考；在对战过程中敏锐地发现数据变化，分析数据中承载的信息及数据可能产生的影响，并进行综合判断，灵活调整战术，确定解决问题的路径；在团队合作过程中，主动、自觉地与团队成员共享信息，实现信息的最优化利用。

2. 计算思维

针对简单的自动运行阶段任务，如机器人定向行径、机器人转向、机器人发射弹丸等，能够识别任务后的逻辑思维，使用流程图绘制出完成任务的关键步骤，并能采用编程语言或其他数字化工具实现任务的运行；针对工程兵弹药救援、步兵攻击防御以及空中机器人弹丸投射的不同要求，能够采用计算机科学领域的思想建立逻辑结构，选择合适的工具平台设计适配算法，形成问题解决的方案；在问题解决过程中，总结问题解决的方法，面对规则的升级或修改，能够基于已有的知识经验迭代优化问题解决方案，同时能将问题解决思维迁移到学习和生活中相关问题的解决过程中。

3. 数字化学习与创新

在大疆教育平台中进行虚拟化对战，在平台中获取学习资源，能够适应真实和虚拟混合环境的学习，认识到资源和网络所带来的学习优势；在B站、大疆教育平台等学习空间快速搜索、获取和甄别机甲大师相关学习资源，提高学习质量；能够在获取资源的基础上，通过团队协作的方式，实现数据资源的创新设计，合作设计问题解决算法，完成能量机关24点的算法编程；根据对战要求，独立或合作对工程机器人、空中机器人进行改装，创造性地优化机器人功能，形成个性化的机器人。

4.信息社会责任

在线上线下竞技对战的过程中，认识到信息技术发展带来的影响，主动积极地融入信息社会，在线上学习空间开展和谐的学习沟通；对信息技术创新所带来的新事物持有积极的学习态度，具备对数据信息的理性判断能力。

（二）教学内容

本案例主要依托大疆机甲大师青少年对抗赛开展教学，而RoboMaster 2022机甲大师青少年对抗赛的核心形式是无线操控运行及全自动运行的机器人之间的射击对抗，通过发射弹丸攻击对方机器人或基地以获取比赛胜利。对此，结合教学目标要求，本案例主要通过选拔、培养和竞赛三方面实现以下教学内容：全自动运行阶段的编程教学、无线操控运行阶段的实战训练、机甲大师的规则教学。其中，全自动运行阶段的编程教学为重点教学内容。图1为本案例教学内容对应的教学流程图。

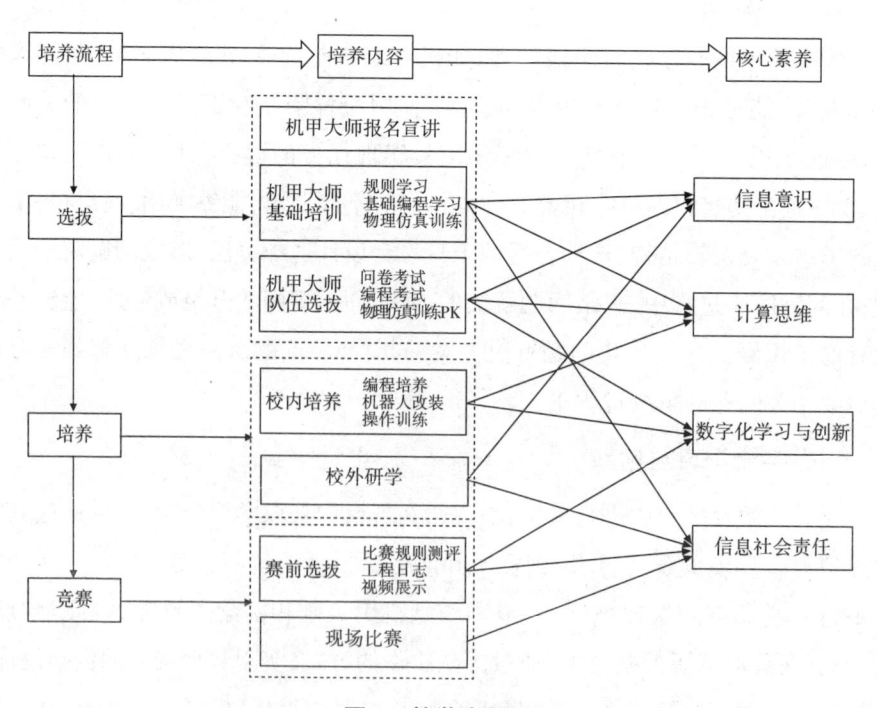

图1 教学流程图

二 实施对象

本案例面向Q中学高中一年级学生。

从学生知识基础和学习需求来看,部分高一学生在初中阶段接触过简单的图形化编程,掌握基础的图形化编程方法,但大部分学生对编程和机器人的了解十分有限,部分学生甚至从未接触过机器人,学生知识基础与能力分层现象较为明显。此外,学生喜欢有挑战性的任务,接受新事物快,表现欲较强,有一定的探究发现能力,但注意力需要教师随时维持。

从学生年龄特征和认知风格来看,该年龄阶段的学生处于皮亚杰认知发展阶段中的形式运算阶段,学生能够根据逻辑推理、归纳或演绎的方式来解决问题,思维具有可逆性、补偿性和灵活性。教学中教师还要进一步引导学生思考问题解决的不同方法,扩展学生的思维,让学生实现知识的迁移与应用,同时需要合理设置任务难度,充分调动学生的学习兴趣。

三 教学环境和工具

(一)教学环境

本案例主要在Q中学的计算机教室、科创中心机甲大师基地开展教学。

1.计算机教室

Q中学共有两个计算机教室,每个计算机教室配备60台计算机、一台投影仪,教师可通过云课堂软件对学生机进行管理、控制,同时能实现学生机和教师机间的文件传输。本案例中,教师借助计算机教室容量大、易管理、数据传输便捷等优点,开展机甲大师理论知识、竞赛规则、编程代码的集中教学,并在计算机教室内进行理论知识的考查与学生选拔。

2.科创中心机甲大师基地

Q中学科创中心位于紫光楼一楼,该中心已建立机甲大师基地。机甲大师基地为一个长7米、宽5米的场地区域,主要包括红蓝两方基地、能量机关、步兵机器人、工程兵机器人、空中机器人、供给弹丸、资源岛等配置。此外,机甲大师基地还配置了多台电脑,以供机器人联机及裁判系统运行(如图2)。本案例中,教师将在机甲大师基地开展实战训练。

图2 科创中心机甲大师基地

(二)教学工具

本案例教学需使用大疆教育平台及大疆机甲大师系列产品。

1.大疆教育平台

大疆教育平台由大疆教育推出,通过深度结合大疆创新系列机器人产品,为教学提供全流程的辅助工具(如图3)。该平台具备教、学、练、测、评五大功能,高效率、全方位地为师生提供教育机器人软件服务。大疆教育平台可获取各年龄段的系列课程资源与题库,并且配备全新网页段Rogram编程学习工具,可连接多种大疆机器人产品并对其进行图形化或Python编程,不仅简单易用,还能驱动超过130个机器人编程接口,其便捷编程调试模拟器更是实现了仿真物理模拟,真实还原了机械的关节组合、摩擦阻力、刚体碰撞等物理特性,将虚拟和现实无缝融合,线上也能实现机器人操作练习。

图3 大疆教育平台

2.大疆机甲大师系列产品

初高组大疆机甲大师竞赛主要包括三个兵种：步兵机器人、工程机器人、空中机器人（如图4）。步兵机器人作为战队的主要战斗力量，负责提供火力输出；工程机器人作为辅助兵种，具有获取弹丸补给、复活战亡队友的功能；空中机器人可通过完成投弹任务，大幅度降低基地护甲值，为全队提供强力增益。

图4 大疆机甲大师系列产品

四 教学过程

（一）选拔

1.机甲大师宣讲报名

兴趣是最好的老师。每个学生都是独立的人，有不同的学习兴趣与爱好，为了更加顺利地开展机甲大师培训，广泛召集Q中学内对机器人、编程、人工智能竞赛感兴趣的学生，教师首先在Q中学进行了机甲大师的宣传。主要宣传形式为张贴海报、机甲大师的现场展演、入班宣讲等，并鼓励学生报名。通过为期3天的宣传，共有数十名学生报名参加机甲大师的学习。之后，对报名学生的前认知做基础调查，了解学生对机器人操作、基础编程知识的了解情况。

2.机甲大师基础培训

在计算机教室进行集中培训，培训内容主要为机甲大师规则的学习、基础的模块化编程入门学习、物理仿真模拟训练（如图5）。

（1）机甲大师规则的学习。机甲大师对抗赛具有细致、完整的规则要求，教师首先会讲解规则，组织学生阅读规则手册，从中发现规则中的重点，挖掘机甲大师对抗赛的核心需求，使学生熟知对抗过程中的规则，以便后期对抗训练的顺利开展。

(2)基础的模块化编程入门学习。机甲大师对抗赛中的全自动运行阶段,要求通过自主编程实现工程机器人夹取弹药补助、步兵机器人巡线导航、能量机关的激活(ATK)、空中机器人夹取弹丸并投掷到指定位置等任务。该过程对学生的编程能力提出了较高的要求,为顺利开展机甲大师的全自动运行,教师对学生进行初步的编程培训,主要内容为模块化编程软件的入门学习,旨在让学生掌握基本的模块语句的意义和基础的逻辑语法,能够使用流程图绘制简单的问题解决关键步骤,并尝试使用模块化编程语言实现运行,比如机器人的前进、后退等行径。

(3)物理仿真模拟训练。由于学校的机甲大师设备有限,没办法满足所有学生同时学习和使用。对此,两位教师借助大疆教育平台中的机甲大师物理仿真模拟训练系统,组织学生线上模拟练习机甲大师的操作,熟悉基本的操作手法,了解基础的操作键。

图5 学生学习

3.机甲大师队伍选拔

在初期培训过程中,部分学生出现倦怠、消极的学习态度。为了提高学生的学习兴趣、竞争意识以及团队协作能力,教学团队开展了学习情况考核。(1)问卷考试:主要考核学生对规则的掌握情况,考试分数80分以上即为合格。(2)编程考试:能够解读较为简单的编程语句,自主编写机器人运行代码;能够举一反三,对简单的代码进行改编,实现对应的要求。(3)物理仿真训练PK:学生抽签组队,进行线上的物理仿真PK,主要考查学生的操作熟练度。

(二)培训

本案例中机甲大师的培训主要分为校内培训和校外研学两种模式。校内培训主要培训学生的编程和操作能力;校外研学即参观开设机甲大师的学校,进行交流学习。

1.校内培训

(1)编程培训

通过前期的培训,学生已经基本掌握大疆教育平台的基础编程方法,能够绘制简单的流程图并使用模块化编程运行。前期学生已经能够实现步兵机器人的巡线导航,能够完成步兵机器人、工程兵机器人的前进、后退、左右移动命令的编程。此阶段,主要对学生进行进一步的编程培训,讲解较为复杂的编程代码,鼓励学生自主编程。通过教师指导和同学合作,完成机器人转向、机器人发射弹丸的编程命令,设计适配的算法。同时,从不同渠道获取信息,并观看高校机甲大师对战视频,从中总结经验,获取有效信息,形成基础战术,绘制个性化的团队攻击路径,并采用编程命令实现任务运行(如图6)。

图6 学生参加编程培训

(2)机器人改装

机甲大师对抗赛中,可以对工程机器人、空中机器人进行改装,创造性地优化机器人功能,形成个性化的对战机器人。教师组织学生开展头脑风暴活动,思考如何改装工程机器人、空中机器人。

生A:改装工程机器人的夹取装置,将夹子调整90度。因为上层弹药瓶内的弹药更多,改装后方便夹取能量机关中上层的弹药。

生B:在工程机器人上加装一个弹药储存柜,夹取的弹药直接放入储存柜中,这样可以省去工程机器人往返资源岛的时间,提高效率。

生C:在工程机器人的夹子上加装一个辅助推倒装置,借助木条将上层的弹药瓶推出,再进行夹取。

生D:对空中机器人进行改装,增加夹取器,可夹取乒乓球弹药,然后控制空中机器人飞至敌方基地后投放弹丸。

…………

通过头脑风暴征集学生的想法,然后从可行性、可操作性、经济性等方面进行综合考虑,投票选出最佳改装方案,对工程机器人和空中机器人进行改装。工程机器人需在夹取装置上加辅助推倒装置,后方添加挡板,以阻挡敌方的攻击弹丸。空中机器人需安装舵机,并在舵机内烧录适配算法,借助3D打印机,打印出乒乓球夹并进行安装,实现弹丸的夹取与投放。

(3)操作训练

前期学生已经掌握规则要求,能够绘制问题解决流程图并设计适配的算法实现任务的运行,通过物理仿真模拟系统开展线上的操作训练,具备了一定的学习基础。此阶段将带领学生进行实际操作,使用机甲大师机器联机,开展操作训练:前进W、后退S、左移A、右移D、鼠标控制机身方向……并且进行战队PK训练。学生组队进行机甲大师对抗,在对抗过程中提高操作能力和反应速度(如图7)。

图7　学生操作训练

2.校外研学

J老师、W老师带领学生多次前往贵州师范学院创新创业学院学习参观,组织学生研学。贵州师范学院C老师使用精练易懂的语言讲解机甲大师相关知识,带领师生参观高校机甲大师训练场地,分享教学经验,并协助升级能量机关和基地(如图8)。

图8　校外研学

(三)竞赛

通过以上一系列培训,带领学生参加"贵青杯"贵州省青少年机甲大师挑战赛。

1.赛前选拔

根据贵州省青少年机甲大师挑战赛要求,需先进行选拔,主要包含三个考核项目:(1)比赛规则测评。完成贵州省青少年机甲大师挑战赛规则测评,主要为机甲大师挑战赛规则、机器人制作规范及赛事的相关重要内容,借助问卷星采取选择题的形式进行考查,成绩达到90分及以上方通过考核。(2)工程日志。选择参赛团队中最突出的兵种完成工程日志的撰写,以充分展现参赛团队的创新及合作能力,该部分不可抄袭。(3)视频展示。按照文件要求,录制各种机器人完成指定功能的视频,如步兵机器人激活能量机关、工程机器人获取弹药瓶、空中机器人抓取大弹丸等。

2.现场比赛

2022年"贵青杯"贵州省第三届青少年机甲大师挑战赛由贵州师范学院、贵州省青年创新创业研究中心承办,于7月2—4日在贵州师范学院体育馆举行。图9为J老师、W老师带领团队参加机甲大师挑战赛。

图9 机甲大师挑战赛(省赛)

五 教学评价和反思

(一)教学评价

1.诊断性评价

在宣传结束后,针对报名学生开展诊断性评价。调查学生此前是否有过机器人、编程的学习经历;考查学生对机器人的了解程度,对Python编程、模块化编程的掌握情况;考查学生的动手实践能力,如机器人组装、改装等内容。对学生的前认知进行预调查,了解报名学生的基础情况。

2.形成性评价

(1)第一次形成性评价。在对学生进行初步培训(机甲大师规则、基础编程知识、物理仿真训练)后,开展第一次选拔,即第一次形成性评价,主要通过问卷考试、编程考试、物理仿真训练PK三种方式进行。评价量表如表1所示。

表1　评价量表1

评价项目	评价要点	自评	组评	师评
机甲大师规则	认真参加每次规则学习活动	☆☆☆☆☆	☆☆☆☆☆	☆☆☆☆☆
	掌握机甲大师对抗赛规则	☆☆☆☆☆	☆☆☆☆☆	☆☆☆☆☆
	掌握机甲大师机器人改装规范	☆☆☆☆☆	☆☆☆☆☆	☆☆☆☆☆
编程学习	认真参加每次编程学习	☆☆☆☆☆	☆☆☆☆☆	☆☆☆☆☆
	能够看懂简单的编程语言	☆☆☆☆☆	☆☆☆☆☆	☆☆☆☆☆
	能够使用编程软件的基本功能	☆☆☆☆☆	☆☆☆☆☆	☆☆☆☆☆
	掌握简单的编程语法	☆☆☆☆☆	☆☆☆☆☆	☆☆☆☆☆
物理仿真训练	认真参加每次物理仿真训练	☆☆☆☆☆	☆☆☆☆☆	☆☆☆☆☆
	了解基本的操作键	☆☆☆☆☆	☆☆☆☆☆	☆☆☆☆☆
	能够操作机器人运行	☆☆☆☆☆	☆☆☆☆☆	☆☆☆☆☆

(2)第二次形成性评价。主要考查学生的编程能力,能够完成步兵机器人、工程兵机器人的前进、后退、左右移动命令的编程。通过教师指导和同学合作,完成机器人转向、机器人发射弹丸的编程命令,设计适配的算法。评价量表如表2所示。

表2　评价量表2

评价项目	评价要点	自评	组评	师评
编程能力	基础的步兵/工程兵机器人的基础巡航（前进、后退、左右移动）	☆☆☆☆☆	☆☆☆☆☆	☆☆☆☆☆
	基础的步兵/工程兵机器人的进阶巡航（转向、夹取弹丸、发射弹丸）	☆☆☆☆☆	☆☆☆☆☆	☆☆☆☆☆
	步兵机器人激活能量机关	☆☆☆☆☆	☆☆☆☆☆	☆☆☆☆☆
	无人机自主飞行、抓取弹丸	☆☆☆☆☆	☆☆☆☆☆	☆☆☆☆☆
	能对自己进行反思	☆☆☆☆☆	☆☆☆☆☆	☆☆☆☆☆

(3)第三次形成性评价。可以对工程机器人、空中机器人进行改装,创造性地优化机器人功能,形成个性化的对战机器人。评价量表如表3所示。

表3 评价量表3

评价项目	评价要点	自评	组评	师评
机器人改装	主动提出自己的设想	☆☆☆☆☆	☆☆☆☆☆	☆☆☆☆☆
	动手操作能力(机器人拆卸、组装)	☆☆☆☆☆	☆☆☆☆☆	☆☆☆☆☆
	努力完成自己承担的任务	☆☆☆☆☆	☆☆☆☆☆	☆☆☆☆☆
	乐于合作,能和同学交流,尊重他人	☆☆☆☆☆	☆☆☆☆☆	☆☆☆☆☆
	能对自己进行反思	☆☆☆☆☆	☆☆☆☆☆	☆☆☆☆☆

(4)第四次形成性评价。进行战队PK训练,在PK过程中考查学生的实战操作能力,能够自主操控不同兵种机器人,不存在翻车、卡顿等情况;同时考查团队间的合作、沟通和默契。评价量表如表4所示。

表4 评价量表4

评价项目	评价要点	自评	组评	师评
实战训练	主动提出自己的想法	☆☆☆☆☆	☆☆☆☆☆	☆☆☆☆☆
	操作流畅,未出现翻车、卡顿等情况	☆☆☆☆☆	☆☆☆☆☆	☆☆☆☆☆
	团队交流,形成战术	☆☆☆☆☆	☆☆☆☆☆	☆☆☆☆☆
	团队协作、默契程度	☆☆☆☆☆	☆☆☆☆☆	☆☆☆☆☆
	乐于合作,能和同学交流,尊重他人	☆☆☆☆☆	☆☆☆☆☆	☆☆☆☆☆
	反思自身,有责任心	☆☆☆☆☆	☆☆☆☆☆	☆☆☆☆☆

3.总结性评价

通过带领学生参加机甲大师市赛、省赛等竞赛检验学生的学习情况。

(二)教学反思

1.信任学生

J老师、W老师刚开始十分担心由于时间紧、任务重,难以高质量完成培训任务。两位老师不仅要承担机甲大师教学工作,还要承担正常教学及其他工作。另外,大多数学生从未接触过机器人,也从未学习过编程语言,只能借助课余时间参加培训,教师担心学生难以快速掌握所学内容。

在整个培训过程中,两位老师以学生为中心,鼓励学生思考、自主学习,学生最终的表现超出预期。学生A动手能力强,并且会主动在网络上获取信息,观看高校机甲大师赛事,从中学习与总结经验,同时主动与团队沟通,对机器人进行改装;学生B编程能力突出,在学习完基本的编程语法后,自主编写机器人运行代码,完成了多项编程任务;学生C性格温和,乐于沟通并且尊重每位同学,能够在团队沟通交流中起到调和作用,同时细致耐心,胜任工程兵夹取弹药的任务;学生D沉着冷静,面对突发情况能够稳住心态,并且学习能力强,快速掌握了空中机器人和步兵机器人的操作方法……每一位学生都有无限的潜能,教师需要尊重学生、鼓励学生、信任学生。

2. 反思教学过程

本案例教学过程主要分为"选拔—培训—竞赛"三个环节。因为时间紧,宣传环节主要是在学校张贴海报,未做到全校覆盖式宣传,仅在高一部分班级进行宣讲,因此招募到的学生较少。后期在招募新生时,将事先做好宣传、宣讲、体验等工作,招募更多对机器人感兴趣的学生。在培训环节,因为学校机甲大师的设备有限,虽然已经建立机甲大师基地,但仅拥有两台步兵机器人、一台工程兵机器人和一台TT无人机,设备仅能供一支完整的队伍使用,因此在模拟对抗赛时,只能使用三台地上机器人进行攻击对抗,体验感不佳。对此后期将申请学校继续购买机甲大师设备,以供学生训练。

3. 反思评价方式

评价方式主要为问卷测评与量表测评,较为单一,不能全方位反映学生的学习情况。未来可设计更加全面、细致的评价方式,如可对学生进行访谈,了解学生的学习情况、学习兴趣、学习意愿等,开展针对性教学。另外,对评价结果的分析还不够深入,未来要深挖评价数据,做到因材施教。

作者简介:王瑶,贵阳市第五中学教师;吉鑫,贵阳市清华中学教师;王毅,贵州师范大学教育学院副教授。

线上线下相结合的大学生人工智能课程教学

陈俊　李丹丹　李佳敏　梁梓煜

随着各种新技术,尤其是互联网、大数据和云计算等的发展,人工智能引领了一场新的科技革命。2018年,教育部印发《高等学校人工智能创新行动计划》,提出高校处于科技第一生产力、人才第一资源、创新第一动力的结合点,需加强人工智能课程的建设,把推进智能教育发展作为重点工作,从而引领我国人工智能领域科技创新,带动我国人工智能总体实力的提升。各地各级学校均在积极开展人工智能教育,探索人工智能的教学方法与模式。但是,目前人工智能课程的实施仍然存在着各种困难。首先,人工智能课程的教学方法与其他课程的教学方法区别不大,主要采用单向向学生传输的方式进行。人工智能课程作为一门实践性较强的课程,在教学中应与实际生活紧密联系,但实际教学中往往忽视了这一方面。其次,人工智能教材存在语言繁杂、翻译化严重的问题,导致学生理解困难,并且教师在教学时通常以知识点为中心进行讲解,导致学生只了解这些知识要点但不明白如何用这些知识点去解决实际问题,对人工智能的学习只停留在理论层面。最后,目前高校人工智能课程的开展主要是在计算机相关专业,其他专业很少开设,但在实际生活中,人工智能则应用于各种领域,若人工智能与其他专业联系不够紧密则在其他领域的应用将较为困难。

在教育领域,计算机与教育的融合发展愈来愈全面,从20世纪80年代远程教育兴起到如今各种在线教育平台崛起,在线教育的发展备受关注。2020年新冠疫情出现后,各学校为应对教育部提出的"停课不停学",积极开展在线教学。这使得线上教学的优点被人们发现,如不受空间、时间的限制,教学资源丰富且可重复使用等。但技术除促进教学手段的多样化、教学方式的便利性之外,也存在一些不足,比如无法做到面对面交流等。因此,我们不能只关注线上教学和线下教学各自的优势,应该积极思考如何将线上与线下教学模式结合起来,实现两者之间的优势互补,提升教学质量。本案例旨在帮助学生高效掌握与神经网络相关的系统知识,并能够亲自动手搭建神经网络,做到学以致用。本课程设计将从以下几个方面进行:从神经网络基本知识入手,探明神经网络的基本架构与原理,学习Python编程的基本语法规则并尝试运用Python编程语言搭建自己的神经网络,以便能够更加深刻地理解神经网络运行的基本原理,锻炼学生的动手能力、计算思维与综合运用所学知识解决实际问题的能力。

一、教学目标和内容

(一)教学目标

通过教学,使学生在实践中发挥主动性,研究探讨神经网络算法和系统的运行与实现过程,对神经网络从整体上形成较清晰全面的了解。同时,提高学生的动手能力,使学生形成较强的逻辑思维能力,更重要的是培养学生积极思考、严谨创新的科学态度和运用计算思维解决实际问题的能力。本案例主要从计算思维、数字化学习与创新、信息意识、信息社会责任四个方面进行教学目标设计。

1. 计算思维

(1)能够理解神经网络设计基本思想,并将神经网络基本思想灵活运用到神经网络实际设计过程中;

(2)按照问题拟定解决方案,初步具备用神经网络解决一些实际问题的技能,并能将相关思路与方法迁移到其他相关问题的解决过程中。

2. 数字化学习与创新

(1)通过学习掌握神经网络的基本概念、基本结构,能够运用数字化学习策略管理学习过程与资源,了解神经网络研究与应用的新进展和新方向,拓宽知识视野;

(2)在学习过程中,能够评估常用的数字化工具与资源,根据需要合理选择;

(3)能够掌握神经网络的整体工作流程,为进一步学习和运用神经网络相关理论方法解决实际问题奠定初步基础。

3. 信息意识

(1)提升对神经网络的认识,通过多种途径与手段了解其应用价值;

(2)基于神经网络学习需求,能够根据需求合理选择合适的数字化工具开展学习。

4. 信息社会责任

(1)通过课程学习,对神经网络从整体上形成较清晰全面的了解,能够客观认识神经网络技术对社会的影响;

（2）正确认识人工智能技术带给人类的利与弊，科学合理地应用人工智能，为人类社会发展服务。

（二）教学内容

本教学设计将塔里克·拉希德所著的《Python神经网络编程》（人民邮电出版社）作为人工智能课程的本科教材，选取"第二章 使用Python进行DIY"的1~5节作为教学内容，对教育技术学专业本科生进行计算思维培养。本教材各章节内容的知识点及计算思维点如表1所示。

表1 《Python神经网络编程》各章节内容的知识点及计算思维点

章节	知识点	计算思维点
第一章	神经网络中所用的数学思想	神经网络中运用的计算思想
第二章	实现神经网络的Python语言知识	Python编程语言的逻辑思维
第三章	优化神经网络性能的方法	神经网络内部结构，神经网络整体思想

本教学设计的重点在于通过使用Python编程语言，在Jupyter Notebook交互式编程界面中，将前面章节所讲述的神经网络工作原理以代码的形式编写出来，使其能够很好地完成识别手写数字的分类任务，使学生掌握Python编程语言的基本语法规则与基础数值结构。首先，介绍基本的编程界面与编程的基本语法规则与数值结构；接着，依据Python基本语法规则与神经网络工作基本原理使用Python制作神经网络，对神经网络进行训练，即进行神经网络参数优化；最后，进行最终测试，评估性能与效果，锻炼学生实际动手能力与对神经网络基础知识的运用能力。

二 实施对象

本案例的实施对象为教育技术学专业一年级本科生。该阶段学生处在身心发展的重要阶段，由于进入大学不久，具有过渡性特征，可定义为特殊的群体。从年龄角度分析，该阶段学生内分泌机制完善，形态发育基本成熟，但较为活泼好动，思维跳跃较大，缺乏沉稳性。该阶段学生的注意力集中时间较为短暂，教师要调动学生的学习兴趣，通过刺激学生的多种感官进行教学。

三、教学工具和环境

(一)教学工具

1.教学平台

教学平台使用腾讯会议。腾讯会议是腾讯云旗下的一款音视频会议软件,具有300人在线会议、全平台一键接入、音视频智能降噪、美颜、背景虚化、锁定会议、屏幕水印等功能。该软件提供实时共享屏幕、支持在线文档协作等功能。

(1)直观的用户界面可以帮助教师和学生更轻松地使用各种功能,教师可以根据需要快速灵活地实时调整会议室布局。新增双向通用语音,使师生可以将会议音频连接到腾讯会议中,并为师生提供双向通信。

(2)腾讯会议与现有视频会议系统集成,使教师能够将现场视频与音频广播直接传输到会议室中。学生可以在苹果iPhone、iPad、Windows以及安卓等各种系统的移动设备上运行。

(3)抖音视频作为一款流行的在线直播软件,教师利用其在线直播功能进行课后线上直播答疑,师生可以实时交流互动。抖音视频还具有视频录制功能,学生可以针对自身不懂的地方不限次观看回放。

2.实训平台

EduCoder是面向复杂软件工程项目能力训练与评估的实践教学资源套件,支持复杂技能的高仿真模拟实训和全自动考评。采用EduCoder作为实训平台具有以下优势:

(1)支持C、C++、Java、Python等编程语言的自动评测和在线编译运行,每种编程语言提供一定数量的实践教学资源套件,包含测试集、思路提示、伪代码、标准代码、提示代码等;

(2)提供学习、练习、实战、评测、积分、排名等实训功能,覆盖设计、编程、测试、验证等主要软件工程训练科目;

(3)支持基于虚拟容器的实训环境,基于Kubernetes容器编排环境可实现高可扩展实训环境;

(4)支持云化部署,以SaaS方式通过互联网提供随时随地服务;

(5)无须在终端安装和配置任何编程环境,只需要利用浏览器访问登录,进行在线程序设计,并提供在线检测功能,对终端计算机的配置和性能要求较低。

(二)教学环境

本案例的教学环境为混合同步学习环境,主要由中心教室和远程同步教室以及技术服务平台组成,使不同地区的学生可以通过视频会议从远程同步教室获得高质量的学习课程。中心教室的教师同时给大约25个远程同步教室的学生上课,每个远程同步教室的讲师主要帮助管理和监督远程同步教室的学生。

四 教学过程

(一)教学设计思想

在教学过程中,教师按照以下步骤进行计算思维点的教学:

(1)学习计算机分析处理某一类问题的方法。

(2)总结提炼该思维方法,分析其适用环境。

(3)研究计算思维在生活中的具体案例或应用,研究能灵活运用计算思维对实际问题进行分析和处理的方法。

(4)整个实验过程采用实验对照法。中心教室分为实验班与对照班,实验班48人,对照班59人。实验班采用混合式同步课堂教学形式,对照班则采用传统的面对面的授课形式。最后通过量表评估两个班级学生的学习效果以及计算思维能力。整个教学环节采用线下课堂+远程在线课堂的教学形式,进行了四轮设计过程,课后教师在腾讯会议云平台上发布线上教学资源,布置实训任务供学生练习,并根据学生反馈的练习情况,在抖音平台提供在线答疑直播。教学环节流程如图1所示。

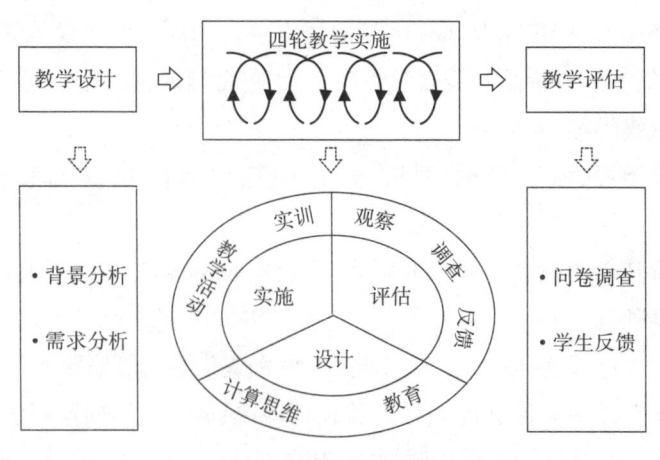

图1 教学环节流程图

(二)教学实施环节

整个教学实施环节共进行了四轮教学设计,每一轮都依据前一轮的教学实施效果进行调整与优化。在这个过程中,教师的重点工作是观察和记录教学活动的实施情况,并进行教学数据收集,以了解学生的需求,为下一轮教学的调整与优化提供依据。这种循环式的设计过程有助于不断改进教学策略与方法,确保教学活动能够更好地满足学生的需求以及达成既定的教学目标。现以"第二章 使用Python进行DIY"作为教学案例。在正式上课之前,教师先让全体学生自主预习神经网络的基础知识,使学生对神经网络有一个基本的认知;同时,布置思考题让学生进行思考,使学生对教学内容有一定的认识与了解。正式上课过程共分为三步,分别为课程导入、新课教授与巩固训练。

1. 课程导入,播放机器人视频

中心教室的教师首先让学生观看几段有关智能机器人的视频,比如工业机器人、高空作业机器人、微型机器人、灭火机器人、清洁机器人、科幻电影《终结者》片段等。智能机器人只是人工智能的一个研究领域,机器人是由终端系统(即电脑)控制运行的。中心教室的教师对线下课堂的学生进行提问:通过之前的学习,我们对神经网络中蕴含的数学思想有了基本认知,但是神经网络是如何进行构建的?如何使用Python语言搭建自己的神经网络模型呢?

2. 新课教授,中心教室的教师演示

首先,中心教室的教师以Jupyter Notebook为平台进行Python代码的操作演示,接着,继续使用Jupyter Notebook演示如何构建自己的神经网络。一个完整的神经网络至少应该包括三部分,分别为初始化函数、训练函数和查询函数。然后进入神经网络的核心部分:权重参数。神经网络正是通过随机初始化权重参数矩阵,进行前向传播,计算得到损失值(loss值),再根据损失值进行反向传播迭代更新神经网络的权重参数,达到使得神经网络的参数优化与损失值降低的目的。教师先使用Numpy工具包创建了一个二维随机数组,数组都是随机生成的随机值,而权重参数既可以为正值也可以为负值,教师在此基础上给每个值都减去0.5,使得整体数值范围介于正值与负值之间。随后教师又演示了第二种初始化权重参数的方法,例如使用正态概率分布初始化权重参数,并将所有的输入与所有正确的权重参数进行链接,使用 lambda 调用激活函数使得神经网络表达非线性化。接着编写神经网络的训练函数,训练神经网络进行参数优化,这样就走完了一个完整的过程。最后,教师给学生提供训练集与测试集文件,让学生在实训平台上自行编写神经代码,并尝试识别手写数字的任务。通过用 Python 编程语言动手实现神经网络,一方面巩固了学生之前所学的神经网络模型知识,另一方面训练了学生的编程逻辑思维这一计算思维培养点。

3.巩固训练,实训平台操作练习

在正式课程之后,采用 Edu Coder 作为学生的项目实训平台,学生利用实践课或课后时间登录平台,完成相应程序设计题目和作业并提交,所有设计内容均保留在服务器,无须在多台计算机终端之间来回拷贝。该环节激发了学生的兴趣与参与热情,提高了学生的自主编程能力,进而培养了学生的计算思维。实训环节包括设计实操任务、登录闯关以及调整补充教学内容三个部分。

(1)设计实操任务

根据考核目标,分阶段、分步骤创建大学计算机基础梯度式实操任务,设置相应的难度系数及对应奖励大小(金币值),并根据教学需要提供相应的参考内容或扩展内容,完成在线发布,实现目标的具体化,以具体实训任务体现教学目标。

(2)登录闯关

线上和线下的学生可以利用实践课和课后的时间登录平台,从基础题目做起,由易到难,选择相应的练习项目,以"闯关"形式进行在线实战训练、评测。每闯一关即可获得相应的奖励,积极性高的学生可以查看参考内容并进行温习和研究。"闯关"失败,查看参考内容的,扣除一定数量的金币;"闯关"失败,查询扩展内容的,奖励相应金币。实训任务难度逐渐加大,学生在实训过程中遇到难题可以通过观看教师在资源区发布的视频资源及电子书籍进一步学习,也可以在评论区与其他同学进行在线沟通交流。

(3)调整补充教学内容

教师可以根据学生实操任务的完成情况,了解学生对知识的理解与掌握程度,并根据学生的实训过程和成绩,灵活调整授课进度与难度;同时根据共性与个性相结合原则,对存在的共性问题进行统一解答,对学生存在的个性化问题进行单独辅导。

五、教学评价和反思

(一)教学评价

1.成绩构成

课程的总成绩由平时成绩和期末考试成绩构成。计算方式为:课程总评成绩=平时成绩(出勤20%、作业30%)+期末考试成绩(50%)。

2.成绩考核评价质量标准

(1)平时成绩为50分,其中,出勤成绩为20分,默认满分,缺勤一次扣2分,无故缺席1/3以上,本门课程视为不及格;作业与课堂发言成绩为30分。

(2)期末考试成绩为50分,以期末考卷成绩为主,即期末考试分数乘以50%。

3.评价工具

采用学生评价量表和问卷调查进行评价,具体见附录1-4。

(二)教学反思

1.线上线下相结合,以解决生活问题为出发点,引入知识

在整个教学过程中,通过网络突破时空限制,进行跨时空学习交流,及时采用新的学习方式,方便学生更好地完成学习任务。教学结构严谨有序、平实无华;关注学生认知基础,遵循学生认知规律,紧紧围绕教学目标,衔接自然、合理、紧凑,前后贯穿、环环相扣、层层启发、释疑解难。本案例经过线上线下的教学实践验证,较好地达成了教学目标,对学生意识和素养的提升水到渠成。但是线上线下相结合的方式,极其考验线上学生的自制力,如果教师没有监督到位,会影响学习的进度。因此,加强对线上学生的自制力培养是至关重要的一环。

2.教学方式多样化,取得了良好的教学效果

执教老师采用了多样化的教学方法。在导入环节,执教老师教师利用机器人视频引发学生兴趣,将学生带入本课情境中,使学生快速进入学习状态。在新课教授环节,执教老师将闯关游戏引入课堂,让学生有了探究的需要,激起了学生对未知事物的探索欲望,并与生活实际较为紧密地联系起来。在课程实施过程中,执教老师先让学生思考回答问题,然后再总结归纳,非常注重学生的探究

式学习,这种形式既能关注到全体学生,又保证了课堂的教学效果。在制作环节,学生遇到问题时,执教老师用一起想办法解决的方法,既自然地解决了出现的问题,又实现了本课的技能目标,还使部分学生的能力得到了展示。在整节课中,教师不是简单地传授知识,而是通过引导学生的探索来进行知识的传授,很好地发挥了教师的引导作用。师生互动讨论并解决问题的方法,活跃了课堂氛围,拉近了师生关系,增加了学生学习的自信心。在作品评价环节,学生在欣赏他人作品的同时也提高了自己。教师采用学生评价量表对其表现进行客观评估。在课后,采用问卷调查的方式,分别请学生和听课的教师对本节课的满意程度做出回答,并对获得的数据进行分析整合,不断改进教学。

3. 线上线下教学时间的安排架构未凸显

本案例未考虑到采用的教学平台是否会对IP地址进行限制、是否影响资料上传,以及在什么时间点上传资料等。虽然在进行授课前会检查线上线下的设备,但上课的内容需要提前上传,以减少因网络而延误上课进度的问题。此外,还有一部分学生因网络问题(如网络中断、网络延迟等)而影响了学习进度,中间延误的时间需要妥当安排。

4. 对培养学生学习能力的关注度不够

在本次Python神经网络编程课中,怎样让学生掌握学习方法也是一项重要的内容。教师布置任务让学生提前预习的同时,也需预留相关问题,培养学生良好的自学习惯。教师今后要多鼓励学生动手在书上做各式各样的标记,以便快速查阅学习疑惑与学习体会。

5. 教学准备略有不足

在课前预习环节,因学生水平各异,课前预习效果各不相同,对后续的教学造成了影响,导致教学未能取得预期的效果。缺少对课前学习效果的检测,教师在课前无法充分把握学生的情况。

6. 内容安排稍多

虽然每个知识点后面都有实践环节,但由于课堂时间较为紧凑,实践难度较大,因此实践效果不佳。今后应当只选取比较重要的环节来进行实践演练,节省一部分时间用于巩固重难点,剩余部分可由学生自由探索,进行扩展学习。

附录1

课堂学习评价表

课程名称_____授课老师_____节次_____

听课时间_____专业年级_____班级所属学院_____

项目	评价内容	分项评价 A	分项评价 B	分项评价 C	分项评价 D	备注
作品评价	设计内容完整,较好地考虑了其他因素					
作品评价	设计作品富有创新性					
作品评价	作品构图完整,画面均衡					
作品评价	作品设计说明表达清晰,具有特色					
作品评价	作品结构大方合理					
作品评价	作品美观,给人第一印象良好					
课堂表现	基本会用Python制作作品					
课堂表现	能较好地完成作品					
课堂表现	及时参与课堂互动					
课堂表现	技术运用娴熟					
课堂表现	课堂教学互动性强,与教师配合好					
课堂表现	学习上善于分析,敢于提出问题					
评价意见	综合评价:□A □A⁻ □B □B⁻ □C □C⁻ □D 评语: 签名:					

(评价结果标准:A优秀,B良好,C合格,D不合格。)

附录2

教学评价量表

学校_____ 班级_____ 学生人数_____

任教老师_____ 科目_____

课题_____ 课型_____

指标	评价标准	分值	赋分	汇总
教学目标	(1)符合课程标准和学生实际,并且明确、具体、可操作	0~10		
	(2)关注到每位学生,目标达成度高	0~10		
教学内容	(3)精心组织,内容恰当,梯度合理	0~10		
	(4)把握内在联系,突出重点,抓住难点	0~10		
教学方式	(5)策略和方法选择恰当,结合线上线下优势创设情境,激发兴趣,教学环节安排合理	0~10		
	(6)自主学习、合作学习、探究式学习运用恰当,效果良好	0~10		
教学手段	(7)采用了线上线下相结合的方式开展教学	0~10		
	(8)能够恰当运用线上线下教学	0~10		
教学管理	(9)教学气氛和谐,学生积极性较高,学风良好	0~10		
	(10)线上线下监督力度适当	0~10		
综合得分	等级:	A	B	
		100~90	89~75	
		C	D	
		74~60	60以下	
听课记录				
评语				

附录3
教学反思量表

通过这些评价能够获得哪些方面的数据？
通过数据能够了解学生学习的哪些情况？
通过数据我还不能了解到学生的哪些方面？
什么因素会影响数据的可信度？
这些数据对测试课堂的教学效果有用吗？
还可以采用什么样的标准来保证教学和学习的效果？

附录4
"Python人工智能编程"课堂教学质量评价表（学生用）

亲爱的同学：

你好！这是一份关于任课教师教学质量情况评价表，采用无记名方式，请放心作答。你的回答将帮助教师在今后的教学工作中扬长补短，不断提高教学水平。非常感谢你的合作！(注：所有题目均为单选题)

1. 教学大纲：电子教案、音视频资源等符合教学大纲，内容充实，反映学科前沿。

  A.优秀 B.良好 C.中等 D.及格 E.不及格

2. 教学目标：三维目标明确、思路清晰，教学时间安排合理，课堂互动恰当。

  A.优秀 B.良好 C.中等 D.及格 E.不及格

3. 重难点：教学内容设计得当，能准确把握课程重点和难点，有效利用在线资源，针对性强。

  A.优秀 B.良好 C.中等 D.及格 E.不及格

4. 教学环节：教学进程组织合理，课前、课中、课后设计有体现，方法手段运用恰当有效。

  A.优秀 B.良好 C.中等 D.及格 E.不及格

5. 教学设计：理论联系实际，按照教学大纲和课堂教学目标组织教学资源，教学方法灵活，符合选课学生的特点。

  A.优秀 B.良好 C.中等 D.及格 E.不及格

6. 教学设计:能按照专业认证的要求进行教学,教学内容充实、信息量大,教学要求明确,有效支持教学目标。

    A.优秀　　　B.良好　　　C.中等　　　D.及格　　　E.不及格

7. 教学设计:教学资源能较好反映或联系学科发展新思想、新概念、新成果,服务于课程目标和毕业要求。

    A.优秀　　　B.良好　　　C.中等　　　D.及格　　　E.不及格

8. 教学设计:教学过程的重点突出、条理清楚、内容承前启后、循序渐进,能体现线上教学的互动性。

    A.优秀　　　B.良好　　　C.中等　　　D.及格　　　E.不及格

9. 教学设计:教学过程能通过多种方式安排作业或互动,能针对学生提问进行及时反馈。

    A.优秀　　　B.良好　　　C.中等　　　D.及格　　　E.不及格

10. 教学组织:教学过程安排合理,能合理利用线上线下资源,方法运用灵活、恰当,教学设计方案完整。

    A.优秀　　　B.良好　　　C.中等　　　D.及格　　　E.不及格

11. 教学组织:教学过程能体现课程特点,启发性强,能有效调动学生思维和学习积极性。

    A.优秀　　　B.良好　　　C.中等　　　D.及格　　　E.不及格

12. 教学组织:在线教学的互动安排合理,学生参与度较高,教学时间安排合理,课堂应变能力强。

    A.优秀　　　B.良好　　　C.中等　　　D.及格　　　E.不及格

13. 教学组织:主讲教师能熟练、有效地运用多媒体等现代教学手段,能较好引用国内其他高校的在线资源。

    A.优秀　　　B.良好　　　C.中等　　　D.及格　　　E.不及格

14. 教学组织:随堂作业设计与教学内容紧密联系,结构合理,教学互动与多媒体相配合,能实时解答学生提问。

    A.优秀　　　B.良好　　　C.中等　　　D.及格　　　E.不及格

15. 教学特色:能从教学理念、教学方法、教学过程三方面着手,做到联系实际、思路清晰、观点明确、表达流畅。

    A.优秀　　　B.良好　　　C.中等　　　D.及格　　　E.不及格

16. 教学资源:能有效体现资源优势,自主设计或引用的电子资源能较好辅助完成课堂教学目标,学生满意度较高。

  A.优秀 B.良好 C.中等 D.及格 E.不及格

17.教学效果:主要从教学理念先进、风格突出、感染力强、效果好等方面观测。

  A.优秀 B.良好 C.中等 D.及格 E.不及格

18.教学效果:主要从学生参与度、教学互动、课后作业和测试、总体效果等几个方面观测。

  A.优秀 B.良好 C.中等 D.及格 E.不及格

19.你对本课程的总体评价:

  A.优秀 B.良好 C.中等 D.及格 E.不及格

20.你对本次授课的意见和建议:

作者简介:陈俊,贵州师范大学教育学院教授;李丹丹,贵州师范大学教育学院硕士研究生;李佳敏,贵州师范大学教育学院硕士研究生;梁梓煜,贵州师范大学教育学院硕士研究生。

基于信息加工理论的"探秘人脸识别"项目化学习实践

黄威荣　吴娇　李顺美

伴随着智能时代的到来,我国人工智能教育开始逐渐普及。《新一代人工智能发展规划》《中国教育现代化2035》等政策性文件将人工智能上升为国家战略,并提出在中小学阶段设置人工智能课程;[①]《普通高中信息技术课程标准(2017年版)》将人工智能列入其中;《中共中央 国务院关于深化教育教学改革 全面提高义务教育质量的意见》(以下简称《意见》)提出,要探索基于学科的课程综合化教学,开展研究型、项目化、合作式学习。

信息加工理论融合了行为主义和认知主义两大学习理论的优势,从信息加工的角度分析学习者的学习活动,认为学习是从外部输入信息到人的大脑,大脑对其进行加工,并对其做出反应的过程,是学生与环境之间相互作用的结果。学习的过程由一系列学习事件组成,依据信息加工理论和学生的学习特点,让学生根据真实情境以小组合作开展项目化学习,能更大限度地调动学生的主动性、参与性、积极性,激发学生的内生动力,培养学生的创造精神和实践能力。

人脸识别是人工智能技术的重要应用之一,由于人工智能技术的广泛应用和编程教育的普及,大部分学生在日常生活中已接触或熟练使用过人工智能相关技术,他们对此充满强烈的探究欲,但对于人工智能的原理和知识储备有限,亟须深入学习。本案例将"探秘人脸识别"设置为人工智能学习的拓展与延伸,首先,采用项目化学习方式,创设真实的问题情境,使学生在任务体验中直观感受人脸识别技术的原理与运用;其次,通过对每个环节中问题的层层剖析,帮助学生深入理解和掌握学习目标。期望本案例能为一线信息技术教师人工智能课程的探索与实施提供参考。

---

① 邰云飞,刘刚.人工智能课程教材高质量出版的路径探析[J].科技与出版,2022(5):149-153.

一、教学目标和内容

(一)教学目标

1. 信息意识

知道人脸识别的概念,了解人脸识别的应用领域,知道不同的人脸具有不同的特征信息,提高在人脸识别技术应用过程中的安全意识。

2. 计算思维

能够归纳人脸识别的原理和步骤,了解人脸识别的影响因素及其解决办法,设计人脸识别程序。

3. 数字化学习与创新

了解人脸识别技术在日常生活和学习中的应用,尝试提出人脸识别程序的改进建议。

4. 信息社会责任

了解人脸识别技术的广泛应用和安全隐患,能客观认识人脸识别技术对社会发展的影响。

(二)教学内容

本案例是人民教育出版社与中国地图出版社联合出版的普通高中《信息技术 选择性必修4 人工智能初步》"第3章 人工智能领域应用"中"计算机视觉的应用"的拓展与延伸。教学内容包括人脸识别的概念、人脸识别技术的应用、人脸识别的原理与程序设计三部分。

二、实施对象

本案例的实施对象是B市某高级中学一年级学生。在课堂学习中,他们能积极主动回答问题和参与实践活动,表现活跃,有较强的知识接受能力,积极探索项目任务,表现出强烈的求知欲,也能较长时间集中注意力;在能力上,能熟练使用移动设备、计算机等工具软件,具备一定的技术基础;在阅历上,已经知道或体验过高铁"刷脸"进站、手机人脸解锁等人脸识别技术,这些生活经验为本节课的学习奠定了基础。

三 教学环境和工具

本案例在具有多屏互动、小组研讨、沉浸协作等功能的多功能型智能教室开展教学活动,学生座位为配备有电脑和平板的圆桌,教师讲台位于中央,教室内无线网络全覆盖,安装的多个摄像头可清晰记录全部活动。在教学中用到的主要教学工具是平板电脑,主要用于帮助学生体验人脸识别技术。教学平台包括腾讯云AI开放平台与App Inventor平台。腾讯云AI开放平台主要用于学生体验AI开放平台的"五官定位""人脸对比"等功能;App Inventor平台主要用于基于平板电脑的程序制作,学生通过程序将传感器数据上传网络,获得数据并进行远程控制等交互活动。

四 教学过程

依据信息加工理论,学习者在学习活动中短时记忆的内容是有限的,因此,本案例在教学过程中将教学分为多个阶段,便于学生对已学内容进行精细加工。同时,将教学内容设计成有效的"组块",帮助学生集中注意力到教学内容的关键点上,以提高学习的有效性。项目化学习具有真实情境性、主动性、参与性和开放性等特点,被认为是发展学生高阶思维的最佳模式之一。[①]本案例在实施过程中,将项目依次划分为一个个子项目,学生通过完成一系列的子项目,最终完成总项目,这与信息加工理论十分契合,所以本案例是以信息加工理论为指导进行的项目化学习。

(一)创设情境,确定主题

【教师活动】设置情境,引出主题。

首先,教师播放某演唱会中抓捕逃犯的视频,在视频的情节带领下,抛出问题引发学生思考,将学生的思维从视频情节引向人工智能技术。

问题①:在演唱会上是如何抓捕到逃犯的?

问题②:利用了什么技术?

问题③:该技术是如何实现抓捕逃犯的?

【学生活动】感知问题,思考问题。

其次,教师引导学生认识人脸识别技术,介绍人脸识别技术的应用,引导学

---

① 赵永生,刘毳,赵春梅.高阶思维能力与项目式教学[J].高等工程教育研究,2019(6):145-148,179.

生认识人脸识别技术的利与弊,提出驱动性问题:假如我们要为学校开发一个刷脸进校园的程序,我们要怎么做呢?

最后,在教师的引导下,学生列出待解决的问题清单:人脸识别技术是什么?机器是怎样识别人脸的?怎样实现人脸识别的过程?……

【师生活动】学生列出问题清单后,教师引领学生讨论其后的环节及问题的解决步骤。首先要确定解决问题的先后顺序,在各小组讨论发言后,学生认为认识人脸识别技术的关键在于了解其工作原理,应先从人眼识别人脸入手了解机器是如何识别人脸的,然后是人脸识别技术的应用,最后解决设计人脸识别程序的问题。

【设计意图】以一个真实的案例情境引入课程,能激发学生的学习兴趣。通过列出问题清单的过程培养学生"提问→归纳→规划→实施"的问题解决思维。

(二)探究体验,信息调研

【教师活动】组织任务,提供指导。

任务一 同桌画像

根据学生问题清单上要解决的第一个问题,教师先引导学生体验人眼是怎样识别人脸的,为更好地了解机器识别人脸的过程奠定基础。教师展示出班上3位同学的眼睛、鼻子、嘴巴画像,请学生猜猜他们是谁。在此过程中,学生先完成同桌画像任务单(如表1),再据此加以验证。

表1 同桌画像任务单

同桌姓名:			本人姓名:		
部位	面部特征				
头发	□长发	□短发	□有刘海	□无刘海	□其他_____
眉毛	□浓密	□稀疏	□短眉	□长眉	□其他_____
眼睛	□大	□小	□双眼皮	□单眼皮	□其他_____
鼻子	□高鼻梁	□鹰钩鼻	□其他_____		
嘴	□薄唇	□厚唇	□其他_____		
耳朵	□有耳垂	□无耳垂	□其他_____		
脸型	□瓜子脸	□圆脸	□其他_____		
其他					

【学生活动】任务体验,制作计划。

学生参与活动任务,完成同桌画像任务单,并将任务单上传云端。

【师生活动】教师和学生一起归纳总结出人眼识别事物的四个步骤,即人眼观察→提取特征→记忆搜索→大脑判断。

【设计意图】通过该游戏,让学生体验根据特征识别人脸的过程,感受五官对人脸识别的重要性,为理解机器识别人脸的过程奠定基础。

任务二 体验机器人识别人脸

【教师活动】讲解概念。

人脸识别是基于人的脸部特征信息进行身份识别的一种生物识别技术。它是用摄像机或摄像头采集含有人脸的图像或视频流,并自动在图像中检测和跟踪人脸,进而对检测到的人脸进行识别的一系列相关技术,通常也叫作人像识别、面部识别。人脸识别包括人脸检测、人脸跟踪、人脸比对。

师:同学们生活中见过哪些人脸识别技术应用?

【学生活动】学生分享自己的刷脸经历,如"刷脸"打卡、小区门禁"刷脸"、手机"刷脸"解锁等。

【教师活动】学生发言后,教师展示人脸识别应用的相关视频,并请学生说出视频中出现的"人脸识别"场景。

【学生活动】学生踊跃回答视频中出现的"人脸识别"场景。

师:人工智能的崛起使人脸识别在生活中被广泛应用。例如:移动支付时,"刷脸"可以免密支付;车站检票时,"刷脸"可以快速进站;办理银行业务时,"刷脸"可以认证身份等。那么,机器是如何准确识别出人脸的呢?

【设计意图】引导学生主动观察和思考生活中的人脸识别技术应用场景,让学生感受到人工智能就在身边。

师:请同学们打开腾讯AI开放平台,体验机器识别人脸的过程,观察机器是如何分析人的面部特点的。在此过程中,同学们至少要体验图像采集、人脸检测、五官定位、人脸比对四项内容。

【学生活动】体验腾讯AI开放平台的人脸检测功能,交流与记录计算机识别结果。

(1)在教师引导下完成"图像采集",拍摄3张不同的人脸照片;

(2)在教师引导下点击进入"人脸检测"界面,分别扫描采集的人脸图像;

(3)在教师引导下点击进入"五官定位"界面,查看特征提取的显示结果,并探究图像中绿色的圆点代表什么；

(4)在教师引导下体验"人脸比对"。

【师生活动】各小组学生完成体验后,教师引导学生归纳人脸识别技术的工作流程。

第一步:图像采集与处理,包括检测、定位面部特征、预处理；

第二步:特征提取,包括对图像进行特征提取、判断是否包含人脸、完成对人脸图像的识别；

第三步:特征比对,与数据库里的特征数据进行比对、进行身份查找；

第四步:输出结果,进行身份确认、判断并输出结果。

【教师活动】提出问题,即在人脸识别的过程中,影响其识别结果的因素是什么？

【学生活动】依据刚才的体验,思考回答问题。学生认为,影响人脸识别的因素有图像的拍摄角度、图像的清晰度、图像是否有遮挡等。

【教师活动】归纳影响人脸识别的因素:第一,光照,光线照射不足造成采集的图像阴影严重,会直接影响识别效果；第二,表情,人的面部表情夸张(如大笑、张大嘴等)也会影响人脸识别结果；第三,遮挡,人脸图像采集时戴眼镜、口罩等遮挡物会导致图像采集不完整,从而影响面部特征提取。此外,图像质量、拍摄角度和年龄变化等因素也会影响人脸识别。

【设计意图】利用腾讯AI开放平台,引导学生主动探究人脸识别技术,在探究的同时自然就突破了本课的教学难点。通过追问引发学生深思,启发学生利用辩证思维看待问题,AI并不是万能的,识别结果并非100%准确,再次讨论影响识别结果的因素。

(三)设计方案,开始项目

【教师活动】提供帮助,指导反馈。

在该环节,教师主要组织和协调学生小组开展探究项目,帮助每一位学生更好地参与到小组合作中,指导小组顺利开启项目。

【学生活动】协作交流,制定方案。

在设计方案时,各小组同学进行了头脑风暴,小组中各成员都发表了意见后才确定小组方案。在此过程中,学生有如下表现:

(1)小组成员坚持己见,不愿意妥协；

(2)不确定哪一种方案最好;

(3)小组成员没有想法,没有参与感。

通过激烈的讨论后,小组方案基本确定。

在小组分工探究过程中,每位学生都发挥了自己的特长。一部分学生负责收集和处理资料,并制作展示阶段需要的材料等;一部分程序设计基础好的学生负责编写人脸识别程序,并负责向组内学生讲解;还有一部分美术功底好的学生负责设计界面。

(四)程序设计,完成作品

【教师活动】提供资源,支架教学。

教师演示App Inventor网站的操作步骤微视频,帮助学生熟悉界面。

【学生活动】实践操作,完成作品。

各小组根据项目方案设计人脸识别程序。首先是界面设计,主要包含图像界面和拍照按钮;其次是逻辑设计,过程为拍照→初始化全局变量→执行"照片处理"指令,调整图片大小→设置"旷视API"调用地址,然后通过代码调用"旷视API"Web客户端,实现人脸识别。

(五)成果展示,总结评价

学生完成本组项目后,现场展示并测试自己的人脸识别作品,各小组推选一位同学对小组作品进行测试,全部通过的作品即为测试成功。

在现场展示过程中,小组还需要在屏幕上呈现整个项目学习历程。教师和学生根据各小组作品的完成情况提出反馈意见并进行评分,评价量规见表2。

表2 任务完成评价量规

项目	优秀(10)	良好(8)	合格(6)
程序设计	准确识别人脸,通过测试,作品有创新点	能较准确识别人脸,测试中较少出现错误	不能准确识别人脸,没有通过测试
界面设计	界面合理,布局恰当,颜色搭配协调	界面合理,布局较恰当,颜色搭配较协调	界面不够合理,布局不恰当,颜色搭配较协调
汇报	小组分工明确,汇报方式多样,能清晰表达作品的功能	小组分工明确,汇报时能借助多媒体进行展示,能较清晰表达作品的功能	小组分工不明确,汇报方式简单,能较清晰表达作品的功能

通过学生的作品展示,教师完成了对各组学生的评分,收集并分析学生互评情况后,发现大部分学生都能得到良好的评价,这些小组的学生在合作中都能明确分工和顺利地完成目标。能达到优秀评价的有两组,他们对人脸识别技术原理的掌握牢固,在程序设计中能积极找到创新点,小组成员在头脑风暴时能积极表达自己的观点。而有一组学生只达到合格的要求,通过课堂中的观察发现主要原因在于小组分工不够明确,同时个别学生表现不够积极,所以导致完成效果不理想。

【设计意图】通过作品展示、师生互评,能更好地检测学生项目的完成效果,培养学生提出问题与评价事物的能力。

五、教学评价和反思

(一)教学评价

1. 教学设计评价

本案例根据学科核心素养设置了明确、具体的教学目标,符合课程标准要求,切合学生实际。教学内容符合教学大纲要求,知识点布局基本合理,知识衔接自然。教学过程中围绕主题项目设计了富有趣味的体验活动,较好地帮助学生理解了人脸识别的原理及其应用,选择的教学媒体能有效地呈现教学内容,整节课教学组织合理、自然流畅。

2. 教学过程评价

本案例紧扣教学目标按既定流程开展教学,对各任务环节、知识点讲解的时间安排合理,能分清主次,准确把控教学重难点。以播放视频进行导入,有效地吸引了学生的注意力,以项目的形式将人脸识别技术的原理分解成几个任务,让学生体验完成,使学生迅速接受和乐于参与各个体验活动,利用多样化体验活动来引导学生完成抽象的知识学习过程。在第一个任务中,引导学生归纳人眼识别的过程,有利于培养学生的计算思维;第二个任务和第三个任务是通过在线平台体验人脸识别和程序设计,引导学生对问题进行层层解剖,达到数字化学习与创新的目标。在作品展示环节,教师能很好地关注学生的思想观点及其解决问题的思维角度。

3. 教学效果评价

本案例教学与生活中的真实情境联系紧密,切合学生实际,学生表现积极,注意力集中,踊跃表达观点;教师也能立即抓住学生表达亮点,拓展学生思考的深度,促使学生基本掌握人脸识别技术的原理。课堂上充分体现了学生为主体的教育思想,教学效果良好。在项目分工中,教师能关注不同学生群体的发展,尊重学生之间的差异,为每个层次的学生提供不同的学习方式,使学生能够在轻松愉悦的学习氛围中开展学习,最终实现培养学生信息意识、信息社会责任感的教学目标。

(二)教学反思

通过对本案例在教学中的实施情况进行分析发现,本案例中存在一些细节方面的问题有待改进。

1.任务设置的合理性

本内容是为使学生理解人脸识别的原理并运用人脸识别技术,把问题解决思路运用于其他问题的求解过程中,达到用人脸识别的方法去解决生活中的问题的目的。因此,本案例设置了多个任务活动,但在活动实施过程中由于学生存在个体差异,个别环节没能全部达到要求,后期教学中可对教学环节进行精简优化和重构。

2.知识目标的达成度

教学目标是教学活动的起点和终点,是教学活动的主线和核心。本案例主要以学生协作探究学习为主、教师引导为辅,在教学实施过程中部分学生学习效率不高,导致知识目标的达成度不够理想。因此,教师在教学前的目标设置、学情把握及教学准备,教学中的问题捕捉、及时反馈及有效辅助,教学后的全面回顾、重新审视及经验总结,就显得无比重要。

3.学习评价的有效性

及时有效地评价学生的活动对学生的学习可以起到激励作用,但本案例在实施过程中对学生完成的任务没有给出很好的评价。后续的教学应根据内容和学情选择更合适的评价方法、制定科学的评价标准,教学活动中及时发现学生知识的缺陷和出现的问题,用准确、具体的语言评价反馈并给予有效帮助,评价内容越具体其产生的作用越显著,学生思考、探索的问题就能越深入。

作者简介:黄威荣,贵州师范大学教育学院副教授;吴娇,贵州师范大学教育学院硕士研究生;李顺美,贵州师范大学附属中学教师。

从"听"到"触"

——高中人工智能教育教学设计与实践

黄威荣　李宣

人工智能作为一种引领未来发展的战略性技术,正受到教育界的高度重视。2017年,国务院印发《新一代人工智能发展规划》,提出要实施全民智能教育项目,在中小学阶段设置人工智能相关课程,培养学生具有一定的人工智能素养。同年,教育部颁布《普通高中信息技术课程标准(2017年版)》,将人工智能列入必修内容,明确要求通过对人工智能典型事例的解剖,使学生认识到智能信息处理所取得的巨大进展及应用潜力,意识到人工智能对信息社会的重要性,积极主动地适应信息科技发展,亲身体验和感受人工智能的魅力。

传统课堂受教学理念、教学条件和技术发展的影响,基本采用"教师讲、学生听"的教学模式。人工智能是参与度要求较高的实践性内容,要激发学生学习的兴趣,只有让学生在体验中学习、在参与中学习、在探究中学习、在实践中学习,充分调动学生学习的主动性,强化其创新意识,让他们以一个发现者、研究者的身份去习得知识,从而使学生在生动活泼而又富有个性的氛围中掌握知识技能、积累经验、体会思想。只有这样,才能使学生正确认识和理解人工智能,体会人工智能的魅力和给生活带来的便捷,树立正确的人工智能态度,逐步形成积极、安全使用人工智能技术的观念,领悟人与人工智能应该以怎样的关系相处。

一　教学目标和内容

(一)教学目标

1.信息意识

通过体验智能机器人唱歌,深化对人工智能的认识,了解人工智能对于信息社会的重要性,逐步培养信息意识。

2.计算思维

采用图形化编程强化动手设计能力,在感受人工智能魅力的同时尝试对学习任务进行分解,从能听懂、能回复两个视角,助力冬奥家居简单人工智能程序的实现,发展计算思维。

3.数字化学习与创新

通过与智能机器人进行对话,剖析智能机器人唱歌的原理,分析智能信息处理所取得的巨大进展及其应用潜力,并利用在线工具创造性地解决问题以培养数字化学习和创新能力。

4.信息社会责任

感受人工智能发展为生活提供的便利,分析人工智能对现代社会发展和人们生产生活所产生的影响,在智能系统的体验中逐步形成积极、安全使用人工智能技术的观念。

(二)教学内容

本案例教学内容选自人民教育出版社和中国地图出版社联合出版的普通高中《信息技术 必修1 数据与计算》中的"感受人工智能的魅力"部分,主要包含人机交互、图像识别及生物特征识别、自然语言处理、机器学习四部分内容。本案例主要以人机交互中的语音交互为例进行教学实践探索。

二 实施对象

本案例的实施对象是S县Q中学高一年级学生。通过对"人工智能的产生与发展"一节的学习,学生对人工智能已有初步了解,生活中接触或体验过手机语音助手、天猫精灵、翻译软件、智能玩具等有关人工智能的应用技术。高一学生对新事物、贴近生活的话题有浓厚的探究兴趣,逻辑思维能力强,注意力非常集中,探究欲强烈,能积极主动地回答问题、提出见解;不喜欢教师过多讲授,更愿意自主探究和思考;能熟练使用移动设备、计算机等学习工具。

三 教学环境和工具

本案例的教学活动在基于智能空间技术实现的沉浸式教室开展,教室配备有触控一体机、计算机教学终端设备、可移动桌椅,每个小组配有可移动的触控屏、智能化的录播设备、教学服务系统和教学工具软件。计算机除了具备基本的视听、投影功能外,还有多屏互动、小组研讨等功能,具有自然的人机交互特征,方便师生接入资源。

教学过程使用到了智能平板、希沃白板、班级优化大师等教学工具。智能平板主要用于小组体验语音交互,运行希沃白板、班级优化大师等,辅助电脑工具教学;希沃白板主要用于制作课件、课堂授课、趣味游戏竞赛;班级优化大师主要用于随机抽取学生回答问题、发布教学任务、记录学生学习过程、点评等。

教学平台是慧编程在线图形化编程,主要用于学生在程序规划的基础上进行上机实践、创意编程。

四 教学过程

教师在课前通过班级优化大师发布学情调查,了解学生对人工智能的认知现状,并推送与科技冬奥相关的微课,让学生对科技奥运有一个初步感知。教学实践过程分为"创设情境,遇见AI""揭示原理,探秘AI""动手实践,触摸AI""总结升华,拓展AI"四个环节。

(一)创设情境,遇见AI

在项目学习活动中,教师充分利用学生的视觉、听觉和触觉展开教学,将体验与应用相结合,综合各种教与学的策略,让学生的认知融入动态的画面中,帮助学生内化知识、开发智能。教师以复习旧知、提出问题、播放视频的方式导入新课。教师播放视频《未来生活的一天》,让学生观看视频并思考视频中的内容,将自己置身于真实的问题场景中亲身感受未来生活,体会AI科技的强大,并围绕"人工智能的应用领域"展开探讨。

任务一　了解身边常见的人工智能应用

师:同学们,上节课我们对人工智能有了一个大致了解,下面请看视频《未来生活的一天》(如图1),请同学们边欣赏边思考影片中涉及哪些技术。

图1 《未来生活的一天》界面

学生观看视频、思考，视频播放结束后举手发言。

生1：指纹解锁、声音解锁。

生2：语音识别。

生3：机器翻译。

生4：人脸识别。

生5：扫地机器人、智能空调。

……

师：下面请大家结合视频和生活经验为PPT中展示的技术各举一至两个应用案例。

教师归纳总结要点，展示PPT，利用班级优化大师随机点名让学生回答问题。学生思考、回答问题。然后，教师利用平板呼叫"天猫精灵"，让其播放《我和我的祖国》。

师：同学们，为什么"天猫精灵"可以听懂我们的指令呢？

生：（自由发言）……

师：下面老师与大家一起揭开人工智能的神秘面纱吧！

（二）揭示原理，探秘AI

师生共同揭示"天猫精灵"唱歌的原理，以小组讨论的方式发散学生的思维，让学生在交流中习得新知，在感受语音识别为人类生活与学习带来方便的过程中深刻理解人机交互的基本原理，在与小爱同学对话的过程中进行语音识别的质量判断并阐述理由。

任务二　揭秘人工智能工作原理

活动1：小组探讨"天猫精灵"的唱歌原理。

师：同学们，你们是如何理解人机交互的呢？

生：（举手回答）人机交互就是人和计算机进行对话，计算机能够完成指令。

师：同学们，你们在生活中还遇到过哪些人机交互的案例呢？

生1：用键盘打字。

生2：用话筒说话，用平替笔写字。

生3：利用VR眼镜体验。

师：非常棒！人机交互除了最基础的键盘交互外，还包括语音交互、情感交互、体感交互和脑机交互等。

师：同学们，"天猫精灵"唱歌是人机交互中的哪一种类型呢？

生：语音交互。

师：非常正确，语音交互在学习、生活中应用非常普遍，如语音输入、声纹验证、语音唤醒等（如图2）。

图2　学习、生活中常见的语音交互

师：下面请同学们用5分钟时间，以小组为单位探讨"天猫精灵"唱歌的原理。

学生分组查阅资料，进行讨论、交流、归纳要点。教师巡视各小组讨论情况，组织学生分享讨论结果。

活动2：体验智能助手，实现语音交互。

师：我们经常利用QQ语音聊天、语音助手、呼叫小爱同学来完成一些事情，他们属于语音识别范畴。下面给大家3分钟的时间，请大家用平板电脑向小爱同学提问，看看它回答问题的质量。

学生利用平板电脑进行体验，与同桌讨论或查阅资料判断小爱同学回答问题的质量。

师：小爱同学回答问题的质量如何？

生：非常准确。

师：你们是如何进行判断的呢？

生1：百度。

生2：计算器计算。

生3：这首诗是我们以前学过的，是《悯农》。

师：可见，语音识别非常智能，具有一定的精准识别性，大大方便了我们的日常生活。

师生通过活动1、活动2归纳总结语音交互的步骤与原理。

（三）动手实践，触摸AI

结合课前推送的科技冬奥相关微课，课中学习的语音交互的基本原理知识，帮助学生联系人工智能技术与生活，尝试运用编程实现相关功能，以"了解→体验→分析→编程"循序渐进的学习方式，利用麦克风采集待识别的语音信息，并进行条件判断和逻辑结构的选择，依据识别出的不同声音向角色发出不同广播，角色输出结果以实现语音控制，模拟人听、说的技能。

任务三　编程实现人工智能的功能

1. 编程准备

（1）准备一台带有麦克风功能的计算机，下载"慧编程"软件，登录慧编程账号，或者直接在慧编程网页端登录使用。

（2）添加舞台角色。打开慧编程，切换到【角色】标签栏，添加一个舞台角色；切换到【背景】标签栏，添加一个舞台背景（如图3）。

图3 添加角色、背景

(3)添加扩展。点击积木栏下方的【添加扩展】,在弹出的【扩展中心】对话框中选择"人工智能"栏目,点击添加"人工智能服务""慧编程大助手"扩展积木,即可在舞台【角色】标签下面显示"语音交互""文字识别""图像识别""对话机器人"等多种人工智能积木(如图4)。

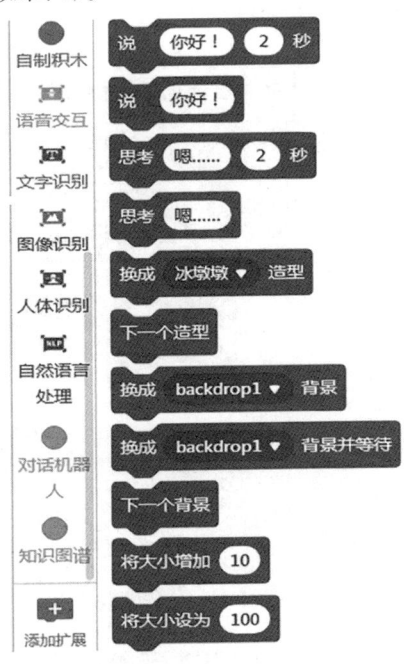

图4 人工智能积木

2. 程序设计

（1）回忆语音识别的基本原理。主要使用所得到的文字内容来匹配文字关键词，设计相应的执行指令。

基于以上原理，我们利用【语音交互】积木块来做语音采集、音频数据处理，并识别出相关的文字内容，进而根据语音识别结果执行具体行为（如图5）。

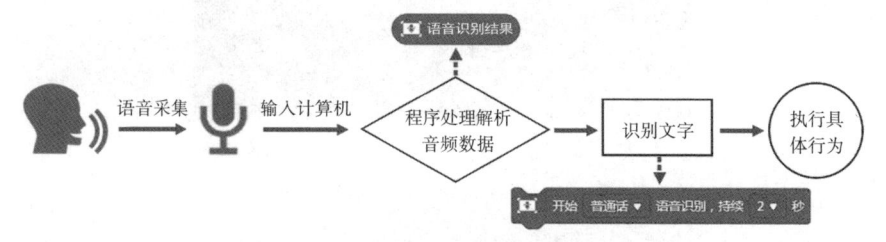

图5 人工智能语音识别原理

（2）教师展示已经编写好的"吉祥物智能助手"程序，并执行脚本，让学生观察语音交互效果。

（3）学生思考："吉祥物智能助手"中出现了哪些角色？在语音交互方面达到了哪些效果？在语音识别的过程中，主要使用的积木模块是什么？通过语音识别还可以实现哪些功能？学生以小组为单位进行头脑风暴，完成"吉祥物智能助手"程序规划（如表1）。

表1 "吉祥物智能助手"程序规划

角色	实现功能	主要模块	其他功能
冰墩墩	语音交互控制跳舞、播放音乐	运算模块、语音识别、运动模块	智能对答、语义理解、听儿歌、语音命令、语音唤醒等
雪容融	语音交互与冰墩墩展开一场"冰雪对话"	控制模块、对话模块	

3.动手尝试

编程实现表1要求,学生自主选题,让冰墩墩与雪容融完成一场"冰雪对话"。例如,让学生发挥想象:冰墩墩和雪容融是同班同学,两个人同时上课,冰墩墩向雪容融请教人工智能语音交互的知识,或者聊北京冬奥会是什么时候举办的、有哪些人工智能技术、有哪些出色表演等。具体操作流程如下:

①添加背景与角色;

②给角色添加指令;

③设计吉祥物语音交互动画。

4.调试运行

学生完成相关操作后,运行程序,测试效果,比较与教师展示程序的差异,进而选择合适的模块实现吉祥物语音交互,不断尝试,完善程序。教师引导学生从技术性、艺术性、实用性、创新性等角度完成作品设计。

(四)总结升华,拓展AI

教师先梳理整个教学过程,通过谈一谈、说一说的方式带领学生回顾本节课所学知识,让学生形成思维导图,及时内化知识,构建知识体系;然后利用班级优化大师随机抽取学生答题,采用知识竞技的游戏检测学生的知识掌握情况,激发学生的竞争意识;最后通过播放"你好,双奥之城"视频拓展学生的AI相关知识,丰富学生的认知,拓宽学生的眼界,为后面"利用智能工具解决问题"内容的学习奠定基础。

任务四　灵魂拷问:人工智能知多少

师:这节课通过走近北京冬奥,初步探秘了人工智能。那人工智能给我们展示了哪些独特的魅力呢?

生:(主动发言)语音识别、人脸识别、自动驾驶、教育机器人、计算机博弈⋯⋯

师:通过本节课的学习,你学到了哪些内容?

师生共同完善本节课的思维导图,构建知识体系。

师:同学们,下面我们一起来做一个知识竞技。

教师利用班级优化大师随机抽取两名学生,通过游戏化教学方式引导学生完成知识竞技。

教师播放视频"你好,双奥之城",通过视频再次点燃冬奥热情。

五 教学评价和反思

(一)教学评价

本案例着重实现从"听"到"触"的学习过程转变,从学生已有知识和生活经验出发,构建"创设情境,遇见AI""揭示原理,探秘AI""动手实践,触摸AI""总结升华,拓展AI"四个任务,以任务驱动的方式逐一破解疑难知识;通过体验人工智能应用与感受人工智能程序实现的基本过程,以小组讨论、任务驱动和动手实践等方式促进学生掌握人工智能的基本理论和实践应用,切身感受人工智能的魅力。实践活动让学生能够多感官参与,通过头脑风暴、知识竞技等游戏化方式进行教学,注重理论感知与实际体验相结合,让学生对人工智能语音交互"能听懂、能回复"有了更直观的认识。教学中,学生积极查阅资料,小组讨论热烈,参与度很高,课堂学习氛围较好,有效地完成了学习任务,在人工智能知识学习和实践中逐步形成智能时代所需具备的关键能力与必备品格。

(二)教学反思

本案例将人工智能知识分解成一个个小任务,通过视频了解AI应用、小组探讨分析AI工作原理、编写程序实现AI,学生在教师的引导下不仅能说出人工智能在生活中常见的应用,见识到冬奥会上强大的中国科技,还了解了语音交互的工作原理并加以实践,总体上达到了教学的预期目标。

在组织学生研讨时,未列出较详尽的问题提纲,致使学生在思考、讨论交流、总结答案时,思维过于发散,没有形成有效的核心观点。在以后的教学中要多学习、借鉴别人成功的教学经验,尽可能列出一个详细的讲授提纲,在避免教学疏漏的同时也能有效避免学生在讨论过程中偏离课堂主题的现象。

本节课前查询了许多资料,由于课堂时间有限,不能将涉及的知识面面俱到,视频的冗余信息较多,学生花费较多的时间观看视频,部分学生在观看视频时发出一些噪声。归根结底,还是自身教学能力不足,较少关注课堂纪律,今后一定引以为戒,对破坏课堂纪律的学生进行批评,对表现好的学生进行表扬,给学生营造良好的课堂氛围。

此外,在授课过程中,语速较快,在课堂管理、教学引导等方面仍有许多不足之处,上课的重点仅放在大多数学生身上,对部分学困生的学习需求不能完全顾及。在今后的教学实践中努力扬长避短,提高自身的教学能力。

作者简介:黄威荣,贵州师范大学教育学院副教授;李宣,贵州师范大学教育学院硕士研究生。